U0036051

快速學會飛星紫微斗數

自序

《快速學會飛星紫微斗數》此書主要綱領來自梁若瑜老師的著作《飛星紫微斗數之十二宮六七二象》，以及本人執業十多年的教學精華累積而成。

感謝梁若瑜老師的諄諄教誨及學生連英志師兄、許瑞君師姐的鼓勵，建議世賢增開「宮位互化詳解班」的課程，世賢才得以深入研究「梁氏飛星」的精華寶藏，同時也獲得學生們的支持，才有今日的成書。

另外也感謝幫忙校稿的學生：林善子師姐、李忠潔師兄、陳貞君師姐，使此書得以順利出版。

宮星象的定義和運用，隨著時代的變動而衍生出了許多的新意，傳統命理的觀念、口傳心授、背口訣、斷語，也都必須給予科學化的邏輯思維和現代化新的用語解析。

傳統命理的用語，往往太過武斷且傷人，動不動就用恐嚇性的斷語，實非命理助人「改善生命品質」的本意，為了促進社會的祥和，世賢以「傳承梁氏飛星紫微斗數、弘揚科學論命文化」為己任，出版「正確的命理觀念及學術推論」為宗旨，匡輔命理教育觀念，盡個人棉薄之力，期能拋磚引玉。

書中引用的學理都來自梁若瑜老師的著作《專論四化》、《十二宮六七二象》、《道藏飛祕的邏輯與功法》、《周師手法之生命解碼》、《說命》等，再將其整體學術理論系統化，進而透過白話來推理解釋。

梁氏飛星紫微斗數，是科學化、模組化的推理論命技術，也是超強的心理性格分析工具，完全符合現代人的科學思維。

性格決定命運，紫微斗數的宮位化象，就是性格表現模組，經過串連後，就會產生吉凶禍福、成敗。而宮位化象就是我們進行分析時的細部解析，也是改善命運的關鍵。

知過，才有辦法改過，不知過如何改呢？知道問題的根源，就能對症下藥，藥到病除。

知擅，才有辦法揚擅，不瞭解其擅長，如何提升呢？瞭解生命中擅長的部份，就能有效的提升及運用它，人生才會更美好。

「吉凶化串連結構」基本是以「宮位化象」來解釋，但多宮位的串連組合會產生不同的「宮位組合化象」，故必須熟悉「宮位化象」後，方能將「宮位組合化象」靈活運用，以期符合人性及現代思維，自然就能詮釋到位。

希望透過《快速學會飛星紫微斗數》一書的出版，對讀者在「吉凶化結構式」之推理解釋有更好的發揮，一起發揚中國文化「梁氏飛星紫微斗數」！

辛丑年秋　張世賢

推薦序一　新加坡－陳全博

張世賢老師是我學習「梁氏飛星紫微斗數」的一大支柱。張老師的漸進式與系統化的教學法對我學習梁氏飛星紫微四化有極大的幫助。張老師對學理的認真態度，在論命盤時的推理與宮位星曜化象的解釋真是出神入化。

在二〇一五年三月我從新加坡到臺灣拜師，跟梁若瑜老師學習梁氏飛星紫微斗數，受到他老人家的細心教導和他慷慨不藏私的分享，還有張世賢老師在旁的輔助與講解，使我們的學習事半功倍進展神速。張老師也將他辛苦準備的教材一起分享。

在二〇一五年九月九日，順利的在新加坡開辦《英文版的梁氏飛星紫微斗數》課程。這是我自二〇〇五年來開辦風水八字課程之外，最順利的新課程，也受到廣大學生的喜好。梁老師與張老師也在二〇一六年與二〇一七年受邀到新加坡講課。雖然我專長於風水、八字、奇門遁甲、梅花易數、面相手相，但梁氏飛星紫微斗數也增進了我論命的角度與深入，與八字的配合天衣無縫。

宮位化象真的很複雜，一個宮位有多重象義，比如兄弟宮，既代表兄弟也是媽媽，也是財帛的收藏宮，也是事業的疾厄位（成就位），也是疾厄的氣數位。還有宮位的化象、祿入、祿出、忌入、忌出、坐祿、坐忌等等。

張老師此時將此書推出，將使大家獲益匪淺，有助於對宮位的瞭解和應用，因為論命主題的關鍵大方向、大原則，在宮位化象。

這幾年不斷地在網上與張老師學習，讓我在梁氏飛星紫微斗數的功力大大提升，希望張老師能再接再厲的推出新書以利大家的學習。

陳全博　於辛丑年八月初八

陳全博，新加坡知名五術老師，風水命理玄學院（新加坡）創辦人，自二〇〇五年起即以「英文」教授風水八字課程、梅花易數、面相手相、奇門遁甲、梁氏飛星紫微斗數等課程。

推薦序二　大陸廣東－劉思成

我與紫微斗數的結緣，其實很早。那時候我還在《廣東電視週報》工作（1988-1992）這也是我開始對玄學感興趣，從萌芽狀態到刻苦鑽研的時候。所以，一切與玄學有關的資料，都會如獲至寶地收集起來。

直到2019年年初，我看到了張世賢老師的教學視頻，我開始迷上「梁氏飛星紫微斗數」了。因為張老師，對命盤充滿邏輯的理性分析，和非常嚴謹的學理闡述，深深打動了我。他在講課中，對人生的很多觀點和看法，也引起我很大的共鳴。我馬上購買了他的著作《飛星紫微斗數獨門心法》。看過之後，就基本上不假思索地在網上與張老師溝通，買了他的一部分課程。反覆聽，用心體驗，也把每堂課都做了詳細的筆錄。透過一年的認真學習與鑽研，我基本上掌握了梁氏飛星紫微斗數的要領。

我過去是從來不拜師的，我們劉家有一個家風，就是「自學成才」！從上個世紀80年代開始接觸玄學，到1994年下海執業至今，都是自學成才。可是2019年的一月份，打破了我的這個傳統。拜張世賢老師為師，儘管我比他年長，可正所謂：學無先後，達者為師。我依然敬重張老師！

劉思成

劉思成，大陸知名風水老師，執業28年，實戰經驗十分豐富，足跡遍及全國和海內外，是國內多家大型企業的高級風水顧問、《廣東省電臺》風水節目主持人、各大報章媒體的專欄作家。

推薦序三　馬來西亞－陳貞君

喜聞張師再著新書，便迫不及待先自「大快朵頤」一番，讀完後豁然發覺：此書只要用心通讀理解一遍即有所悟（而非死記硬背），對「十二宮的互化象義」會有一個全新全面的脈絡宗旨；繼以不斷地深入學習運用，定能真正踏入「梁氏飛星紫微斗數」的殿堂——此乃本書之一大特殊優勢。

感恩張師以其十餘年的論命經驗與用心實證，總結歸納出如此淺顯易懂、精準到位且「以理服人」的互化象義，實乃吾輩後學之大幸！對廣大紫微斗數愛好者來說，亦是入門入室之寶典！

常聽張師提起，感蒙梁若瑜老師在其而立之年習得此飛星絕學至今四十餘年，從不藏私、普教有緣——傳薪於張師，而張師亦深得梁氏心傳。每每與張師共處於課堂教室，總不免讚其藝爐火純青，更嘆其德善良謙虛、溫和耐心、中庸明智，似從未敢忘記責任使命，始終依理而論、不偏不倚、謹言慎行——最令人敬佩的是，張師幾乎幫助每一位命主找到了人生的希望。

遙想當初希夷老祖創斗數以澤後世，心同此心，道同此道，理亦同此理——不正是同樣的濟世胸懷嗎？

人生數十載轉瞬即逝，在茫茫宇宙中，無異於蜉蝣之朝生暮死。可有一物不死乎？苟若通達命理造化，徹悟因緣果報，始可超然洞見真諦矣！故鄙以為，人生名利可少，唯智慧之不可少也！知命、修命、盡命、了命，為吾輩後學之責任使命！當薪薪相傳且戒慎恐懼、精益求精，方能不辱師命！

言不盡意，盡在此書耳！

學生貞君　恭述於辛丑年中秋

陳貞君，天道修行人，茹素23年，宗教團體講師。

推薦序四　臺北－黃佳惠

張世賢老師的教學內容順暢、有理，抽絲剝繭精闢地分析，即便是「自恃甚高的高級知識份子」，都不由得心悅誠服地一部接一部繼續聽下去。這是我一開始對張世賢老師的印象。

我在背好十天干四化、十二個基本命盤星曜後，接觸梁氏飛星，並與張老師結緣，從此轉換解讀命盤的思維。受教良多的是祿忌同參；老師右手擺一盤祿，左手一盤忌，因應命主問事主題。現在輪到該上哪個菜，伸手可得；十天干乘十二個基本盤，共 120 個命盤，祿忌各自飛化的結構，烙在老師的腦海裡頭。

張老師時刻記得梁若瑜老師的教導之恩，以助人出發，矢志把「梁氏飛星紫微斗數」發揚光大、傳承下去。他整理邏輯性的教材非常用心，每個人可以很自由地按照自己想要的進度學習，不怕你學，只怕你不認真學。

梁氏飛星是學理論命，不是憑老經驗的感覺、心法；學生修好吉化、凶化串連，再懂得掌握關鍵宮位，論述的時候就有血有肉、有皮有毛，慢慢也可以有讓人拍案叫絕的功力！

黃佳惠

黃佳惠，臺大牙醫學系畢業，安安牙醫負責醫師、魅空間藝術總監。

推薦序五 高雄－陳冠浤

2019己亥年開始跟隨張世賢老師學習「梁氏飛星」到寫推薦序的這個時間點（2021辛丑年），剛好滿兩年，很高興老師終於要出第二本書了。

能當世賢老師的學生真的很幸福，上過老師的課都知道，第一堂課老師都會說：「我教學的目的，就是要把你們都教到會，為了讓你們都學會，我絕不藏私隱訣，有什麼資料都會給你們，有什麼問題我一定都會回答，希望你們都能早日學成……」這本書的書稿，只要寫好一章，老師馬上傳到群組跟我們分享，巴不得學生們能趕快看到，哈哈哈，天底下竟然有對學生這麼好的老師，我們真的超幸運的，不知是累世修了多少福呢！也因為如此，我們很早就拿到一章一章的書稿，為了寫這篇推薦序，我認真地把整本書稿看完，邊看邊產生了一個又一個的念頭，第一個念頭：我的媽呀，老師也太佛心了，這麼珍貴的內容，怎麼捨得寫成書對外公開？怎麼不私藏起來當押箱底的寶貝？當成教材可以開班授徒收多少學費啊！看沒多久，心中浮現了第二個念頭：啊！我知道了，老師是為了能吸引更多師兄、師姐一起來學習梁氏飛星，讓本門能夠有更多學習者，捨得捨得，有捨才有得，寫成書的內容都這麼珍貴了，那能親自上到張老師的課不就能學得更多更深入。哈哈！原來張老師不僅是梁氏飛星紫微斗數的大師，也是行銷的專家呀！很快地，第三個念頭出現了，雖然前面兩個想法都對，但老師寫這本書的真正目的，是為了讓自己的功力更上一層樓，十層的功力原本已到第二層，這本書寫完，功力應該已提升到第三層，學理更完善，教學更精進，培養出更多梁氏飛星的師資，開枝散葉，造福全球更多有緣人。

說了這麼多張老師的好，那麼，這到底是怎樣的一本書呢？接觸過欽天四化飛星的朋友應該聽過144訣，即紫微斗數命盤十二個宮位四化到十二個宮位的象義解釋，12x12=144，所以稱為144訣，若再分為祿權科忌四化象，則總共有144x4=576象，我們的師公梁若瑜老師著有《十二宮672象》一書，672是誤植，實際上正確是624象，即576象，再加上生年四化分佈在十二宮而有的12x4=48象，總共576+48=624象。所謂「天垂象，示吉凶」，這裡的「象」，指的是人生的各種現象，張老師的這本新書，就是參考梁若瑜老師的672象一書的內容，加上自己近十年來論命與教學的心得經驗，所精心整理出來的武功祕笈，把所知道的飛宮四化象義全部寫在書中，毫不藏私，還不斷請學生們校稿及提醒還可以加什麼進去，就怕少寫了什麼。

根據老師上課所說的，這本新書的內容雖然已很豐富，但紫微斗數命盤可以解讀的象義，理論上是可以達到10的12次方那麼多，沒有人有辦法把所以的象義全部寫出來，更不可能靠強記硬背把它學好。那麼，這本書到底該怎麼使用才對呢？我認為要能發揮這本書最大的效益，可以採取3不原則，即：（1）不死背強記、（2）不原地踏步、（3）不怕論錯，說明如下：

1. 不死背強記：宮位化象及串連的組合象義解釋，一定要考量命主的實際狀況，依學理進行邏輯推理解釋，絕不能死背強記書中的內容。

2. 不原地踏步：學如逆水行舟，不進則退；不怕慢，只怕站；學習梁氏飛星，不用跟別人比速度，只要自己一步一腳印，持續前進，終有一天能學得會！

3. 不怕論錯：準備 100 個紅包袋，找身旁的親朋好友，練習解讀命盤，學到哪裡就論到哪裡，不要怕論錯，只要不斷累積經驗，一定能越論越準喔！

熱愛學習梁氏飛星紫微斗數的師兄姐，張世賢老師的這本新書是你一定要入手的，買來後絕不是從頭看到尾讀完就結束了，這本書就像是學習梁氏飛星必備的字典或辭典，平時放在隨手拿得到的地方，需要的時候就拿起來查詢，查到的象義解釋要仔細推敲，抓住每個象義背後的學理邏輯，並加以舉一反三，如此反覆推演，持續精進，終有一天，您也能成為梁氏飛星紫微斗數的大師喔！

誠心推薦給你！

陳冠浤

陳冠浤，人力資源管理學博士、大學教授。

學生分享一　馬來西亞—呂敏敏

有機會跟張世賢老師學習「梁氏飛星紫微斗數」，真的是累世修來的師生緣份。還記得去年 2020 疫情的緣故，張老師第一次在線上開辦了視訊課程，而身在馬來西亞的我才有機會上課。

雖然學習的時間不長，但很感激老師一路以來無私的教導並樂意分享十多年的豐富論命經驗，非常敬佩老師一直用心研究，如何讓學生們更容易理解學理及學會如何使用「梁氏飛星」。

我喜歡張世賢老師一直強調人性化的論命概念，憑老師多年豐富的實戰教學及論命經驗，張世賢老師的作品《快速學會飛星紫微斗數》是非常值得被推薦的。

Natalie 敏敏 25. 8. 2021

學生分享二 台中－李睿群

我會學習斗數是為了瞭解人生的婚姻大事，因當時年過三十，白雪公主卻還是遲遲未現？論長相、論條件自認不差的我，尋尋覓覓真命天女結果總是感傷的。就因這樣一頭栽進命理的研究，也正式拜師（那時的紫微斗數大多是三合派），之後持續學習時間長達約二十年，歷經三位老師，看過、論過的命盤也很多，初期論個性與現象還ok，再深入研究，卻出現很多的不定數與模稜兩可，同命盤貧富卻兩極化，令人啞口無言……，總之論盤越深入，越是受挫，反而不敢論。花了數十萬及數十年的時間，到頭來還是一堆疑惑，真的覺得很無奈。

遇見張世賢老師是一個重大的轉捩點，重新喚起我對斗數的興趣，跟著張世賢老師學習至今有三年多的時間，他解決我心中所有的疑惑，論盤的準確度也讓人嘖嘖稱奇，梁氏飛星這門學問不入寶山殊不知滿山都是寶！

最重要的是，誠如老師所說的：學習命理，可知命用命（善用天命）也幫助別人解惑，瞭解生命中的起起伏伏，得勢創造佳績致富，劣勢得以事先窺見，而有所防範，沉潛修練充實自我，待得運時翻轉劣勢，是非常值得研究的一門學問。

我很幸運可以找到斗數四化的好老師，相信師兄姐們亦有同感，師者所以傳道、授業、解惑，也道出張世賢老師對學生的用心與期待，如同父母一樣望子成龍成鳳的心，總是孜孜不倦地教誨，絞盡腦汁彙整成有系統的教案，傾囊相授讓我們這些弟子可以百日築基，奠定出穩而紮實的斗數根基，並且提升實戰的論命經驗。

梁式飛星紫微斗數，是一套非常實用的命理哲學，有興趣或想從事論命的人，可以踏出這一步，跟著張世賢老師，相信您絕對不會後悔，因為寶藏真的就在眼前。

李睿群　110.08.27 戌時

學生分享三　臺北－林善子

緣起！從小就喜歡接觸佛法、禪學。而人生成長的過程中有酸甜苦澀難免，一路接觸各宗教與不同法門，總是有所失，有所得，每個門派皆有理無是非，但仍覺得生命是自由與可貴值得被尊重的，心中有佛處處皆是佛，人人皆是佛。

但人生每個坎不盡相同，這時除了祈求神明保佑，我相信很多人與我一樣會藉由活菩薩給解答——算命。

當然也藉由朋友推薦介紹老師，但因緣際會下，我在網路上看了許久張老師的教學視頻下，決定讓張老師幫忙指出一條活路。

中華五術，文化博學精深。我也一直從芳療學及五行經絡學中兢兢業業地學習著，因此在讓張老師論命時，善子想，更早前應該已種下學習五術的緣，二話不說就一直勤勉不懈地上課。手寫命盤、天干四化一直是弱項，記不得啊！

但從沒間斷手寫命盤，過了這坎，又會有新的坎（這就是人生，永遠不變）。吉化串連練習讓我更熟悉四化原由及宮位飛化，凶化串連練習讓我明白邏輯及規則，一路似懂非懂，樂此不彼地沉浸其中，開竅了又回堵，但也更上一階梯。

張老師總是與學生們同進退，孜孜不倦地再精進自己，提點學生們的盲點及時時調整課程內容進度，用學生的角度讓我們更容易理解，我們是有福的學生。

梁氏飛星紫微斗數是一門你我值得投資學習的學問，人生如棋盤，我願是那棋盤手，決定人生的方向去處。而不是只是一顆棋子，命運決定於他人，最後勤勉自己及後學者，能不忘初心，良善的初心，於從今以後～

謝謝同好們的師兄、師姐們，更心懷感恩，謝謝張老師！

善子林品妍，於 2021.08.30

學生分享四　新北－陳瓈淂

學習紫微斗數的歷程是先接觸三合系統，從甲級單星、宮位、廟旺利平陷，直到雙主星組合，乙、丙、丁級的小星星等等，所有的學習都是口訣的記憶，但是命盤拿到手後，卻一句話都說不出來，直到在 Youtube 上看到張世賢老師的影片後（感謝連英志師兄的上傳），雖然只有少少的 7 部影片，即讓我有醍醐灌頂的感受。

以前所學都是背口訣，也不知其理為何，更無法運用。後來跟著張世賢老師學習「梁氏飛星紫微斗數」，飛化學理講得一清二楚，解讀出來的答案，也都有學理依據，所以漸漸地就能夠靈活運用了。

在 2017 年開始向張老師報名學習了「基礎班」與「進階班」，加上個人自我複習一年的時間，接著上「實例命盤解析班」，在這當中有「基礎班」與「進階班」的問題，都可以透過「實例命盤解析班」課堂中得到解答。即使有不懂之處，張老師都會細心、耐心地說明。

個人發現，自從 2017 年接觸張老師之後，仔細觀察張老師上課表達方式更是有所突破，教材文案的編輯也是大大的進步，方方面面的都可以感受到張老師的用心。

另外在硬體設備上的教具，更是一大突破，一直在添購新設備，從更換投影機、更換新白版、新購無線麥克風等等，其目的就是要把每一回上課的精華得以記錄，讓各位師兄姐可以在課堂後自我複習。

張老師無私分享學理資訊，另外提供一個討論的空間，讓我們大家可以自由發言、交流、討論，這是一個非常好的活動，讓我們可以表達自我學習結果，透過討論達到教學相長。

如今，拿到一張命盤，透過平時的練習，都可以有基礎的論述。然而在我身旁的親戚好友、同學、同事，都會找我論命，梁氏飛星紫微斗數真的可以幫助到每個人，在每一次的論命當中有不明白之處，都可以找張老師請教，也會讓我增進功力，這一切都要感謝張老師的教導。

Daniel 於 2021.08.30

學生分享五 大陸－林苑榕

從今年四月份開始線上學習老師的課程到現在，我學習梁氏飛星紫微斗數雖然還不到一年的時間，但我想和各位師兄、師姐分享一下我的體會。

首先最大的一個體會是梁氏飛星真的很奇妙，可以把一個人的生命軌跡還有各方面的細節論得很準確。

其次就是對像我這種不是天賦型種子的學生來說，跟著老師按部就班地學習真的很重要。我當初也是因為張老師教學內容更系統及全面化，才想要選擇和他學習梁氏飛星的。後來我按照老師說的每天寫吉化和凶化練習，對於命盤的結構和吉凶的飛化也掌握得更清楚了。

不過，紙上得來終覺淺，覺知此事要躬行。知之愈明，則行之愈篤；行之愈篤，則知之益明。除了練習，實踐也很重要。對我來說一開始邁出這步還挺難的，因為我對我的水準沒什麼信心。

後來還是因為看老師一直說要去實踐，我才開始給人看盤，真的是不看盤不知道自己幾斤幾兩，哈哈，也讓我意識到自己哪裡還需再改正。

學習飛星還是有很長的路要走，但是謝謝老師一直提供機會和平臺滿足我學習的慾望，也謝謝各位師兄、師姐耐心看完我的分享。願大家都能越來越優秀，一起發揚我們的梁氏飛星紫微斗數。

林苑榕　於 2020.12.14

學生分享六　大陸－陳凱雄

經過多年的奔波和辛勞，仍然一無所獲，到最後依然是獨自一人漂泊江湖四海，在迷途的人生道路上不知所措，對人生已經失去了方向，幸虧上天憐憫，在一次機緣巧合中偶遇恩師張世賢老師。

其實梁氏飛星在我內心感觸就好比是自己在茫茫大海中的救命小木筏，使我找到了生命的真諦，而生命的真諦就來自於梁氏飛星內在的深奧學理和含意，經過三年的錘鍊，我在梁氏飛星紫微斗數上頗見成效，透過張老師各方面的學理，以及他不斷教誨和指引，令我恍然大悟，深知人生的哲理和智慧。

梁氏飛星紫微斗數其實就是在講你的生活，在講你生活中的點點滴滴，每一個故事的背後都可以在梁氏飛星的學理上找到答案，並且能為你指引方向，照亮前方。

陳凱雄之感恩心得　於 2021.09.13

目錄

第一章　宮位象義推理解釋

第一章

宮位象義推理解釋

第一章 宮位象義推理解釋

宮位是骨架，是我們每個人人生中的十二大部門，十二大模組。對於宮位的定義不可含糊模稜兩可。

宮位的定義，不要用背誦的，要用推理的，才可以記住且推而廣之。透過「聞名知義、顧名思義」，再逐漸推而廣之，就有很多的象義。宮，就是位置。這裡的「宮」字，是代表位置的意思。

第一宮 命宮

1. 「命」就是生命，有了生命，這個世界因「生命」的存在而有意義。「生命」就是一個起點，所以我們稱為「太極點」，稱命宮為「太極宮」。
2. 太極點或太極宮，意思就是一個「起點」，道德經所載「道生一，一生二，二生三，三生萬物。道，是無極。一，就是太極。太極生兩儀（陰儀、陽儀）。二，就是兩儀，兩儀生四象。三，就是四象，四象就是春夏秋冬，就是祿權科忌。四象衍生萬事萬物。

3. 所以命宮就是整個命盤的關鍵起始宮位，生而為人的一個關鍵起始點。是整個命盤的中樞，是決定一生成敗的關鍵樞紐。

4. 西方哲學家「笛卡兒」提出「我思故我在」，就是命宮的最佳寫照。

5. 既然講到「我思故我在」，我思，就代表「我的心」在想什麼，「我的心」用現代心理學的角度來說，就是「表意識」思維，具有分辨思考能力，就是我的思想，思想就是思考、想法，是邏輯推理，是思辨能力。

6. 我的心，說明了命宮叫做「心的我」，是無形的我。紫微斗數中「身體的我」是疾厄宮；「靈性的我」是福德宮。

7. 有了思想，就關係到「精神、意志」的強弱。

8. 有了思想，經過時間與次數的堆砌，就會養成慣性思維邏輯，此慣性思維邏輯，就是思想上「性格表現」，稱為「性格、個性表現位」。

9. 從性格表現的慣性上，可觀察到一個人對人事物的喜好表現，稱為「喜好宮、喜好表現位」。

10. 從性格表現的慣性上，可觀察到一個人對人事物的喜好表現，稱為「性格表現位」。

11. 從性格表現的慣性上，可觀察到一個人對人事物產生喜怒哀樂的表現，稱為「情緒反應位」。

12. 命宮是子女的田宅，主居家環境中的小孩房。

最後歸納：

命宮，是太極點太極宮。是心之所向，主思考、思想、精神、意志。是性格表現位、喜好表現位、情緒反應位。

第二宮　兄弟宮

兄弟宮的基本象義：

1. 聞名知義：兄弟，講的就是兄弟姊妹之間的緣份厚薄，兄弟為手足，所以稱手足情緣。但是實務運用上，論手足情緣，必須先觀「家道興衰」，很多人不明白，兄弟宮明明就很好，為什麼兄弟間的感情不好呢？那是因為「果報破田宅，家道不興」所致。細節的部份，請參考「獨門心法基礎篇之論家道」。

2. 兄弟宮，在廣義的解釋上，是所有的兄弟姊妹間的情緣厚薄。在單論時，是論第一個兄弟。我與第一個兄弟間的感情；或是借盤論六親時，我的第一個兄弟的種種概況，準確度約八成。

3. 借盤論六親，這是「梁氏飛星紫微斗數」的獨門技術，學會了，會讓人有神乎其技的感覺。其實很簡單，人生就像是一部連續劇，命主是主角，其他六親都是配角。而從命主的戲劇中可以看到配角的種種表現，便可以窺探其人生種種的概況了。

4. 你是生命的主角，其他六親、人際等，都是來成就你的，當我們的認知很清楚後，我們要怎麼樣讓自己「無忝所生」，這就看你這個主角如何決定了。你可以決定自己的命運，而你的性格表現，決定了你的人生發展，以及心靈層次的高低。

5. 講得更深層一點，你不但是生命中的「主角」，也是「導演」喔！如果你相信「因果」，就如同「太上感應篇」所言：禍福無門，唯人自招；善惡之報，如影隨形。所謂自己是自己人生的導演，就是自因自果，自己造的因，就會承受什麼果。誠如佛家所言：欲知前世因，今生受者是；欲知來世果，今生做者是。

兄弟宮的活盤象義：

1. 先區分我宮和他宮。粗分的我宮，是屬於我自己個體上的東西；他宮是屬於不同個體。
2. 我宮，有六個：第一宮為命宮（無形的我）、第五宮為財帛（我的錢財）、第六宮為疾厄（身體的我）、第九宮為事業（我的工作）、第十宮為田宅（我的財產）、第十一宮為福德宮（靈性的我）。

3. 他宮，有六個，都屬於人的宮位：第二宮兄弟（兄弟爬山各自努力）、第三宮夫妻（異性、配偶）、第四宮子女（小孩、小輩）、第七宮遷移（廣大的社會因緣，陌生人）、第八宮交友（我所接觸的男女老少，不一定是熟識者）、第十二宮父母（父母雙親、長輩……）。

4. 兄弟宮是事業的疾厄（一、六共宗），稱為事業規模位。

5. 兄弟宮是財帛的田宅（一、十庫位），稱為現金的收藏宮，是金庫位（銀行或自家的保險箱、金庫），是存款位。

6. 兄弟宮，以事業的疾厄（事業規模）、財帛的田宅（經濟實力），合併稱「事業成就位」。

7. 兄弟宮是疾厄的事業（一、九氣數位），稱為身體氣數位、身體運位、體質位。

8. 兄弟宮是田宅的財帛（一、五財帛位），稱為家庭經濟位，家庭經濟收入位。

9. 兄弟宮是夫妻的夫妻（財帛）的田宅，是主臥室，是閨房位。夫妻的夫妻位是財帛，論的是夫妻的對待關係，而財帛（對待關係）的田宅，就是財帛位（對待關係）的家，就是閨房位，就是現代的夫妻房、主臥室。

10. 兄弟宮為交友的遷移，同時也是「事業成就位」。遷移宮是一個人的外在表現，是一個人的視野。得「權」沖交友。

11. 最強的當屬「本命遷移」化權入兄弟宮，逢交友「同星曜」化祿來會時，為權沖交友，代表隨著我事業有成，社會地位越來越高，且我擅長處理事業成就、人際關係、組織運作等，而獲得人際（交友化祿來會）的掌聲，逐漸建立了領導統御能力和地位。

12. 兄弟宮是財帛的田宅，主居家環境中的庫房、保險庫。是夫妻的夫妻的田宅，主居家環境中的主臥室、夫妻房。

最後歸納：

兄弟宮是手足情緣宮、事業成就位「事業規模位＋經濟實力位」、體質位「身體氣數位、身體運位」、家庭經濟收入位、夫妻的閨房位、領導統御位。

第三宮 夫妻宮

夫妻宮的基本象義：

1. 太太，是你專屬的財神爺，你會如何對待財神爺呢？家和萬事興，古時候是父系社會，命盤為男人服務，夫妻代表我的太太，所以家和萬事興要看老婆的臉色，老婆若是始終面帶笑容，又是白白胖胖的，保證家庭有一日會興旺。

2. 模組化的好處就是聞其名，就能知其義。夫妻宮，看到夫妻兩個字，就會聯想到「配偶」，不是先生就是太太，所以「夫妻」代表的就是「正式婚姻的情緣位」。

3. 所以稱為正緣的「情緣宮」，一切婚姻緣份的起點，要結婚，都必須以夫妻宮為體宮，次體宮「父母或田宅」，用宮「命宮、福德、遷移」，吉化搭橋的宮位「疾厄、財帛、交友、事業」，觀其吉化串連是否呈旺。

4. 也是婚姻相關的事態，表婚事。

5. 是「元配」的位置，永遠不變。就算與元配離婚後，再與元配復婚，其位置仍然不變。

6. 而「配偶」在傳統的價值觀中，緣份一定是來自「異性」，所以代表著我們「一生中的異性緣」。

7. 夫妻宮是一生的異性緣，所以也可以當成以「異性客戶」為行銷業務對象。

8. 夫妻宮是婚姻的主體宮位，所以也代表婚姻相關一切事務，因此以工作事業發展來論，夫妻宮代表可以從事與婚姻相關產業，例如婚紗業者、喜餅業者、新娘祕書、婚姻仲介、婚友社、婚姻顧問……等。

9. 夫妻宮「坐祿、權、科」，照事業宮。刀切豆腐兩面光，可以這樣想，當夫妻宮坐祿權科時，照事業宮，代表事業宮也得到祿權科的好處。對事業宮為祿出、權出、科出之象。這時必須觀哪一宮化祿權科到夫妻宮，象會有不同。

10. 只有「體盤」的「福德三方」坐祿權科，才能論照「命三方」。時間的動盤不可用。

11. 夫妻宮坐祿權科，照事業宮。遷移宮坐祿權科，照命宮。福德宮坐祿權科，照財帛。

12. 論居家環境的廚房、餐廳，田宅的疾厄、疾厄的田宅、少小限的命宮福份位。

夫妻宮的活盤象義：

1. 夫妻宮是福德三方之一，主幼年的福份，為少小限的命宮。遷移宮主有為之年的福運。福德宮主晚年享福的享受位。

2. 夫妻宮是福德的財帛宮，稱為福份財位。

3. 夫妻宮是田宅的疾厄（一、六共宗），稱為家運位。古時候是父系社會，所以夫妻宮代表我的太太，所以娶到好太太就會旺家運，家和萬事興。

4. 夫妻宮是遷移的事業宮（一、九運氣位），稱為出外運位。

5. 夫妻宮是疾厄的田宅宮（一、十收藏位），稱為高矮胖瘦的體型位。

6. 夫妻宮是疾厄的田宅宮（一、十收藏位），是健康的收藏位，主居家環境中的廚房位。

7. 夫妻宮是事業的遷移宮（一、七表象位），稱為工作的外在顯象位。

最後歸納：

夫妻宮是情緣宮「正式婚緣」、一生的異性緣份位、是元配位、異性客戶、婚姻相關事務、福份財、家運位、出外運位、體型位、廚房位、工作的外在顯象位。

第四宮　子女宮

子女宮的基本象義：

1. 子女宮，就是我的子女，我的小孩，廣義上是不分男女的。表示我對小孩子的教養，所持的態度與性格上的種種表現。

2. 如果以「家道」的立場來思考，我們中國人的宗族觀念是以男丁為主，所以子女論的是子息緣，子嗣緣份的厚薄、數量的多寡、素質的好壞……等。

3. 子女是由「性」而來，所以子女宮又稱桃花宮。

4. 臺灣的同婚法已經在2020年通過，那麼同性戀的婚姻宮應該看哪一宮呢？子女宮。經過多年的驗證，提供給大家參考，目前驗證數量不足，大家可以一起努力。

5. 子女既然是由性而來，因此子女宮也牽涉到性功能的好壞，性生活品質的優劣。當然就涉及了「生殖系統」方面的健康問題了。中醫講的腎氣腎元、生育能力。

6. 推而廣之，就是涵蓋別人的小孩，且子女宮是交友三方之一，故稱為小輩、晚輩。

7. 既然是小輩、晚輩，在工作領域上，稱為下屬或有關人事。

8. 在直銷領域，稱為下線。

9. 在教學的領域，稱為學生。

10. 以公司或工廠的角度來想，是下游廠商、下包商、外包商。交友三方，分別扮演不同的角色，交友是客戶，父母是上游的供貨商、子女是下游的下包商。

11. 在室內設計師的工作領域，稱「工班」。

12. 子女對我而言，是屬於弱小的人，因此衍生了「弱勢族群、寵物」的象義。「慈心、仁愛」，「根器」、「善緣」的表現位。

13. 可繼續衍生為養殖的家禽、家畜、水產、海產等養殖業。

14. 以行銷業務「對象」而言，子女宮所代表的客群為年輕客群、或是學生族群、或是小孩子、或是幼童。

15. 以行銷業務「相關事務」的需求而言，嬰兒相關用品、孩童相關事物、老師、幼教、托嬰、托兒、年輕人使用的任何相關事物都可以。

16. 子女由性而來，如果是桃花星之化，串連事業相關宮位呈旺者，可以衍生為性生活用品的相關產業。

17. 論居家環境的大門外、庭院、明堂「田宅的遷移」。

子女宮的活盤象義：

1. 子女宮是福德的疾厄宮，論晚年生活的品質好壞「老運、晚景」。古時候養兒防老，現代是養兒「妨」老，時代不同了，安排好晚年生活，不要寄望子女，也不要受子女拖累，更不要拖累子女。南無阿彌陀佛！

2. 另外對身體而言，子女代表腎氣、腎元的強弱，腎為作強之官。晚年腎氣、腎元強者，身體好，可享高壽。

3. 子女宮是福德的疾厄宮，是身體的享受位。性生活方面。

4. 子女宮是福德的疾厄宮，是身體的意外或業力病。

5. 子女宮是福德的疾厄宮，修行的根器宮「佛家用語」。福德、遷移、子女三宮，是果報宮的無形世界，也是果報的根器、天份、天賦宮。

6. 子女宮是夫妻下一宮的人事宮，且是桃花宮，性生活位，稱為正式婚緣的下一個感情位，所以稱為外遇位。但子女宮並非只有在婚姻進行式下才有的感情，因為是人事宮、桃花宮，縱使不在婚姻進行式下，仍然可以論桃花感情，但條件都必須是「桃花星」的吉凶化串連。

7. 子女宮是夫妻下一宮的人事宮，是婚姻而來的人事位，稱為親戚位。對女命而言，是男方家族相關遠房親戚。對男命而言，就是女方家族相關遠房親戚。

8. 離婚後，再婚的二婚對象位。但必需要以夫妻宮為「婚姻的主體宮」，子女宮為用宮，再配合婚姻相關的體用宮。如果夫妻宮過份的差，再婚恐怕依舊是不幸福。

9. 兄弟的夫妻宮，兄弟的太太，稱為妯娌位。這裡的兄弟宮是廣義的兄弟，涵蓋所有的兄弟。

10. 田宅的遷移宮，離家在外位，也是來來回回的驛馬位，屬於短期短程的出外緣，例如出差……。驛馬：出外緣。

11. 交友的事業宮，稱合夥緣位，是指三五人在工作或事業發展上，共同組成的合作關係。並非上市上櫃的公司結構體，所以買股票成為其股東，並非合夥緣，是屬於投資。合夥的股東，是我的朋友，所以股東是交友宮。

12. 子女是父母的財帛，可以論銀行利息、股息等。

13. 子女宮是田宅的遷移，主居家環境中，前方對外交接的地方，主門口、玄關。

最後歸納：

子女宮是子女緣、教養子女的態度與表現、子息緣、小輩緣、學生緣、下屬、下游廠商、弱勢族群、寵物、桃花宮、外遇位、性功能性生活位、老運、晚景、意外位、業力病、根器宮、二婚對象位、妯娌位、親戚緣份位、合夥緣份位、短期短程的出外緣位。

第五宮　財帛宮

財帛宮的基本象義：

1. 財帛，財就是財物，帛就是衣帛。所以財帛宮，代表的就是「現金緣」，就是手邊的錢。
2. 以收入來說，就是現金緣，就是我的來財方式，錢的來源不一定是自己賺到的。賺錢方式，所以會跟行業有關。
3. 以支出來說，錢用到哪裡去，或什麼人事物讓我花錢。就是生活上的用度，生活開銷，柴米油鹽醬醋茶，食衣住行育樂的種種開銷。
4. 所以顯示了個人對「金錢的價值觀」，我對金錢所持的態度，但與「貧富」並無直接關係。
5. 衣帛，就是衣著，與穿金戴銀，或者兩袖清風、身無障物有關係。

6. 象分內外（化忌象會有明顯的差異，化祿象則不會）：以六親宮的夫妻、子女、父母來說，都涉及到內外的不同現象。對內為斂，對外為出。

7. 如財帛化忌入夫妻「對夫妻的花錢態度」，對內的太太就會比較摳門，讓老婆花錢不開心，或是讓老婆擔心我的收入，或是在生活用度上會跟老婆計較，造成彼此對待關係的不佳。但是對外的異性友人就會比較大方。

8. 如財帛化忌入子女「對子女花錢的態度」，對內，自己的小孩，會讓小孩子的零用錢不夠花。對外面的小輩或人際卻很大方，有點像打腫臉充胖子，因為對田宅而言為忌出，庫位忌出，存不住錢。

9. 如財帛化忌入父母「對父母花錢的態度」，對內，對自己的父母孝養金給得不夠，甚至父母會擔心我的收入不好。對外面的父母或人際卻很大方，財帛化忌入父母為忌出，沖疾厄，好像錢會咬我一般，一去不復返，錢的消耗很大，存不住錢。

10. 帛，是衣著。這方面的論述幾乎沒有，因為往往無關命運的格局高低起伏，偶爾玩玩而已。一般偏重在兩個表象宮「父母、遷移」。穿著是否得體，主要看「父母或遷移」，財帛的串連，看裝飾。

11. 論居家環境的客房。

財帛宮的活盤象義：

1. 財帛宮是夫妻的夫妻宮，論的是婚姻對待關係，婚姻中的柴米油鹽醬醋茶，生活上的種種開銷和細節。

2. 財帛宮是交友的田宅宮，論客房。「斗數陽宅佈局」的實務運用，是不管這些的，主要依吉凶方的結構來佈局。

3. 財帛宮是福德的遷移宮，但不是表象宮。福德是靈性的我，是潛意識的我。而財帛宮是潛意識的表象宮，但只有到表意識，並沒有直接表現出來，除非是福德本身直接化忌入財帛，為邏輯上的忌出，才會將情緒直接表露出來。

4. 例如命宮癸貪狼化忌入財帛，當感情不得意時，或收入不順利時，就會「面帶愁容」，除非你善觀臉色，否則並不容易發現。

5. 例如命宮癸貪狼化祿入財帛，當感情順遂時，或收入好時，「滿面春風」，也是你要善觀臉色，才會發現的。

6. 以前的已婚婦女，洗衣服要到河邊去洗，在去洗衣服的路上會唱歌，表示昨晚蠻性福的，哈哈。

7. 財帛宮是父母的疾厄宮，父母是道德規範位，論德行，財帛就是最容易令人引發「慾望」的宮位，所謂人為財死，鳥為食亡。

8. 財帛宮是交友的田宅宮，主居家環境中的客房。

最後歸納：

財帛宮是現金緣、金錢價值觀、來財方式「不一定都是自己賺的」、花錢方式、生活用度開銷、婚姻對待位。

第六宮　疾厄宮

疾厄宮的基本象義：

1. 疾厄，拆開來，就是疾病與災厄。是我的身體健康和疾病的狀況，或是意外。
2. 疾病與災厄，是發生在身體上的，因此疾厄就是身體的我、肉體的我、軀體的我、身軀。
3. 命宮是第一宮，疾厄是第六宮。河出圖洛出書（河圖洛書），「河圖」中所載，一六共宗，運用在「天干」中的是甲己合，運用在「紫微斗數」中「命宮與疾厄」一六共宗，命宮是無形的我，而疾厄是身體的我，兩者合起來才是完整的我，不可分割的。
4. 命宮是無形的我，而身體是具體的我，因此身體是裝載著無形的我，所以疾厄宮是命宮的

「器、皮囊、根」，疾厄（肉身）沒了，命宮將無處安身。這個觀念非常重要，將來會講到「三方」的觀念，還有最重要的是我們憑什麼可以成為「人」啊！

5. 先簡單講一下，命宮的根在疾厄宮（疾厄是命宮的共宗六位），那麼疾厄的根在哪裡呢？疾厄的根在福德宮（福德是疾厄的共宗六位），所以人是因為有了福報，才得以為人，才能擁有這個肉身的，所以人一定要懂得惜福感恩。

6. 那麼福報從哪裡來呢？福德宮的根在子女宮（福德的共宗六位是子女宮），子女是弱勢族群，是交友三方，所以代表過去累世，我們曾經做過很多的善舉，幫助過弱勢族群，所以才有累積足夠的福報，而果結今生得以為人，這是多麼不容易的一件事啊！

7. 疾厄宮講身體的我，也是「具體的我」，是我高矮胖瘦的具體形象、肢體語言的表現。

8. 肢體語言表現出人與人相處的模式與形象印象、行為舉止。疾厄四化入「人的宮位」：化祿是我熱情親近的一面，化權是我乾脆爽朗的一面，化科是我若即若離、客客氣氣的一面，化忌是我冷淡木訥的一面。

9. 疾厄是我的身體，身體的細胞是有記憶的，動作做久了，會養成一種習慣性，或是反射性動作，也是性格表現的一種，稱為習性反應位。

10. 疾厄是我的身體，我的身體要去執行的動作，身體力行的表現，所以與個人的身體活動量有關。化祿是常親近、輕鬆的一面。化權是活動量大、肢體動作大、有活力、耗體力的一面。化科是我慢條斯理、動作溫和的一面。化忌是我執著付出、辛苦勞祿的一面。

11. 疾厄是我的身體，是我喜怒哀樂的情緒反應位。

12. 論居家環境的儲藏室。

疾厄宮的活盤象義：

1. 疾厄宮是田宅的事業宮，是家庭的運氣位、氣數位，稱為家運位、財產運位。
2. 疾厄宮是事業的田宅宮，稱為工作場。如我們工作的地方、工作的環境。
3. 疾厄宮是收藏三方，稱物質生活位。
4. 疾厄宮是子女的夫妻宮，稱為媳婦位。這裡的子女宮是廣義的子女，涵蓋所有的男丁子息，並非個別的。如果是論長子的夫妻，則為長媳位。
5. 疾厄宮為事業的田宅，主居家環境中的工作室。

最後歸納：

疾厄宮是疾病與災厄、身體健康、疾病、意外、身體習性位、情緒反應位、身體的高矮胖瘦、肢體語言表現出人與人相處的模式與形象、活動力、家運位、工作場、物質生活位、媳婦位。

第七宮　遷移宮

遷移宮的基本象義：

1. 遷移，遷就是遷徙，移就是移動。就是所謂的「驛馬緣＝出外緣」。驛馬有好有壞，有辛苦也有快樂，有遠有近，有安定、不安定，有長期、短期、來回驛馬。有衣錦還鄉、榮歸故里、落葉歸根、驛馬還鄉……。

2. 驛馬出外，跨出門檻、或是走出家門、或是走出庭院，就是社會了，所以遷移宮代表著「社會」的一切人事物。

3. 首先你會接觸到很多人，有熟悉的左鄰右舍、親戚朋友，或是有接觸過但不熟悉的男女老少，接著你就會接觸到很多不認識的「陌生人」，所以遷移宮就是「廣大的社會因緣宮」。

4. 在廣大的社會因緣裡，是遇到「貴人相助」呢!?還是遇到「小人禍害」呢!?誰都說不準，就看個人的際遇和造化了，所以稱為「際遇位」。

5. 不管遇到貴人或是小人，都是來成就你的。透過這樣的「交流」、「應變」、「判斷」的學習過程中，不管得與失，或成與敗，我們都會得到很多人生的寶貴經驗，逐漸的建立了我們對社會人事物的個人見解，而形成了「視野」的廣闊或狹隘，透過人生「歷練」，逐漸地建立起自己的「人生價值觀」。

6. 這種對外界社會的交涉能力，稱為「社交能力」、「社會上的活動力」、「領導統御的能力」、「處世應對的能力」……。

7. 處世應對的能力，就是我的社交能力。與能力展現、領導統御有關。人與人相處是一種智慧，所以是智慧的表現位。人生經驗、視野、判斷、應變、智慧的學習位、成長的歷練位。人生的價值觀位。

8. 遷移以權為將，觀察力敏銳、權變應變的能力、展現行動力、決策力、決斷力。

9. 遷移化權，逢交友同星曜化祿來會，則擅長組織運作、人事管理、調解人事之能、公關業務行銷之能。

10. 社會上除了人之外，也有非常多的事務要處理，所以遷移宮也是「處事應對的應變能力」。

11. 遷移與命疾福不同，命疾福是情緒反應位，主要以感性處世，會做想做的事；然而遷移宮卻是處世應對宮，理性處世，做應該做的事。

12. 而這種「處（世、事）應對」的應變能力，合稱為「智慧」。

13. 所以「遷移宮」是一個非常特殊的宮位，它是人生經驗、視野、判斷、應變能力的學習位，人生成長的「歷練位」，人生舞臺經驗與智慧上的「價值觀」位。

14. 是否「見過世面」，這四個字，就是在描述一個人，人生舞臺經驗與智慧上的價值觀，就是「人生觀」。

15. 社會廣大的因緣裡，包含了所有的人事物，就是我的「人生舞臺」，透過人生不斷地經營，建立屬於我可以運用「社會的資源」。

16. 當我們出入社會時，就會讓人看到我們形於外的「外表」和「模樣」，自然社會會對我有所評價，稱為「形於表」，或稱為「出」。所以我們稱遷移宮為「表象宮」。

17. 人生透過不斷地經營，社會自然會對我產生評價，這種評價就會逐漸地建立起自己在社會上的「名聲」、「身份」、「地位」。

18. 以健康方面來說，遷移是驛馬位，出外緣，人生出外難免有些意想不到的事情，就有可能會產生意外的疾病與災厄。如受到病毒或細菌感染，或是意外血光、災難等。

19. 論居家環境的大門、玄關。

遷移宮的活盤象義：

1. 遷移宮是福德的事業宮，我們稱為福運位。遷移宮是廣大社會因緣宮，又牽動著無形的福報，因此對我來說就是「時空環境背景因素」。當福運好時，一個風暴的來臨，你可能會判斷或應變正確，而安然度過或獲益。但相反的，當整個大好時機來臨時，可能因為自己的誤判或拙於應變，導致不可收拾的後果。

2. 遷移宮是福德的事業宮，是無形福運宮、是無形兼有形智慧宮、是福德三方之一，所以是阿賴耶識裡頭的「天份」、「才華」。累世特殊經驗，以及修行人的「善緣」、「根器」、「智慧」的提升位，和「放下」、「自在」位。

3. 所以遷移宮，你可以把它想像成音響中的「超級放大器」，它的力量牽動非常廣且強大，所以遷移宮串連呈旺者，往往是某個領域的佼佼者。

4. 遷移宮是子女的子女宮，是孫子位。單論六親時，是長孫位。

5. 遷移宮是兄弟的疾厄宮（兄弟共宗六位），是事業成就所產生的社會地位和名聲。

6. 遷移宮是田宅的田宅宮，田宅宮是我們個人最大庫位收藏宮了，那田宅的田宅，要表述的是「取之於社會，用之於社會」的概念。今日我們所累積下來的任何一點一滴的財富，都是取之於社會的，所以社會才是我們人類的最大庫藏。

7. 遷移就像大海，就像大自然，就像大地，我們取財於社會，也要懂得保護回饋社會，所以佈施造福、有捨有得就顯得格外重要了。

8. 以健康來說，遷移宮是福德的事業宮，稱為福運位，所以跟果報業力有關，化祿就是我的福報庇蔭，化忌就是業力使然。

9. 遷移宮是田宅的田宅，主居家環境中的庭院，擴而大之，遷移是大社會，因此主居家環境之外的環境。

最後歸納：

驛馬緣「出外緣」、廣大的社會因緣、陌生人為主、社交能力、處世（事）應對能力、歷練位、判斷能力、應變能力、人生價值觀、智慧、視野、人生舞臺、社會資源、行於表「出」、表象宮、名聲、身分、地位、意外、災難、業力病。福運位、時空環境背景因素、天份、才華、根器、取之於社會用之於社會的人間最大庫藏位。

第八宮　交友宮

交友宮的基本象義：

1. 交友宮，泛指有緣接觸的男女老少。是廣泛的人際位。
2. 是我對交友的態度，交友的品質、狀況。
3. 是我的人氣指標，也是競爭位。

4. 在學生時期，是我的同學、同儕，所以也顯像在求學考試間的競爭對手。
5. 在工作上，是我的同事，所以也顯像在工作上的競爭對手。
6. 在生意上，是我的客戶、同業，所以也顯像在同業間的競爭對手。
7. 在讀書考試的過程中，稱為考試競爭位。
8. 是人際關係中的情與義的表現位。
9. 交友宮是交友三方的主宮，論朋友時，交友宮以平輩為主，父母宮以長輩為主，子女宮以晚輩為主。
10. 交友宮在論客戶時，是有緣接觸的客戶，所以都偏向周邊地區的客戶，所以是以「在地客」為主。遷移宮是廣大的社會因緣位，所以以「陌生客、外地客、過路客」為主。
11. 交友宮必需要與兩個「表象宮」的其中一個串連呈旺，生意才會好。
12. 交友宮與父母宮交祿串連呈旺者，主要經營當地市場。
13. 交友宮與遷移宮交祿串連呈旺者，主要經營廣大陌生市場。
14. 論居家環境的神明廳、佛堂、神龕位（福德的田宅宮）。

交友宮的活盤象義：

1. 交友宮是夫妻的疾厄位，是婚姻狀況的指標位。感情的甜蜜度。要跟夫妻宮串連來論。

2. 交友宮是福德的田宅位，稱為行善積德的累積位、積德位。

3. 交友宮是福德的田宅位，主居家環境中的神明廳、佛堂、神龕位、禪堂、禪房。

4. 交友宮是田宅的福德宮，稱為祖墳，是含曾祖父以上的所有祖先。交友宮是祖墳的選址、內部結構等，兄弟宮是交友的遷移，是祖墳的外在環境。論家道時非常重要。

5. 交友宮是父母的事業宮，顯像上游廠商的營運狀況，還是要以父母宮為主。

最後歸納：

泛指有緣接觸的男女老少、交友態度、交友品質、交友狀況、交友的情與義。競爭位、客戶、人氣位。正緣感情的指標位、積德位、祖墳。

第九宮　事業宮

事業宮的基本象義：

1. 事業宮是我的工作，論的是工作本身，與事業成就高低沒有直接關係。

2. 事業宮是我工作的態度、狀況、品質、屬性、能力、表現。

3. 事業宮講到工作屬性，就是賺錢的行業、賺錢的方式、賺錢的管道、賺錢的模式。但對於高格局者，事業宮就不是關鍵了。

4. 論賺錢的行業、方式、管道、模式有很多的面向，可以從任何一個肇因宮來觀察其適合的屬性，不一定是事業宮，最重要要「適性發展」。

5. 所以事業宮的最重要指標，並不是論行業，而是工作態度、工作能力。

6. 事業宮是第九宮，九為陽數中的最高數，稱為陽之極，「化氣」流行，所以主「運氣位」，或稱「氣數位」。是一種一時的運氣，短時間的。遷移是福運位，其強度和時間，遠勝於事業宮。因此極少用事業宮來論運氣。

7. 以學習的角度，事業的串連，表示我如果把學習這件事「當工作來執行」，或是以「執業為目的」來學習，按表操課，天天學習、練習，將會日有所增、日有所長，穩定成長。

8. 吉化串連到父母宮，則有利於考取證照、在職進修、學以致用。

9. 吉化串連天份、才華、根器宮位「福子遷」，則有利於以天份、才華、根器相關為業。

10. 疾厄宮化權，逢事業宮同星曜化祿來會，吉化串連呈旺者，可以當運動選手。

11. 論居家環境的孝親房、書房。

事業宮的活盤象義：

1. 事業宮是夫妻的對宮遷移，稱為正式婚緣之外的感情，故稱為外遇位。但條件必須是婚姻進行中，事業宮坐或化桃花星的祿或忌，且與我的命疾福交會，才可以算。
2. 事業宮是父母的田宅宮，論書房、書桌、孝親房。
3. 事業宮是福德的福德宮，祖父的墳。真正的祖墳「涵蓋曾祖父以上的所有祖先」是交友宮。

最後歸納：

運氣位、工作的態度、能力、行業（賺錢的方式和屬性）、外遇位、執業位（把某項事情當工作模式來執行）。

第十宮　田宅宮

田宅宮的基本象義：

1. 田宅，田就是田地，宅就是家宅。
2. 田地是種莊稼用的，所以代表「物質生活的狀況」。
3. 家宅是用來住的，是我的「居家生活環境」，鄰里間的相處。
4. 田宅以物質面來說，是代表「不動產」，代表我家的財富。

5. 田宅以人的立場來說，狹義上是代表我的家庭、家人，我的六親（含父母、兄弟姊妹、配偶、子女），所以講的是我的親情、天倫之樂。所以要論兄弟間感情好不好，要先看田宅宮好不好。

6. 廣義上來說，代表我的家族、宗親，所以也代表我的家世、出身背景。

7. 論「出身背景」極為重要。學習「梁氏飛星紫微斗數」第一個論命主題「家道興衰」，田宅宮就是主體宮位，配合命宮、福德、遷移三個用宮，就是論出身背景的好壞。

8. 田宅宮是人生最後的果實位。所有努力的成果，最後都會回到家裡，所以是財富的總和宮位。

9. 田宅又稱為歡樂、天倫宮，享受天倫之樂、男歡女愛。子田線又稱歡樂線、天倫線。

10. 田宅宮，代表居家環境中主要位置，主客廳。

田宅宮的活盤象義：

1. 父母宮是父親，福德宮是父母的父母代表祖父，田宅宮是父母的福德代表曾祖父。田宅宮代表曾祖父以上所有祖先。稱為祖上、祖德位。

2. 田宅宮是財帛的疾厄，財帛的共宗六位，是財富的具體表現位，稱為收藏宮。含動產、不動產、有價證券、珠寶鑽石、珍貴藝品、銀行存款、現金等一切的有價物，簡稱「財產」、「財庫」位。

最後歸納：田地家宅、家庭、家人、家族、出身背景。居家生活環境、物質生活、財富的總和宮（不動產、動產、有價物）、財庫位、收藏宮。

第十一宮　福德宮

福德宮的基本象義：

1. 福德，顧名思義，福，就是享福，就是先天之福；德，就是行善積德，為後天之德。
2. 先天之福，是累世因果位，稱為「果報位」。
3. 後天之德，是在世時的行善積德的心念位。
4. 福德宮是天性、秉性、天賦、天份位。
5. 福德宮是身心靈中的靈性位，著重在精神層面的表現上，是比命宮更高一個層次。以現代心理學的認知，命宮就是「表意識思維」，而福德宮就是「潛意識思維」。境界不同，福德宮的力量會勝於命宮，但是命宮具有思辨能力，福德則沒有，所以人世間的作為還是以命宮為

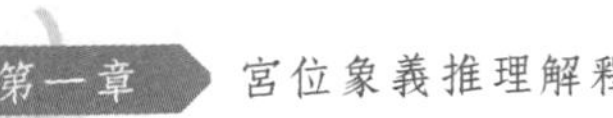

主，命宮主宰人生成敗。

6. 福德宮是精神層次上的表現，所以會與一個人的品味、內涵有關。

7. 福德宮是累世因果位，是天賦天份位，與修行人的善緣、根器以及放下、自在、智慧位（精神面的提升）有關。

8. 福德宮是天性、秉性位，精神層次面，所以會反應「精神、感受」喜、怒、哀、樂的「情緒表現」位。

9. 福德宮是累世因果位、果報位，所以會主導健康與病痛，尤其是中醫理論所講的情志病。

10. 當然也牽涉到因果業力，所以有業力病的宿疾。

11. 同時累世因果看不見、摸不著，所以也代表「無形世界」。化祿必需要根器星（天梁、天機、貪狼）則與神佛有緣；化忌必需要暗星（太陰或巨門）則與陰邪之氣有關。

12. 命宮、疾厄宮、福德宮都是喜好宮，都與興趣有關。專屬於個人的獨特或鮮明的「興趣、嗜好、享受」位，是福德宮。

13. 福德宮化忌，都具有「憂疑挑剔」的特質。人人都有，程度不同而已。

14. 福德三方，管一生中不同時期的福報，「夫妻宮」是管幼年時期的福報，就是少小限（幼年運勢），所以少小限統一採用夫妻宮，而非命宮。「遷移宮」管人生的奮鬥過程，有為之年的福報際遇。「福德宮」管退休後，晚年的生活品質好壞，晚年能否享清福，看晚運好不好。

15. 以道家說法，人在世為陽間，「命宮」是在人世間作為。人死後為陰間，福德宮是人死後去的地方，人死後的儀式場面是否莊嚴、墳墓、棺槨等情況。

福德宮的活盤象義：

1. 福德宮是疾厄的疾厄宮，是疾厄的共宗六位，看壽元、壽限。
2. 福德宮是財帛的遷移宮，金錢、慾望的表現位，個人物質生活的偏好宮。
3. 福德宮，除了是享受宮外，也是兄弟的田宅、疾厄的疾厄，論長養色身、養氣的地方，主居家環境中的餐廳、飯廳。

最後歸納：

先天之福、後天之德、果報位、天性、秉性、天賦、天份、興趣嗜好享受位、品味涵養、善緣根器、無形世界、業力病、情緒表現位。壽元、壽限、物質生活偏好宮。

有待大家思考驗證：

田宅宮，以佛家所談的「唯識論」來說是「阿賴耶識」位，這部份梁若瑜老師沒有教，是學佛的連英志師兄所提，世賢認同英志師兄的這種講法，所以在吉化串連的過程中，田宅宮是可以當搭橋串連宮位的。

然而，福德宮是累世因果位，是天性、秉性位，其表現上是好惡分明。孟子的性善說，荀子的性惡說，其實都只對一半，福德宮必有天干，天干一定會化祿或化忌，觀其串連，化祿結構是善的一面如何表現，化忌結構是惡的一面如何表現。

福德宮，就是過去累世所累積下來的「習氣」（這是學佛的陳大智師兄所提供的見解，也確實如此），好惡分明，沒有思辨能力的。如果用電腦來比喻，「田宅宮」就是硬碟，是儲存設備，是資料庫；「福德宮」是執行檔；「命宮」就是人。人有思辨能力，要思考用點腦來做什麼。當執行檔被啟動，不管對錯只管執行，當其執行的過程，就會去搜尋資料庫，資料庫也是不管對錯都儲存的。

第十二宮 父母宮

父母宮的基本象義：

1. 父母，代表雙親，單論時代表父親。
2. 所以也代表長輩、上司、老闆、師長、上游廠商、上線（直銷）。

3. 父母是我們生出來後的第一個學習對象，稱為「後天學習」位。代表我讀書學習的態度與狀況。

4. 父母是庇蔭我的人，引申為「公家機關」、「公務部門」。

5. 透過後天的學習，就會慢慢的接觸到讀書學習，有了讀書學習，就會有學歷的認證，而學歷認證是「教育部（公務部門）」發給的，因此父母宮就是我們的讀書宮、學歷位。

6. 人透過讀書，學習了很多的常識、知識、做人的道理，就會比較文明，事業發展普遍來說也會比較好，所以稱為光明宮。

7. 有讀書就會有內涵、氣質、修養，稱為涵養宮。

8. 有讀書，就會寫字，所以引申為一切文件的文書宮。

9. 論居家環境的衛浴間。

父母宮的活盤象義：

1. 父母宮是疾厄的遷移宮，稱為樣貌宮、相品宮。形於色的表象宮。

2. 父母宮是遷移的疾厄宮，稱為道德規範位。父母宮是後天學習位，人生的智慧來自於學習，這是很基本的智識。

3. 父母宮是子女的事業宮，顯像下游廠商的營運狀況。還是要以子女宮為主。
4. 父母宮是福德的兄弟宮，稱為百善孝為先的「積德成就」位。
5. 父母宮是交友的財帛宮，稱為「交友財」，引申為銀行、互助會、私人借貸等金錢往來位。
6. 父母宮是夫妻的田宅，主外家。

最後歸納：

雙親、父親、長輩、上司、老闆、師長、上游廠商、上線。後天學習位、讀書運、學歷位、涵養宮、相品宮、光明宮。表象宮、樣貌宮。公家機關、公務部門、文書宮。交友財、銀行位、互助會與有金錢往來位。道德規範位。積德成就位。

三方，共有四個三方。

1. 命三方「又稱汲營三方」：命宮、財帛、事業三宮。是我在社會謀生的能力展現，謀生的行業，賺錢模式，但不主貧富。
2. 田宅三方「又稱收藏三方」：田宅、兄弟、疾厄三宮。是我的財庫位，賺錢不是師父，存錢才是師父，所以貧富主要觀收藏三方。
3. 福德三方「又稱果報三方」：福德、夫妻、遷移三宮。是我的果報宮，是福份貴人的三個宮位，一個人的貧富，除了田宅三方之外，還要老天爺幫忙啊！老天爺就是福報厚不厚。

4. 交友三方「又稱人際三方」：交友、父母、子女三宮。人際關係的狀況、品質好壞。

5. 命宮的根在疾厄（疾厄是命宮的共宗六位），財帛宮的根在田宅（田宅是財帛的共宗六位），事業宮的根在兄弟（兄弟是事業的共宗六位）。

6. 疾厄的根在福德（福德是疾厄的共宗六位），田宅宮的根在夫妻（夫妻是田宅的共宗六位），兄弟宮的根在遷移（遷移是兄弟的共宗六位）。

7. 福德的根在子女（子女是福德的共宗六位），夫妻宮的根在交友（交友是夫妻的共宗六位），遷移宮的根在父母（夫母是遷移的共宗六位）。

8. 子女是福德的疾厄，是福德的共宗六位，是福德的根。子女是弱勢族群，啟發善念的根本，是代表過去累世，我們曾經做過很多的善舉，幫助弱勢族群，所以才得以累積足夠的福報，而果結今生得以為人。

9. 夫妻是福份財，交友是夫妻的疾厄，是夫妻的共宗六位，是夫妻的根，而交友是泛指有接觸的人際，是行善積德的累積位，又稱積德位，因此可以想見福份財就是道教所講的「陰間庫藏」，是沒有蓋子的。所以善待妻子是多麼重要啊！

10. 遷移是我們處世應對的智慧宮位，也是我們的社會際遇位，更是我們的福運位。遷移的疾厄

是父母，父母是遷移的共宗六位，是遷移的根。父母是我們的學習位，同時也是我們的雙親，也是長者位，人生處處皆學問，努力學習，必帶來智慧的增長，雙親、長者都是我們學習人生智慧的主要對象，因此善待孝養我們的雙親，善待尊敬長者，帶給我們智慧的增長，同時也會帶給我們貴人相助。

第二章

生年四化坐十二宮

第二章

生年四化坐十二宮

梁若瑜老師的著作《十二宮六七二象》，實際上是624象。宮位互化象並非綜合或是整體的論述，所以只能說「有一面，或有一天」，絕不是斬釘截鐵的鐵口直斷。

論命是邏輯的推理，是一種「命運軌道、軌跡、趨勢」的推理，所推理出來的是一種「呈象」，而此「呈象」是虛象。每個人都有不同的故事，就算是同盤也是不相同的，所以每一個人都是獨一無二的，因此論命只不過是命運趨勢、軌道、軌跡的分析與預測而已，最忌諱鐵口直斷。

我們論命是推理，並非通靈，所以我們並沒有真正見到實象，所以我們必須很合理的推論學理上可能發生的種種現象，盡量求取完美。

「同象非必同果，同果必同象」。比如論疾病的發生，必然要有疾病的「基因」，及生病的「誘發環境」。

假設疾厄化太陽忌的現象，串連多忌，單論太陽星的特質，就有頭、眼、心臟、心血管疾病等。就有諸多可能，而非單一的可能，為「同象非必同果」。

但是如果是心臟病，一定跟太陽化忌有關，為「同果必同象」。

宮位互化的推理解釋，是梁氏飛星紫微斗數的獨特手法，也是梁氏飛星紫微斗數解說命盤變化的細膩之處，命運的起伏過程，都在宮位互化的推理解釋裡呈現出來，因此若能下此工夫，必然對解盤功力會有大大提升的作用。

在命盤的解釋上，包括了所有六親、交友人際，所以論述時是立體化的，論命可細分三個層面：

● 對我而言，這個世界，因我的存在而存在。我才是主角，所有的人事物都是繞著我轉的，都是來成就我的，我們要論的是這些人事物與我的緣份如何，有何影響，產生的種種吉凶禍福，是命盤論述的主軸。

● 對他而言，生命中出現的每一個人，都是來成就我的。透過命主，來瞭解我生命中，出現的人物特質與運勢，我們稱為借盤論六親。

● 我和他的對待關係，我與六親或人際彼此的相處模式及相互間的對待關係如何。

本書著重在「對我而言」的宮位互化推理解釋上。論宮位互化推理解釋時，因為還沒有論到時間，也就是動盤的契應，所以我們會常常用兩句話來說，「有一面，或有一天」。

比如說，福德坐命祿，表示我的性格（有一面）是隨緣自在的。比如說，田宅化祿入遷移，表示我的家庭或財富（有一天）會亮麗呈現在外的。

本書的宮位互化推理解釋，只論單一化象，也就是說一祿、或一權、或一科、或一忌，沒有做串連解釋，因此可以說是宮位化象中最細微的解釋，沒有吉凶，只有「呈象」而已。

比方說，一忌為勞，串連二忌為病，串連三忌為破，串連四忌為敗，但此書的目的不在論吉凶成敗，是專論「一忌」的「象」，因此沒有絕對的吉凶。

單獨某兩個宮位互化的推理解釋，為我有一面的個性特質，人生是很多面的，遇到不同的人事物，都有不同的表現方式。

性格決定命運，「命宮」是一個人一生成敗的關鍵宮位。

我的起心動念決定了我的思考方向；

我的思考方向決定了我對人事物的態度；

我的態度關係到我對這些人事物採取相關性行動作為；

當行為持續一段時間後就會變成習慣，習慣久了就是習氣、習性，此習性影響哪些層面的人事物，就關係到這些人事物的吉凶或得失或成敗。

心念從何而起，從累世的習性而起，就是潛意識，就是「福德宮」。而身體的習性是「疾厄宮」。

累世習氣引動心念，心念決定了思想，思想決定了態度，態度決定了行為，行為久了成為習性，習性就是性格表現，性格表現決定了吉凶禍福的命運。

修行，就是從「累世習氣」修起。簡單講「斷惡修善」，「斷惡」就是把不好的習氣中斷掉，就像金剛經所講，降伏其心。「修善」就是培養好的心念，建立好的習氣，達到明心見性的最高境界。

接下來我們即將進入生年四化的推理解釋了，那麼生年四化有哪些特質呢?生年四化的特質：是與生俱來的、是常態性或恆常性擁有的、是被動接收的、無性的(像白開水一樣是百搭的，不會搶味道，所以可以參與所有的事態)。

第一節　生年祿坐十二宮的推理解釋

化祿象之推理解釋，歸納有三：生發、有緣、喜悅。

1. 生發：可以計數量的數量會增加，不可以計數量的為緣厚情濃。
2. 有緣：祿是因緣，是善的、好的因緣。緣從何而起，從宮位中「天干」主動飛化而起的。「生年天干」化祿，是我與生俱來的福，累世所積之福。是屬於常態性擁有、被動接收的，可以參與所有事態的串連，使其更好。
3. 喜悅：化祿是春天萬物生發充滿喜悅之象，所以對待關係，必然喜悅快樂，充滿希望，如意順遂的現象。
4. 化祿的態度：是寬容的、不計較的、互惠的、多元的。
5. 化祿的缺點：不是專注的、不是用心的。
6. 作為上：防散漫、逍遙怠志。必須惜福、積極。

當A宮化祿入B宮時，我們可以用一句話來推理：

表示我的A宮福澤於我的B宮，而我也獲得B宮的喜悅。

生年四化有四個特質：「與生俱來的、常態性擁有、被動接受、無性的」。

論命時，一定要先做整體通盤的考量，掌握吉凶化結構，論命是看結構說話，從大方向、大格局開始論述，再慢慢地深入論細節。

生年祿坐命宮

推理想法：

生年祿在我心中，祿就是福，我是個有福之人，有福之人容易一生衣食無缺無憂。內心有祿（福），心中常喜，容易滿足，情緒有平穩的一面。內心的想法有祿，就會有思路寬廣活躍的現象，不容易拘泥於單一思考方式，但是內心是有主見的，且通情達理好商量的性格。自我調適能力好。這樣的人不容易帶給別人困擾或壓力，人際關係自然比較好。

命宮的象義：

命宮，是太極點太極宮。是心之所向，主思考、思想、精神、意志。是性格表現位、喜好表現位、情緒反應位。

生年祿坐命宮：

1. 生年祿是與生俱來的福。

2. 生年祿坐命宮，我是有福之人，容易一生衣食無憂。

3. 具有思考、思想靈活，不拘泥於形式。

4. 精神常好，意志力柔和，容易知足。

5. 情緒常保愉悅的現象，因此用一句話來形容，此人必有通情達理、好溝通的一面。處世平和。

6. 也因為有通情達理、好商量特質，不固執、不忌恨，情緒心情常好，當然也比較容易隨遇而安，好相處，所以人際關係當然好囉（交友的疾厄坐祿）。

7. 命宮、疾厄、福德宮為我三個情緒反應位，坐生年祿，都具有隨遇而安、心情情緒常好、好相處的本質。但生年祿不是聖旨，不代表不會起伏，要看串連結構來論述。

8. 自我調適能力好，心中常常保持平穩愉悅。

生年祿坐兄弟宮

推理想法：

生年祿坐兄弟宮，兄弟分成「人與事」兩塊，論人主要論兄弟手足、媽媽、大女兒的情緣，坐生年祿當然有緣好的一面，生年祿是我福之所在，但要看家道興衰來綜合論述，才會明確。

對事情而言，兄弟是田宅三方之一，是僅次於田宅的庫位。是我的事業成就與經濟實力位，也是體質，容易事業有成，經濟實力佳，尤其是偏財星坐祿，縱使失敗了也容易東山再起。體質常好，尤其是廉貞、貪狼星坐祿。

兄弟宮的象義：

兄弟宮是手足情緣宮、事業成就位（事業規模位＋經濟實力位）、體質位（身體氣數位、身體運位）、家庭經濟收入位、夫妻的閨房位、領導統御位。

推理解釋：

1. 生年祿坐兄弟，兄弟是我福，表示我與兄弟緣厚（串連家道吉化呈旺時，才可以做此申論），若串連家道、果報、疾厄呈旺者，容易兄弟多於姊妹。母緣亦好。
2. 努力奮鬥，容易事業有成經濟好（縱使事業失敗，也容易東山再起），有利於升遷或創業。
3. 兄弟宮是經濟狀況位，得生年祿則經濟佳、週轉容易。縱使山窮水盡也很快柳暗花明。
4. 體質有好的一面（若是貪狼或廉貞桃花星化祿，則腎功能好，但與性好漁色無關）。
5. 借盤論六親時，表示第一個兄弟的命宮坐生年祿。

生年祿坐夫妻宮—照事業

推理想法：

妻是夫的專屬財神爺，發明紫微斗數的時代，是父系社會，命宮以男性為主，夫妻宮就是此命主的配偶。夫妻宮是福德三方之一，是三世姻緣的配偶，是福份中的財。家和萬事興，關鍵就在太太身上了。

夫妻宮，論人也論事。

人，從大方向來說，這個世界只有兩種人，男人和女人，所以各佔一半，也就是一生的異性緣。縮小到個人身上就是配偶，代表一生的正式情緣、婚緣。

事，就是婚姻相關的事態。

夫妻宮的象義：

夫妻宮是情緣宮（正式婚緣）、一生的異性緣份位、是元配位、異性客戶、婚姻相關事務、福份財、家運位、出外運位、體型位、廚房位、工作的外在顯象位。

推理解釋：

1. 生年祿坐夫妻，異性緣好，異性為我福。若與財宮串連成旺，又有偏財星（破軍、貪狼、廉貞）交會，容易獲得異性之助而得大財。與田宅串連呈旺，容易因配偶爾家運興隆。

2. 夫妻是我福，我與配偶情濃緣厚。
3. 夫妻是論婚姻的體宮，串連婚姻相關宮位呈旺者，婚姻相關的事態（婚事）容易順利如意。
4. 夫妻與家道串連呈旺者，夫妻坐生年祿，照我的事業宮，婚後工作或事業比較容易順遂，得夫妻的庇蔭。
5. 夫妻與家道串連呈旺者，夫妻為福德的財帛宮，一生花用錢不缺。福份財是沒有蓋子的，老婆帶來的如道家所云的陰間庫藏，無窮無盡。請務必善待女人，因為這個女人是你專屬的財神爺，同時女人也要好好的開發自己無限的潛能，助夫助己。
6. 夫妻與家道串連呈旺者，夫妻宮是家運位，田宅的疾厄宮，為家庭財產的具體呈現宮位（家和萬事興），因此老婆決定了這個家庭的興衰。
7. 夫妻與家道、兄弟串連呈旺者，夫妻宮是遷移的事業宮，我們稱為出外運位，清朝紅頂商人就是代表性人物，把夫妻宮的福發揮得淋漓盡致。
8. 做生意的人，與事業相關宮位串連呈旺者，適合以異性顧客為對象，或是經營婚姻為相關產業。
9. 借盤論六親時，表示元配的命宮坐生年祿。

生年祿坐子女宮

推理想法：

子女宮，從我的小孩開始想，子女由性而來，所以跟性生活品質和態度、性的能力、生殖系統有關。

子女宮，是我的小孩，延伸向外，別人的小孩，我們稱為小輩。再延伸就是學生、下屬、下線……。

子女宮，小孩相較於大人，是小的、弱的，所以再延伸，也是寵物、弱勢族群、養殖的家禽家畜魚產……。

子女宮的象義：

子女宮是子女緣、教養子女的態度與表現、子息緣、小輩緣、學生緣、下屬、下游廠商、弱勢族群、寵物、桃花宮、外遇位、性功能性生活位、老運、晚景、意外位、業力病、根器宮、二婚對象位、妯娌位、親戚緣份位、合夥緣份位、短期短程的出外緣位。

推理解釋：

1. 生年祿坐子女，若串連家道呈旺者，子女是我福。我與子女或小輩的緣厚情濃，子女通情達理好溝通，子女的素質容易比較好，也比較容易喜歡小孩，所以容易有忘年之交。

2. 若串連家道、果報、疾厄呈旺者，子息緣佳，生兒子比生女兒多。
3. 合夥緣佳。賺不賺錢要看格局結構，若串連事業格局呈旺者，且有偏財星的串連，必然大賺。
4. 生殖系統健康良好（若得桃花星坐祿，則腎功能強，若逢性格宮化忌來會，慎防縱慾過度）。
5. 子女是由婚姻而來，為姻親位，坐生年祿，若與我命疾福串連呈旺者，姻親往來較為頻繁。
6. 家道串連呈旺者，晚年生活品質好，容易有子女隨侍在側。
7. 出外賺錢好，田宅的遷移，福在外。
8. 借盤論六親時，表長子的命宮坐生年祿。

生年祿坐財帛宮

推理想法：

財帛，財就是現金，帛就是衣著。財帛就是手邊生活上財務的一種價值觀。

現金，有收入、有支出。收入就是來財方式，獲得現金的方式有很多管道，如上班打工賺錢，所以跟行業有關；如贈與的、如佣金收入、如業外收入……。

所以現金的取得，不一定是賺來的。

支出，就是生活上的開銷，柴米油鹽醬醋茶、食衣住行育樂……等。

帛，為衣著。是用現金買來的，一般性穿戴在身上的衣物或飾品，比較高貴華麗時尚的穿搭，要看表象宮（父母、遷移）。尤其是福德化權，父母或遷移化祿來會，重排場，虛華奢侈。

財帛宮的象義：

財帛宮是現金緣、金錢價值觀、來財方式（不一定都是自己賺的）、花錢方式、生活用度開銷、婚姻對待位。

推理象義：

1. 生年祿坐財帛，現金緣好，一生不缺花用錢（不主富有），賺錢輕鬆，容易收入好，賺錢機會多。
2. 賺錢的行業，來財方式容易，需要星曜的配合及綜合飛化論述，不可以單一飛化直接論斷。
3. 串連家道呈旺者，經濟豐足，手頭方便，不一定是自己賺的。
4. 生年祿坐財帛，為福德祿出，串連相關宮位呈旺者，容易因此人或事而喜上眉梢，春風滿面，臉泛紅光、臉色清潤。
5. 財帛宮生年祿的坐星，行業必然與此星曜的質性有緣，如果從事有關的行業，必然容易順遂，

至於結果是否富有，要論格局，論格局要以田宅三方串連福德三方來論。

6. 串連事業格局呈旺者，工作或事業發展如意，收入好。

7. 串連人際宮位呈旺者，在賺錢的領域上，人際攀緣的能力好。

8. 花錢不手軟，因為手頭寬鬆，來財容易，所以容易對賺錢不積極、對錢不計較、多花用，不會用心理財。但要注意整體判斷。

9. 適合以佣金收入為主的行業，如業務、銷售、現金生意。

10. 祿喜逢權，逢我宮同星曜化權來會，賺錢能力更為穩當紮實，或者拓展能力好。會科，則悠遠綿長。會忌，則辛苦多得。

11. 串連婚姻相關體用宮位呈旺者，夫妻間在生活開銷上的相處融洽，不計較生活上的總總花費開銷。

生年祿坐疾厄宮

推理想法：

疾厄：疾，就是疾病；厄，就是災厄。疾病災厄往往都發生在人的身體上，所以疾厄宮主身體、肉身、身軀。

命宮是心的我，主意識。疾厄宮是身體的我，主具象的我（具體形象）。肉身的健康或疾病或災厄，就會影響到生命的品質，生命的品質，就是健康的指標位。舉凡總總疾病、意外血光、感染、燒燙傷……。

疾厄是身體的我，所以跟身體的動作開闔大小有關，也跟形象（肢體上的熱情或冷淡）、與人相處的距離有關。

疾厄是我的身體，身體的每一個細胞是有記憶的，當持續了某些動作，久而久之會形成一種慣性、反射動作。所以也跟我們的習慣有關，還有跟運動員訓練的反射動作有關。

疾厄宮的象義：

疾厄宮是疾病與災厄、身體健康、疾病、意外、身體習性位、情緒反應位、身體的高矮胖瘦、肢體語言表現出人與人相處的模式與形象、活動力、家運位、工作場、物質生活位、媳婦位。

推理解釋：

1. 生年祿坐疾厄，肢體語言比較豐富，形象比較好、與人交往容易好相處，隨緣自在。
2. 身體有福，容易比較懶散不愛運動，身體健康良好，有病快好，病得良醫良藥，身體有肉不會骨瘦如柴。

3. 情緒常好，好脾氣、好相處、好商量。好處是容易隨遇而安，缺點是不夠積極而耽誤正事
4. 串連家道呈旺者，財產運、家運好。比較不需要為家庭操心，物質生活較好、比較享受，生活空間也比較舒適，居家環境動線比較好。
5. 工作場所環境，容易動線好、舒適。
6. 朋友與您接觸相處愉快，人緣好（疾厄為交友的福德）。您會發現通常比較胖的人都比較好相處（親人除外）。
7. 串連家道呈旺者，得好媳婦。
8. 逢同星曜命權，活力十足。逢命科，舉止優雅。逢命忌，忙得不亦樂乎。

生年祿坐遷移宮—祿出（照命宮）

推理想法：

遷移：遷就是遷徙，移就是移動。就是驛馬緣，就是出外緣。與穿州過省、飄洋過海的長期遠程的驛馬緣有關，在交通通訊發達的現今社會，形成地球村的觀念，生活圈不斷擴大，遷移宮至關重要。

遷移出外，就是進入大社會，和很多人互動，自然而然地就必須展現我的處世應對能力，遇貴人或小人各有機遇。因此遷移宮是處世應對的人生智慧宮位。

命宮為內，遷移為對宮，表示對外的表現與形象。在與人接觸社交的過程中，展現在外界的形象，是社會對我的評價，稱為形於外的表現，又稱表象宮。

遷移是大社會，以陌生人為主，涵蓋了所有人際、親人。進入社會與人交際，遇貴人或小人，稱為際遇位。

遷移是大社會，也是時空環境，社會時空環境對我的影響。

遷移是大社會，我要去經營社會關係，所以也是我的社會資源、身分、地位。

經營社會關係，往往需要主動出擊，所以遷移也是展現行動力、執行力、觀察力、應變能力的宮位。

遷移宮，是處世應對的智慧，是對外交際的手段、手腕，理性處理人事物的宮位，也是展現行動力的關鍵宮位。以發展來論，具決定性的地位，是最重要、最大的宮位，跟誰串連至關重要。

遷移宮的象義：

驛馬緣（出外緣）、廣大的社會因緣、陌生人為主、社交能力、處世（事）應對能力、歷練位、判斷能力、應變能力、人生價值觀、智慧、視野、人生舞臺、社會資源、行於表「出」、表象宮、名聲、身分、地位、意外、災難、業力病。福運位、時空環境背景因素、天份、才華、根器、取之於社會用之於社會的人間最大庫藏位。

推理解釋：

1. 生年祿坐遷移，社會大眾是我福，我適合與大眾接觸。這樣的人往往具備了處世圓融、親和、機伶、幽默、開朗，外緣好、受歡迎的特質。
2. 社會際遇好，社會資源佳。人生舞臺寬廣機會多。常遇貴人提攜或相助。這樣的人往往是聰敏、善察言觀色，容易攀緣，處世圓融。機會多、際遇佳，事多順遂。加權能力好，容易長袖善舞。
3. 社會對我的評價（表象宮）高或好，外在表現親和、或是模樣討喜（若為廉貞或貪狼祿，為桃花魅力形於外，男的帥，女的漂亮。太陰祿清秀可人、清秀典雅之美）。
4. 串連事業成就呈旺者，擅長處理事業相關事務，容易事業有成後，身分顯赫、地位高。
5. 處世應對能力圓融，適合公關，為人親和、圓融、幽默、受歡迎。
6. 驛馬緣動，與田宅、疾厄化祿、權串連為長期或遠途驛馬緣，跑得越遠賺得越多。化祿入子女、父母，為短程驛馬或短期來回驛馬。

7. 遷移坐生年祿，照命宮，福運好，樂觀開朗，出外貴人運佳。適合公關、業務、銷售、休閒、旅遊、服務業、娛樂等工作。

8. 遷移坐生年祿，福運位坐祿，串連疾厄等健康相關宮位，容易逢凶化吉、遇難呈祥。

9. 遷移坐生年祿，福運位坐祿，串連命疾福，再串連相關事態則多如意順遂。

10. 遷移坐生年祿，串連疾厄或田宅，表示驛馬動，出外機會多，適合向外求財。

11. 遷移坐生年祿，逢偏財星，串連財宮呈旺者，有機會偏發。

12. 遷移坐生年祿，福運位坐祿，串連福德、子女、田宅呈旺者，晚年生活品質好。

13. 遷移坐生年祿，福運位坐祿，串連疾厄、福德、子女、田宅，具有壽相。

14. 遷移坐生年祿，福運位坐祿，串連命宮、疾厄、福德、子女、遷移，具很好的天份、智慧，若串連宗教星根器星（天梁、天機、貪狼），則為善緣、根器深厚。

15. 遷移坐生年祿，串連命疾福，則多祿反而散漫，逍遙怠志，而流連忘返，迷於惑境，耽誤正事。福德、疾厄直接串連懶散，遷移直接串連疾厄，逍遙閒散愛到處玩。

16. 遷移坐生年祿，串連命疾福，也容易趨炎附勢、奉承巴結，少了見義勇為的魄力，鄉愿討好而少是非分明。

17. 遷移坐生年祿，命宮同星曜化科來會，則形象佳，容易聲名遠播。

生年祿坐交友宮

推理想法：

交友，泛指有接觸的人際，不一定要熟悉。交友宮，為交友三方的主宮，泛指所有男女老少。所以，交友宮表示我人際關係的態度、性格表現、人際關係的品質好壞、人際關係緣份的深淺厚薄。

交友宮，也可以當動詞來使用，交友與其他人的宮位交祿，例如交友與父母交祿，為「友我父母」，表示與長上的關係如朋友。

交友宮的象義：

泛指有緣接觸的男女老少、交友態度、交友品質、交友狀況、交友的情與義。競爭位、客戶、人氣位。正緣感情的指標位、積德位、祖墳。

推理解釋：

1. 生年祿坐交友宮，交友是我福，人緣好，常得益友。多情好客。

2. 串連相關宮位呈旺者，競爭得力（如考試、比賽、選舉……）。

3. 佈施行善，行功立德，容易有所成。

生年祿坐事業宮

推理想法：

事業宮，是透過工作的表現，來賺取應得的報酬。

事業宮，是我對工作價值觀，是專屬於對工作方面的性格表現位。講述的是工作的態度、能力、適合的行業等；事業宮也是運氣位、外遇位、執業位（把某項事情當工作模式來執行）。

事業宮的象義：

運氣位、工作的態度、能力、行業（賺錢的方式和屬性）、外遇位、執業位（把某項事情當工作模式來執行）。

推理解釋：

1. 生年祿坐事業，代表我與生俱來就有事業順遂的福，化祿是生發、有緣、喜悅，表示我的工作容易順遂如意，職場多如意。工作態度是樂觀的、寬容的、不計較的、多元的。不一定高成就，事業成就必須合參兄弟宮，以兄弟宮為主。

2. 工作的能力好，工作的表現佳，工作的狀態好，工作的性質（行業、職業、賺錢的方式）要根據星曜來論細節，及吉化結構組合細論才會精確。

3. 工作能力好，所以工作容易上手，工作的機會也會相對較多，不容易遇到棘手的工作問題，或者別人可能是難題，我遇到就能迎刃而解。因此在職場上如果沒有晉升的企圖心，則工作表現方面多如意順遂。

4. 事業宮是運氣位，表示運氣好、工作運好。這裡的運氣好，與福德三方的果報不一樣，是一時的氣運好或是手氣好。

5. 兄弟是事業的疾厄位，一六共宗，論事業規模。兄弟也是財帛的出宅位，論經濟實力位。兩式並稱「事業成就位」。所以一般我們說的「事業發展」，是以兄弟宮為體宮，並非事業宮。事業宮是工作能力的表現位，工作能力強，與事業成就的大小（我們稱為格局）並無直接或絕對的必然關係。

6. 如果吉化串連「事業成就」的格局好，做生意時，接單機會多也會較穩當。職場也多如意。

7. 如果是「廉貞或貪狼」生年祿坐事業宮，要轉忌，串連「命宮、疾厄、福德、子女、田宅」其中一宮以上，才可以論有外遇的條件或機會，尤其是「命疾福」機會更高，其中又以「疾厄」

最高。

8. 桃花祿的串連，祿是隨緣自在，是寬容的、不計較的、是多情的，所以不是專一的。也就是說，機會可能比較多，但如果要很多，必須父母或遷移（表象宮）要串連，尤其是遷移的串連。遷移是社會際遇，是福運位，是廣大的社會因緣位。遷移的力量遠勝於父母。

9. 特殊用法：事業為夫妻的對宮，論婚姻之外的感情，外遇位。但條件是必須桃花星之坐祿或化祿。如果桃花星坐忌或化忌，則為爛桃花。

生年祿坐田宅宮

推理想法：

田宅，顧名思義，田，就是田地；宅，就是家宅。田地是種莊稼用的，所以代表「物質生活的狀況」。家宅是用來住的，是我的「居家生活環境」，鄰里間的相處。

田宅以物質面來說，是代表「不動產」，代表我家的財富。田宅以人的立場來說，狹義上是代表我的家庭、家人，我的六親（含父母、兄弟姊妹、配偶、子女），所以講的是我的親情、天倫之樂。所以要論兄弟間感情好不好，要先看田宅宮好不好。

廣義上來說，代表我的家族、宗親，所以也代表我的家世、出身背景。論「出身背景」極為重要。學習「梁氏飛星紫微斗數」第一個論命主題「家道興衰」，田宅宮就是主體宮位，配合命宮、福德、遷移三個用宮，就是論出身背景的好壞。

田宅宮的象義：

田地家宅、家庭、家人、家族、出身背景。居家生活環境、物質生活、財富的總和宮（不動產、動產、有價物）、財庫位、收藏宮。

推理解釋：

1. 生年祿坐田宅，不動產緣佳，尤其是偏財星（破軍、貪狼、廉貞）。天梁星為高格調星，若坐田宅或者田宅化天梁祿，則表示我的田宅是高格調的，建材、裝潢、規劃為高格調，屬高價值的房產，故可視為偏財星。
2. 家庭緣好，或家世好，容易家庭和樂的一面。若串連果報宮呈旺，為果報興家，丁財兩旺。
3. 家庭經濟常好。
4. 物質生活優渥。
5. 居家生活環境好、舒適。

生年祿坐福德宮—照財帛

推理想法：

福德，顧名思義，福，就是享福，就是先天之福；德，就是行善積德，為後天之德。

福德是靈性的我，有累世所帶來的業報，也帶來累世的習氣，同時也是一個人的天性、秉性、天賦、天份。

福，是享福，所以跟興趣嗜好享受有關。德，是累積德性，所以與一個人的慈悲或戾氣、物質與精神、豁達與焦慮、樂觀與悲觀……等有關。

命宮，是表意識思維，具有思辨能力。福德是潛意識思維，具有強烈的分別心、好惡心。

福德宮的象義：

先天之福、後天之德、果報位、天性、秉性、天賦、天份、興趣嗜好享受位、品味涵養、善緣根器、無形世界、業力病、情緒表現位。壽元、壽限、物質生活偏好宮。

推理解釋：

1. 生年祿坐福德，福厚之人。精神常好。容易懶散。
2. 樂觀知足（不會執著於興趣嗜好享受上，祿是寬容的）、隨緣自在、隨遇而安。

3. 喜於享受美好的事物，卻不執著、不挑剔。
4. 福厚之人，常心想事成，如願以償，天從人願。
5. 適合以興趣為業如興趣、才華、心靈、藝術、精神、文化等工作，也可從事休閒、旅遊事業。

生年祿坐父母宮－祿出

推理想法：

父母，顧名思義，就是雙親。引申為長輩、上司、老闆、師長、上游廠商、上線（直傳銷）。

父母是我們生出來後的第一個學習對象，稱為「後天學習」位。代表我讀書學習的態度與狀況。

父母是庇蔭我的人，引申為「公家機關」、「公務部門」。透過後天的學習，就會慢慢地接觸到讀書學習，有了讀書學習，就會有學歷的認證，而學歷認證是「教育部（政府）」發給的，因此父母宮就是我們的讀書宮、學歷位。也引申為一切文件的文書宮。

父母宮的象義：

雙親、父親、長輩、上司、老闆、師長、上游廠商、上線。後天學習位、讀書運、學歷位、涵養宮、相品宮、光明宮。表象宮、樣貌宮。公家機關、公務部門、文書宮。交友財、銀行位、互助會、與友金錢往來位。道德規範位。積德成就位。

推理解釋：

1. 生年祿坐父母，長輩、上司、老闆是我福，緣好。
2. 聰明，讀書緣好，但非盡心盡力。
3. 常與人金錢往來、或週轉方便，信用好。
4. 親和力強，小時候嘴巴甜，得長輩緣。修養、內涵、氣質等外在表現好。
5. 公家機關的緣好。
6. 適合公職、考取證照。
7. 適合以銀髮族為客戶對象，銀髮族相關事業。
8. 適合運用知識賺錢。
9. 串連相關宮位（命、福、遷、疾）呈旺者，適合著書立說。
10. 借盤論六親時，表示爸爸的命宮坐生年祿。

第二節　生年權坐十二宮的推理解釋

化權象之推理解釋，歸納有三：壯盛、掌控、成就於。

1. 壯盛：強大的力量。強勢、壯大，數量龐大。
2. 掌控：性格及處世的表現（命宮、福德宮，具有思考能力。遷移宮是處世應對的應變能力）。
3. 成就於：人事物，均可適用。
4. 化權是一種力量的表現，非因緣。相同星曜化祿是機會、機緣、舞臺、發揮空間。化權是能力、力量。因此有能力者需要舞臺才有發揮空間。
5. 化權的態度是積極的，性格表現掌控慾強，身體習性為活力的表現。
6. 作為上：要圓融柔和、謙虛、防霸氣、衝動行事。學習化暴戾為祥和、柔和。

當A宮化權入B宮時，我們可以用一句話來推理：

1. 命宮化權入B宮：我積極於B宮，而欲掌控B宮。
2. 福德宮化權入B宮：我非常積極於B宮，而亟欲掌控B宮。
3. 疾厄宮化權入B宮：我身體的活力展現於B宮。疾厄沒有思維，故不論掌控慾。

4. 兄弟、財帛、事業、田宅等事的宮位（簡稱事宮）化權入B宮：為〔事宮〕來成就B宮。

5. 兄弟、夫妻、子女、交友、父母為人的宮位，化權入B宮，表示此人積極於B宮，而欲掌控B宮之事。對我而言也可以論此人成就我B宮之事。

6. 當A宮化權入B宮時，在人事物上對我而言，我們可用一句話來推理：「我的A宮成就於我的B宮，而使我的B宮壯盛。」

7. 化權無法單獨轉忌，必須藉由化祿的帶領才可以，因為化祿是機緣，在機緣的帶領轉忌到下一宮。此時祿權的交會，我們稱為祿權交拱。

8. 化祿是機緣、舞臺，猶如嫩葉新枝，充滿希望，但卻是脆弱的；權是能力、能量、力量，猶如保護的措施，讓化祿得以順利地發展，紮紮實實地呈現出華麗的結果。有能力得要有舞臺才得以施展，有機會得要有能力才能發展，因此祿喜權護，權喜祿緣，交織出華麗而紮實的結果。

9. 化忌也可以帶權，權忌爭戰，讓整件事呈現激化的狀態，其破壞力被強化了，導致事態更為嚴重。

生年權坐命宮

1. 生年權，與生俱來的能力。
2. 生年權坐命宮，具有強大的精神意志力，所以有自信、有主見，自我掌控能力好，進而形成主觀意識比較重。
3. 命宮、疾厄、福德為性格宮位，命宮、福德具有思考能力，命宮坐生年權，表示自我的掌控慾強，福德宮坐生年權，表示天生的自我控制慾強。
4. 疾厄為身體習性肢體動作，生年權坐疾厄，表示我是一個很有活力的人，體力旺盛，肢體動作往往比較大。疾厄不主思考，因此不論掌控能力。
5. 慎防個性過於剛強、自以為是、自恃甚高，不能虛心受教或學習。
6. 逢忌容易剛愎自用。
7. 抗壓性強。

生年權坐兄弟宮

1. 生年權坐兄弟，兄弟比較強勢，串連家道興隆，容易有哥哥。

2. 串連呈旺者，努力奮鬥，容易事業成就高，經濟好，縱使事業失敗，也容易東山再起。

3. 天生有領導能力，兄弟坐生年權，權沖交友宮。

4. 串連健康相關宮（疾厄、命福遷子兄）為呈旺者，體質強健，若串連貪狼桃花星，則容易腎功能強健，但與性好漁色無關。

5. 我宮同星曜化祿來會，於事業上會積極開創，有利於升遷或創業。

6. 借盤論六親時，表示第一個兄弟的命宮坐生年權。

生年權坐夫妻宮－照事業

1. 生年權坐夫妻，我的配偶個性強勢，女命解釋為先生比較大男人主義。男命解釋為家有悍妻。

2. 夫妻坐權，權照事業，異性友人來成就我事業，容易工作得利或如意。

3. 夫妻是福德的財帛，論福份財旺，容易得配偶之助，工作發展、金錢兩旺。

4. 夫妻是福德的財帛，論福份財旺，一生的金錢多順遂。

5. 若與財宮串連成旺，又有偏財星（破軍、貪狼、廉貞）交會，容易獲得異性之助而得大財。與田宅串連成旺，容易與家運。

6. 借盤論六親時，表示元配的命宮坐生年權。

生年權坐子女宮

1. 生年權坐子女，我的子女主觀意識濃厚、有自信、有主見、有能力，將來比較容易有成就。
2. 如果果報破田宅串連子女，格局有損，則小孩不好教。
3. 容易合夥有成。必須串連果報興家旺事業成就，才會真正持久的合夥賺錢。
4. 適合出外賺錢。
5. 健康良好（若得貪狼桃花星坐權，則性功能強，慎防縱慾過度）。
6. 串連果報興家，晚年生活品質好。
7. 借盤論六親時，表示長子的命宮坐生年權。

生年權坐財帛宮

1. 生年權坐財帛，賺錢的能力強。
2. 擁有專業技能，容易高薪或高職位。
3. 現金流旺盛，防奢侈浪費，但不主富有。
4. 命三方坐權或化權而出，代表業務的開發、拓展、領導的能力，有相關宮位同星曜化祿來會，則有利於升遷或創業，最好佣金或分紅比例高的行業。

疾厄宮坐生年權

1. 生年權坐疾厄，身體壯盛有活力，身體強健，愛運動，有病快好（但防身體強健，而耽誤就醫時間，疾厄坐權容易恃強而不就醫），肌肉較結實。
2. 串連家道興隆，財產運好、家運好。
3. 工作場域寬大，有祿才會舒適。
4. 與人相處時，肢體語言大，給人感覺是粗獷，或乾脆爽朗，或粗線條。
5. 抗壓性強。

生年權坐遷移宮—權出（照命宮）

1. 生年權坐遷移，觀察力敏銳，做事果決，決斷力強。容易獲得較高的社會地位。
2. 社會資源多，出外得遇貴人。
3. 處世應對能力強，應變能力強，適合領導、開創。會祿則圓融不失威嚴。
4. 權出，威嚴的樣子，給人感覺能力強的樣子。

5. 驛馬緣動，與田宅或疾厄同星曜化祿串連為長期、遠途、安定驛馬緣。

生年權坐交友宮

1. 生年權坐交友，我人際上往來多有能力強者。
2. 相關宮位串連呈旺者，競爭得力，但也容易棋逢敵手。
3. 根器宮、根器星串連呈旺者，行功立德，容易有所成。

生年權坐事業宮

1. 生年權坐事業，工作能力強，工作應變能力強。
2. 擁有專業專技者，容易高薪或高職位。
3. 命三方又稱汲營三方（命宮、財帛、事業）坐權或化權而出，代表業務的開發、拓展、領導的能力，有化祿來配合，則有利於升遷或創業。

生年權坐田宅宮

1. 生年權坐田宅，如果偏財星串連果報宮呈旺者，則家世好或家族旺。

2. 家庭或家族有活力，積極或者家教嚴。

3. 財產宮坐權，串連多祿呈旺者，表示我對財產開拓的能力強，尤其是偏財星的串連結構，當然也就容易創業了。或開店營利，或房地產出租。

4. 家庭經濟活絡旺盛。

5. 物質生活優渥。

6. 房子大，或生活環境大。

生年權坐福德宮－照財帛

1. 生年權坐福德，精神意志壯盛，所以個性好勝、不認輸，抗壓性強。

2. 容易奢侈浪費，財帛權出。

3. 串連多祿呈旺者，敢賺敢花。

4. 逢父母、遷移化祿來會，容易重排場，愛虛華。

生年權坐父母宮－權出

1. 生年權坐父母，長輩能力強。

2. 聰明，理科較強。
3. 容易與人大筆金錢往來、或高額週轉，信用好（會祿）。
4. 父母是表達宮位，父母坐權表示在表達時氣勢高，說話時愛佔上風，容易臭屁或傲慢，說話容易得理不饒人，說話容易越說越大聲。加忌則更嚴重，比如說話就容易粗魯，嚴重者或傲慢無禮（父母也是涵養宮）。
5. 父母是表達宮，多讀聖賢書，則談吐有物、仗義直言。或學習專業、專技，則更具說服力。
6. 借盤論六親時，表示爸爸的命宮坐生年權。

第三節　生年科坐十二宮的推理解釋

化科象之推理解釋，歸納有三：文質、理智、緩和。

1. 生年科是與生俱來的緩和力量。
2. 科的推理象義：文質、理智、緩和。
3. 科的態度是慢條斯理的，容易優柔寡斷。

當A宮化科入B宮時，在性格上的表現，我們可以用一句話來推理：

1. 我禮教制約於B宮，而我理智緩行於B宮。
2. 以命宮而言：我對人的態度是客客氣氣的，有禮貌的，與人禮貌性的往來。我對事物處理態度是理智或細膩的，做事不疾不徐，按部就班。
3. 以福德而言：我對人是恬淡無求，靈性（精神）重於物質。我對事物處理態度是理智恬淡的，靈性（精神）重於物質。
4. 當A宮化科入B宮時，在人事物對待關係而言，我們可以用下列方式來推理：

A. 就收益而言：我的A宮緩行於B宮，而我的B宮獲得了細水長流的收穫。

B. 就做事態度而言：做事就會慢條斯理，精緻細膩優美。

C. 就生活態度而言：文質理智的生活模式（量入為出、量力而為、計畫性的消費、計畫性的理財、民主式的教育、身材上是穠纖合度的、優雅的、慢條斯理的），在精神層面上是恬淡自適。

D. 就在外表現而言：若化科入交友三方或行於表，則有某方面的好名聲在外（科甲聲名，科名在外）。

5. 化科無法單獨轉忌，必須藉由化祿來帶領，才能轉忌到下一宮。祿科交會，慢條斯理，精美細緻，甜美浪漫。

6. 化科也可以由化忌來帶領轉忌到下一宮。科忌交會，為科忌糾纏。拖拖拉拉，剪不斷理還亂，分期付款。

生年科坐命宮

1. 生年科坐命宮，具有思考緩和，所以容易溫和秀氣、精神平穩。

2. 科的態度是慢條斯理的，所以思維上的缺點是容易優柔寡斷。

生年科坐兄弟宮

1. 生年科坐兄弟，表示我的兄弟文質、溫和、秀氣。
2. 事業成就平穩。
3. 物質生活層面量入為出。田宅三方論物質生活條件與態度。
4. 體質平平，生病有貴人，科主貴人，但此貴人是生病後得良醫醫治。祿的貴人常是禍不臨身。
5. 借盤論六親時，第一個兄弟的命宮坐生年科。

生年科坐夫妻宮－照事業

1. 生年科坐夫妻，我的配偶文質、溫和、秀氣。
2. 感情理智平穩少激情，會祿則浪漫。
3. 感情上拖泥帶水，藕斷絲連，舊情也綿綿。
4. 借盤論六親時，元配的命宮坐生年科。

生年科坐子女宮

1. 生年科坐子女，我的子女多文質、溫和、秀氣。

2. 子女個性溫和乖巧。
3. 借盤論六親時，長子的命宮坐生年科。

生年科坐財帛宮

1. 生年科坐財帛，收入平平，量入為出。

生年科坐疾厄宮

1. 生年科坐疾厄，身材容易穠纖合度，身形比例修長（不一定高）。
2. 肢體語言動作斯文有禮。
3. 病得貴人，良醫良藥。

生年科坐遷移宮—科出（照命宮）

1. 生年科坐遷移，出外有貴人，小有助力。
2. 處世應對的態度，溫和謙恭有禮。
3. 給人感覺有氣質的樣子，科名在外。

生年科坐交友宮

1. 生年科坐交友，交友多文士，得益友。
2. 友情長長久久。
3. 競爭力平平。

生年科坐事業宮

1. 工作能力表現平穩。
2. 工作上容易拖泥帶水、魄力不足。需要配合性格表現來觀察。

生年科坐田宅宮

1. 生年科坐田宅，我容易出生在書香世家，或家庭有書香氣息。
2. 我的家人都和和氣氣、謙恭有禮。
3. 容易家庭經濟平穩，量入為出。
4. 物質生活平淡。

生年科坐福德宮－照財帛

1. 生年科坐福德，重視靈性生活，生活恬淡自適，不重物質享受。
2. 個性平和、不疾不徐。
3. 重視內涵、品味。
4. 喜歡清靜。
5. 適合休閒文化產業。

生年科坐父母宮－科出

1. 生年科坐父母，父母文質、溫和、秀氣。
2. 氣質好，修養好。為人處事溫和。

第四節　生年忌坐十二宮的推理解釋

化忌象之推理解釋，歸納有三：斂藏、執著、付出。

1. 生年忌是與生俱來的功課，是債。債是責任、義務、不得不付出，命主往往認為這是應該做的。
2. 忌的推理象義：斂藏、執著、付出。
3. 忌的態度是執著的、專注的、專一的、缺乏的、渴望的。
4. 用一個方式來比喻，生年忌就像湯上面的一層浮油，當湯勺將浮油撥開，迅速將湯舀起後，浮油又迅速地恢復成原狀。

當A宮化忌入B宮時，在性格上的表現，我們可以用一句話來推理：

1. 就性格（命宮、福德、疾厄）而言：我的A宮在乎（執著於）我的B宮，而我必須為B宮付出。
2. **以命宮而言：**我在乎B宮，而我也願意為B宮付出。若為忌出（命宮化忌入遷移、父母）則象義變化極大，請看詳解。

3. **以福德而言：**我極在乎B宮，而我也極願意為B宮付出。做法上往往不夠理性（若為忌出為衝動，容易偏激浮躁）

4. **以疾厄而言：**我在乎B宮，而我也願意為B宮付出，是身體力行、不假他人之手的付出，表示我願意為其忙碌。對人而言就有形象較差、肢體動作呆板、木訥、冷漠，久處令人生厭（忌出為衝動、毛毛躁躁）。

5. **就人事物而言：**我的A宮斂藏於我的B宮，而我必須以A宮之人事物為我的B宮付出。

化忌的串連數量所代表的基本意涵：

一忌為勞：人生在世，誰不用付出？只有付出多寡與方向的不同而已。

串連二忌為病：忌的串連模式：「同宮相迫」或「對宮互沖」，就是破敗的開始，個性必然有扭曲之象，偏離中道。二忌為病是表示已經出現了（過度）的意思了，或者（不理性的）處世應對，造成了諸多的困擾，但還沒呈現破局。

如人的身體出現了痠痛啦、疲勞啦、常常拉肚子啦、常常便祕啦、常常放臭屁啦……等現象，這時需要看門診，調整生活作息或飲食，還不到需要住院的狀態。

財務狀況就有緊張的感覺了，壓力就來了，還不至於不夠用，若轉忌忌出，則可能出現月光族的現象。

與人相處而言，就會有不夠理性的對待或糾纏，而造成對方的不痛快。

串連三忌為破：忌的串連模式：「同宮相迫」或「對宮互沖」，則「大勢不妙」，敗象已露。破敗是出現大漏洞了，非得修補不可了。

如人生病，到症狀已經很明顯了，身體無法正常作息飲食、苦不堪言了，必須得住院讓醫生來進行身體維修了。

若是財務狀況已經空虛，甚至窘態已露，寅吃卯糧，挖東牆補西牆，危機重重，若串連父母（交友財），可能有輕微的負債了。

與人相處而言，就會造成對方苦不堪言，感慨萬千了。

串連四忌為敗：忌的串連模式：「同宮相迫」或「對宮互沖」，常面臨「生死」、「去留」。4忌為敗局已經呈現。

如同人生病已經進入加護病房，生死一線之間了，除非福厚來解，否則將一去不復返，空留遺憾。

對財務而言，已經走到破產的邊緣、或者已經負債累累了，如果轉忌忌出，則容易因破產或負債而跑路。

與人相處而言，就是去留的問題了。

串連五忌以上：則必江山盡失。時間一到很難挽回。

多忌串連，不同宮位的串連，不同的事態上，不同的時空，所呈現的輕重會有所不同。這就需要經驗的累積。

生年忌坐命宮—沖遷移

1. 生年忌坐命宮，如同心中總是有一顆石頭，始終困擾這自己，時時縈繞在心頭，忙的時候暫時放下，閒下來時，很快的又浮現腦海。
2. 容易煩心勞苦，精神、情緒常苦悶，總是掛心、懸念。
3. 命宮、疾厄、福德坐忌，自我意識較濃，與人相處較無法隨緣自在，比較無法顧慮到他人的感受。
4. 具有思考僵化，容易固執己見、難溝通的一面。容易忌恨、忌仇、小心眼。
5. 也因為有此特質，容易造成人際關係上的困擾（交友的疾厄坐忌）。
6. 沖遷移，心中帶著有色眼鏡看世界，對世俗諸多不滿。
7. 沖遷移，沖者離也，容易因執念，或是困頓，導致想要離群索居的心態。

生年忌坐兄弟宮－沖交友

1. 生年忌坐兄弟宮，欠兄弟債，為兄弟付出，長子格。
2. 兄弟姊妹的個性，普遍是固執己見、難溝通的，影響兄弟姊妹間的感情。兄弟姊妹間的感情，根源在田宅家庭，所以如果田宅宮沒破而吉化串連呈旺者，兄弟姊妹的感情會比較好，因為家庭和樂。尤其是田宅祿出者，含和於庭。
3. 雖努力奮鬥，事業難成，經濟較差（不代表不會成，須看祿權的飛化）（。經濟上的主要問題，看田宅，田宅是最大的庫位，是財富總和宮位。
4. 體質有差的一面（若是貪狼或廉貞桃花星化忌，則性功能較差，先天腎氣較不足）。
5. 個性比較內斂、安定、守成。
6. 少社交活動，沖交友。
7. 適合上班安穩，或現金生意。田宅、兄弟串連果報宮呈破者，不適合重資本、回收慢的生意。格局佳者，適合以「技術服務」來創業。
8. 兄弟的命宮坐生年忌。

生年忌坐夫妻宮－沖事業

1. 生年忌坐夫妻，欠夫妻債，我對配偶感情有責任義務，為配偶付出，容易感情執著（針對元配或某個異性對象）。和性格上的廉貞或貪狼忌不同。
2. 串連婚姻相關宮位呈破者，我與配偶情緣有較差的一面，配偶容易固執己見難溝通。
3. 串連命福遷疾呈破者，我的異性緣較薄。
4. 容易因感情而沖事業，易先成家後立業。
5. 夫妻為田宅的疾厄，若串連家道呈破者，容易家運不興（忌為斂藏，家運縮水了，故曰家運不興）。
6. 適合上班安穩，或是獨立自由工作者，或現金生意，夫妻坐生年忌沖事業，對事業為忌出。
7. 夫妻的命宮坐生年忌。

生年忌坐子女宮－沖田宅

1. 生年忌坐子女，欠子女債，為子女付出。
2. 家道串連呈破者，我與子女容易緣薄情疏，子女固執己見難溝通。兒子的素質容易比較差，最好是沒有生兒子。

3. 串連事業成就運呈破者，合夥緣差，沖田宅，容易合夥破財。同時要觀察交友宮，交友宮代表股東。

4. 沖田宅，田宅為庫位、安定位：容易不得已而搬家，人生多起伏。串連命疾福呈破者，在家待不住，尤其是疾厄宮。

5. 沖田宅，沖安定位，人生多起伏、難守成。串連家道或事業成就運呈破者，事業難成或起伏大，或財產運不佳，導致人生動盪不安。

6. 生年忌坐子女，沖田宅，居家的外在環境不佳，容易是陽宅風水講的外煞。

7. 家道串連呈破者，沖田宅為忌出於田宅，稱庫位忌出：錢留不住，不動產最好不要登記在自己名下。

8. 串連健康相關宮位呈破者，健康較差；串連夫妻、命福遷疾呈破者，性生活公式化，品質不佳，沒有縱慾的本錢。

9. 家道串連呈破者，晚年生活品質比較差。

10. 子女的命宮坐生年忌。

生年忌坐財帛宮－沖福德

1. 生年忌坐財帛，欠財帛債，為錢所役。
2. 現金緣差，賺錢辛苦，或賺不到錢而苦，或為了錢不得不做。
3. 家道串連呈破者，常常苦於手上沒有錢花用，手頭緊，現金不足。
4. 家道串連呈破者，生年忌坐財帛，為福德忌出，為錢愁容滿面，臉如蒙塵。
5. 賺錢的行業需星曜的配合及綜合飛化論述與財的相關宮位，非單一飛化可以說明。但畢竟是生年忌，從事與此星曜有關的行業，必然有辛苦的一面。

生年忌坐疾厄宮－沖父母

1. 生年忌坐疾厄，欠身體債，忙碌不得閒，勞碌命。
2. 身體必須付出，所以勞碌。生年忌為債，所以是事情來找我做，使得我不得不勞碌，是一種忙碌不得閒的現象，閒下來就像生病。
3. 健康相關宮位串連呈破者，有病會折磨較久，容易長期臥病在床，或是較長時間才能痊癒。
4. 家道串連呈破者，家運差、財產運差。

5. 事業、命福遷串連呈破者，工作場所窄小，或環境差。

6. 要好好規劃退休生活，讓自己保持忙碌。

7. 交友、命福遷串連呈破者，與人相處肢體語言木訥。

8. 疾厄坐生年忌沖父母，父母緣較差。

生年忌坐遷移宮—忌出（沖命宮）

1. 生年忌坐遷移，為人正直，命疾福串連呈破者，更嚴重。

2. 家道、事業成就運串連呈破者，社會際遇差，出外難遇貴人，出外常有阻礙，容易天不從人願，驛馬緣差。

3. 人事相關宮位串連呈破者，容易犯小人、招災惹禍、是非多。尤其是巨門或太陰忌。

4. 性格宮串連呈破者，處世應對能力差，耿直不討好。

5. 驛馬緣動（屬於奔波勞碌驛馬），與田宅、疾厄化忌串連為長期或遠途的奔波勞碌驛馬，往往白忙一場。

6. 生年忌坐遷移，又化忌入子女、父母，為短程驛馬或短期來回驛馬，空勞驛馬。

生年忌坐交友宮—沖兄弟

1. 生年忌坐交友，欠交友債，小人之交甜如蜜，容易至交好友帶來的傷破。
2. 惜情重義，仗義疏財，重承諾，常交損友，被朋友拖累。
3. 競爭不力。串連事業成就運呈破者，在同行競爭上，往往會吃虧，或是蒙受損失。
4. 必須為眾生付出。如果是根器星，同時性格宮化祿來會，串連根器宮呈旺者，根器深厚，同時也樂意為眾生服務。
5. 沖兄弟，為兄弟庫位（個人存款、家庭經濟、公司資產、現金部位）忌出，錢留不住，難守成，庫漏不蓄。
6. 沖兄弟，沖安定位，人生多起伏、難守成。串連家道或事業成就運呈破者，事業難成或起伏大，或財產運不佳，導致人生動盪不安。
7. 沖兄弟，體質位受沖，體質不夠好。當串連健康相關宮位呈破者，體質往往欠佳，動不動就傷風感冒，或是體弱多病，或是不耐久操。

生年忌坐事業宮—沖夫妻

1. 生年忌坐事業，欠事業債，為工作忙碌，容易遇到工作上棘手的問題。

2. 態度：工作是我的責任，所以我往往事必躬親。

3. 內容：往往是工作時間長，或工作壓力大，或工作棘手難度高。

4. 賺錢的行業需星曜的配合及綜合飛化論述與財的相關宮位，非單一飛化可以說明。但畢竟是生年忌，從事與此星曜有關的行業，必然有辛苦的一面。

5. 沖夫妻，容易先立業後成家，婚姻少情趣（忙於工作而疏於夫妻感情上的交流，導致感情疏離）。

生年忌坐田宅宮—沖子女

1. 生年忌坐田宅，欠家庭債，家庭是我的責任，我容易是長子格，我必須為家庭付出。

2. 家道串連呈破者，家庭緣較差。

3. 家道串連呈破者，容易家庭經濟不寬裕。生年忌坐田宅，庫位本來就小，再加上家道不興的因素，則雪上加霜。

4. 生年忌坐田宅，生活環境不佳，需改善光線與通風，尤其是太陰或巨門忌，容易陰暗或潮濕。

5. 生年忌坐田宅，守成、安定、少社交活動。

6. 生年忌坐田宅，家庭氣氛不佳。尤其是太陰或巨門忌，容易有口舌是非。

7. 家道串連呈破者，生年忌坐田宅，沖子女，傷破子女，破壞子女緣及相處的和諧。

生年忌做福德宮－沖財帛

1. 生年忌坐福德，容易起煩惱心，多操煩勞神，常憂疑、挑剔，偏執而不能隨緣自在。
2. 精神容易抑鬱寡歡、或緊張焦慮、或疑神疑鬼、或神經質，主要觀察星曜的特質來論細節。
3. 貪圖享受（執著於興趣嗜好享受上而捨得花錢，忌是執著的）。容易玩物喪志或沉迷嗜好。
4. 串連家道、事業成就運呈破者，常事與願違，天不從人願。
5. 適合專業、專技的研發、設計等，符合興趣、專精、鑽研的工作，逢我宮化祿交會，尤其是命宮、疾厄、福德、遷移同星曜化祿交會，專精鑽研後得到啟發，得到好的發展。
6. 很適合仲介、技術、會計、顧問、代書等技術服務業。沖財帛，應避免囤貨、壓本、被倒帳等風險。

生年忌坐父母宮－忌出（沖疾厄）

1. 生年忌坐父母，欠父母債，必須為父母付出，孝順，但不善表達。
2. 串連婚姻格局呈破者，長輩緣差，嘴巴不甜，婚後適合小家庭。

3. 串連讀書格局呈破者，情緒起伏大，讀書需一步一腳印，讀書辛苦。

4. 父母為文書宮，要謹慎處理文書契約等事，容易有房貸、戶籍、稅單、證件、契約、罰單、支票等文書問題。尤其串連遷移+人際宮位呈破者，絕對禁止幫他人作保背書，簽署任何文件，都必須格外謹慎，慎防詐騙被騙。

5. 父母為交友的財帛宮，容易週轉失靈而失去信用，不適合與人金錢往來，容易有去無回。

6. 串連財宮、命福遷呈破者，禁止借貸，容易成卡奴或被逼債，更不能向地下錢莊借錢，若串連（太陰或巨門）+廉貞忌，容易危及生命（沖疾厄），尤其交友又化忌進來破。

7. 容易嚴肅，面無表情（父母是表象宮、樣貌宮，是表情臉色，疾厄的遷移）。（太陰+廉貞）忌，容易皮膚不好，如月球表面，意外格容易燒燙傷。

8. 父母是表達宮，個性刻板、不婉轉、實話直說。不善察言觀色、不善表達。容易面惡心善、吃虧、不討好。

9. 沖疾厄，脾氣快直，怒形於色。沒耐性。

10. 沖疾厄安定位，人生多起伏、變動。

11. 父母的命宮坐生年忌。

第三章 命宮四化入十二宮

第三章 命宮四化入十二宮

第一節 命宮化祿入十二宮

命宮，是「我」，心的我，是太極點太極宮。是心之所向，主思考、思想、精神、意志。是性格表現位、喜好表現位、情緒反應位。

命宮化祿入B宮，推理解釋：

B宮為「人」的宮位時：我喜歡他（她），我會主動帶給他（她）快樂，接觸到他（她）我會心生歡喜，我會給他（她）自由的空間，對他（她）寬容不計較，同時他（她）也會給我正面回應。

B宮為「事」的宮位時：我喜歡主動做這件事，做這件事帶給我快樂，當我接觸到這件事時，我會心生歡喜，當我去做它時，我會有所收穫而感到快樂。

命宮自化祿出

1. 先想生年祿坐命宮，表示我心中常喜、通情達理好商量，但卻漫不經心地不知不覺中，不經意又不分場合地把「內心的祿：心中常喜、通情達理好商量」沒有原則地表現出來，且不斷地變動。
2. 命宮畢竟有坐祿，所以個性也有通情達理好商量的一面、好相處的一面，但因為是自化祿出，所以容易有隨興、沒原則、少用心而變成信口開河、失信用的缺點。
3. 自化，有快速變化、反覆無常、不自覺的現象，所以性格的表現上容易虎頭蛇尾、半途而廢、大而化之、好奇喜新、興趣廣而少專精。
4. 命宮是精神意志的表現宮位，當命宮自化祿出時，表示我的意志不夠堅定，容易朝三暮四、朝秦暮楚的心志不堅。
5. 命宮自化祿出，會不自覺地把內心喜悅的一面，莫名地表現出來，可以看到他隨時都笑笑的樣子。
6. 自化祿好比是我故意把門打開，讓外人看到我的祿，因此就好像錢財露白，容易被劫。因此逢他宮飛忌以入挾此自化之祿，同星曜祿忌成雙忌，則我熱臉貼人冷屁股、遭設計或倒貼於人，容易結怨生仇。

命宮化祿入兄弟宮

1. 兄弟宮是手足情緣宮、事業成就位（事業規模位＋經濟實力位）、體質位（身體氣數位、身體運位）、家庭經濟收入位、夫妻的閨房位、領導統御位。
2. 家道凶化沒有破，而家道吉化串連呈旺者，我喜歡我的兄弟姊妹，對兄弟姊妹寬容不計較，我也會主動帶給兄弟姊妹快樂，兄弟姊妹也會正面的回應我，所謂兄友弟恭。
3. 同時也代表我對媽媽很好，我主動關心媽媽讓媽媽寬心。
4. 如果家道破得很重，縱使兄弟串連多祿呈旺，兄弟的感情小時候很好，長大成人之後，家道破的力量就會開始發揮，兄弟間相處上的問題，就會逐漸浮現出來了。
5. 媽媽不受家道影響，除非兄弟宮坐生年忌或命忌，或是交友宮坐生年忌或命忌沖兄弟宮，就會影響到母子間的相處問題。
6. 事業成就運串連呈旺者，我經過學習和努力，容易事業有成，或財運旺，經濟活絡。觀凶化是否大破，大破則求才不求官，尤其串連父母宮破者。
7. 疾厄串連命福遷兄子等健康相關宮位呈旺者，我經過學習和努力養生，讓我的體質好（若是

貪狼或廉貞桃花星化祿，則腎功能好）。

命宮化祿入夫妻宮－照事業

1. 夫妻宮是情緣宮（正式婚緣）、一生的異性緣份位、是元配位、異性客戶、婚姻相關事務、福份財、家運位、出外運位、體型位、廚房位餐廳位、工作的外在顯象位。
2. 我喜歡接觸我所喜歡的異性朋友，在異性朋友間，人緣蠻好的，容易感情早發。
3. 我喜歡我的配偶，對配偶寬容不計較，給配偶很大的自由空間，嚴重者為放任，如果婚姻格局大破者，將帶來婚姻危機。
4. 我也會主動帶給配偶快樂，配偶也會正面的回應我，因此我們有情緣濃厚的一面。
5. 我會主動帶給我喜歡的異性快樂，對異性是多情的。若是化廉貞、貪狼祿，則容易浪漫多情。
6. 夫妻宮是我個人專屬的土地公、財神爺，我主動對祂好、照顧好祂，照我的事業宮，容易婚後事業順遂。
7. 若與財宮串連呈旺，又有偏財星（破軍、貪狼、廉貞）交會，容易獲得異性之助而得大財。與田宅串連呈旺，容易興家運（夫妻是田宅的疾厄）。
8. 我適合從事以異性為客戶對象，或是婚姻相關產業。

9. 如果化「廉貞或貪狼」祿，串連事業成就運呈旺者，也適合經營八大行業、娛樂事業。
10. 如果化「廉貞或貪狼」祿，串連事業成就運呈旺者，適合房屋銷售、仲介、家電業、家具業家飾業（夫妻為田宅的共宗六位）。
11. 夫妻為福德三方，凡「命三方」化祿權入「福德三方」者，皆可從滿足「精神層面」的物品銷售，所以適合精品、藝品、古董及貴重物品的銷售買賣。

命宮化祿入子女宮

1. 子女宮是子女緣、教養子女的態度與表現、子息緣、小輩緣、學生緣、下屬、下游廠商、弱勢族群、寵物、桃花宮、外遇位、性功能性生活位、老運、晚景、意外位、業力病、根器宮、二婚對象位、妯娌位、親戚緣份位、合夥緣份位、短期短程的出外緣位。
2. 我喜歡接觸小輩、小孩、寵物、學生、下屬……，人緣好。
3. 我喜歡我的小孩，關心我的小孩，對小孩教育是寬容不計較的，給小孩很大的自由空間，家道串連子女呈大破者，變成放任，教養未盡責任心、會吵的小孩有糖吃、寵壞小孩。
4. 家道沒破，家道又興隆者，與子女的緣厚情濃，慈愛子女，子女孝順，享受天倫之樂，晚年生活品質好。這也表示對小孩不會執著，放得開，少為子女操心。

5. 我容易主動促成合夥，串連事業成就運呈旺者，容易合夥有成。
6. 我的健康良好（若得桃花星坐祿，則腎功能強，慎防縱慾過度）。
7. 子女宮，是短期短程的出外緣位（來回驛馬），是田宅的遷移，適合出外錢賺比較容易。或者個性也外向，喜歡往外跑。適合業務、送貨、服務業、外面跑的工作。向外求財。
8. 子女宮，是姻親位，若串連疾厄呈旺者，我喜歡到親戚家串門子，主動多往來。
9. 串連福德、遷移、疾厄呈旺者，一生容易逢凶化吉，晚運好。
10. 如果化「廉貞或貪狼」祿者，子女宮為桃花宮，容易主動犯桃花。
11. 命祿入子女為慈愛。真正的大慈悲者為「天機（化氣為善）」化忌入子女，常他人之痛能感同身受。乃子女為福德的共宗六位，而忌者專注故也。

命宮化祿入財帛宮

1. 財帛宮是現金緣、金錢價值觀、來財方式（不一定都是自己賺的）、花錢方式、生活用度開銷、婚姻對待位。
2. 我喜歡賺錢，我的現金緣好，我在賺錢上的想法多，且容易如意順遂。
3. 容易收入好，手頭寬鬆，用錢方便，衣食無憂，非富有。

4. 適合從事現金生意，或分紅收入高的行業。

5. 賺錢的行業需要星曜的配合，及綜合飛化論述，不可以單一飛化直接論斷。

6. 命宮化此星曜的祿必然有緣，如果從事有關的行業，必然有順遂的一面，至於結果是否富有，要論格局，論格局要以田宅三方串連福德三方來論。

7. 祿喜權會，則機遇會更紮實，拓展的空間更大。會科則財源綿長，會忌則辛苦多得。

命宮化祿入疾厄宮

1. 疾厄宮是疾病與災厄、身體健康、疾病、意外、身體習性位、情緒反應位、身體的高矮胖瘦、肢體語言表現出人與人相處的模式與形象、活動力、家運位、工作場、物質生活位、媳婦位。

2. 我讓我的身體有福，身體健康，有病快好，病得良醫良藥。

3. 我讓我的身體有福舒適，所以比較懶，不愛運動，不喜歡操勞自己的身體，因此身體有肉不會骨瘦如柴，串連遷移、父母、疾厄、福德多祿呈旺者，容易胖。

4. 命疾福坐生年祿、命祿，且串連命疾福遷交多祿呈旺者，容易情緒常好，隨遇而安，心腸軟，衣食無憂，對物質生活少計較，習慣於養尊處優，好逸惡勞，安逸閒散。缺點是持續力續航力不足、缺乏恆心，積極性不夠。

5. 懶散怠惰，逍遙怠志，悠遊人間，缺乏擔當責任的心態，享受生活、散漫自在而容易坐失良機。

6. 但這種人，逍遙有福，不會餓死。尤其串連田宅呈旺者，更是福厚財厚，享福於人間，何其逍遙啊！

7. 我喜歡工作場所寬大舒適。

8. 我讓我的情緒常好，朋友與我接觸相處愉快（疾厄為交友的福德），胖的人大都比較好相處。

9. 串連交友、遷移呈旺者，好相處、好商量，人緣好。

10. 家道沒破，家道興隆者，把媳婦當女兒，與媳婦相處融洽。

11. 祿喜會權，強化積極性，動靜皆宜；會忌，對有興趣的事樂而不疲。

命宮化祿入遷移宮—直接祿出（回照命宮）

1. 遷移宮是遷徙移動。驛馬緣（出外緣）、廣大的社會因緣、陌生人為主、社交能力、處世（事）應對能力、歷練位、判斷能力、應變能力、人生價值觀、智慧、視野、人生舞臺、社會資源、行於表（出）、表象宮、名聲、身分、地位、意外、災難、業力病、福運位、時空環境背景因素、天份、才華、根器、取之於社會用之於社會的人間最大庫藏位。

2. 我喜歡或我會主動經營社會關係或資源，對外總是面帶笑容，給人親和的感覺，性格陽光，所以我的社會際遇好，出外會遇貴人。

3. 串連性格宮多祿呈旺者，樂觀開朗、外緣好。可以見多識廣（會「權」尤顯）。寬廣大器量，好脾氣。

4. 親和、幽默、圓融、聰敏、爽朗、識大體、受歡迎。具群眾魅力，人生較多的光彩。

5. 個性外向，出外機會多、驛馬多動。向外求財。可以建立口碑、信譽。

6. 社會資源及公共關係好，際遇、機會也會較好。

7. 處世應對能力圓融，適合公關業務行銷、休閒、旅遊、服務業、娛樂等工作。

8. 為人親和圓融。驛馬緣動，與田宅、疾厄化祿、權串連為長期或遠途驛馬緣。

9. 遷移化祿入子女、父母，為短程驛馬或短期來回驛馬。

10. 串連健康宮位呈旺者，少大災厄、容易遇難呈祥。

11. 串連交友呈旺者，利於選舉、競爭（尤其是遷移坐或化權，交友同星曜化祿來會最強）。

12. 由於要主動去經營社會關係，如果沒有孤僻或正直的性格，難免會有巧言令色、阿諛諂媚的一面，善攀緣、偽善、作秀、譁眾取寵、鄉愿討好、少了是非分明。

13. 如果化「廉貞或貪狼」祿，有中獎的機會或意外之財。建議不要使用此論述，可以事後印證就好，否則我輩命理師容易招災惹禍上身，切忌切記！

人生兩大學習宮即父母與遷移。父母者，是知識與常識的學習宮；而處世機伶應變的本能應對，則非遷移宮所莫屬，不是父母宮的學習所能及。從天生我材的生存應變本能到修行人的開悟、得大智慧，屬宿世累積的根器所轄，存在於遷移宮所涵蓋的累世因緣與阿賴耶意識間之所使，非強求可得。

命宮化祿入交友宮

1. 泛指有緣接觸的男女老少、交友態度、交友品質、交友狀況、交友的情與義。競爭位、客戶、人氣位。正緣感情的指標位、積德位、祖墳。
2. 我喜歡和我喜歡的朋友交流，和朋友交往的過程中，寬容不計較，主動帶給朋友快樂，對朋友多情，好相處，所以人緣好。
3. 交友宮是競爭位，當格局佳者，利於競爭得利。
4. 如串連事業成就運呈旺者，利於同行間的競爭。
5. 如串連讀書運呈旺者，利於考試競爭。
6. 如串連運動格局呈旺者，利於運動競技。

7. 如串連政治選舉格局呈旺者，利於選舉。遷移坐或化權，交友同星曜化祿來會，串連呈旺者最強。

8. 串連命疾福遷移事業呈旺者，職場上人緣佳，同事間或是工作上的人際和諧。

9. 交友是福德的田宅，行善積德的累積位，串連事業成就格局呈旺者，成立慈善基金會，行功立德容易有所成。

10. 命宮化祿入交友，逢交友自化忌出，熱臉貼人冷屁股。

11. 命宮化祿入交友，逢同星曜生年忌坐交友者，祿隨忌走，祿忌成雙忌。防人之心不可無啊！

12. 交友宮為有緣接觸的人際對象位，而遷移宮是廣大不特定對象的人際緣位。所謂的人際緣者，包含善緣與惡緣。

命宮化祿入事業宮

1. 事業宮是工作運位、運氣位、工作的態度、能力、行業（賺錢的方式和屬性）、外遇位、執業位（把某項事情當工作模式來執行）。

2. 我在工作上的想法很多，點子多，所以比較會變通，容易比較順遂如意。祿是寬容的，所以我不是一個敬業的人。

3. 串連福遷疾呈旺者，好處是水到渠成，我的工作運好，運氣好，容易找到自己喜歡或有興趣的工作，職場如意或工作愉快。

4. 缺點是工作態度逍遙閒散怠惰怠志，不積極、不敬業，滿足於現狀。工作如非興趣則容易見異思遷、想轉行，或想早早提前退休。

5. 適合做自己喜歡或有興趣的行業，最好擁有一技之長，或自由業。

6. 賺錢的行業需要星曜的配合，及綜合飛化論述，不可以單一飛化直接論斷。

7. 命宮化此星曜的祿必然有緣，如果從事有關的行業，必然有順遂的一面，至於結果是否富有，要論格局，論格局要以田宅三方串連福德三方來論。

8. 如果是化「廉貞或貪狼」化祿，事業宮是外遇位，容易引發婚外情。

9. 祿喜權會，則機遇會更紮實、拓展的空間會更大。會科則穩當綿長。會忌則辛苦多得。

命宮化祿入田宅宮

1. 田宅宮是田地家宅、家庭、家人、家族、出身背景。居家生活環境、物質生活、財富的總和宮（不動產、動產、有價物）、財庫位、收藏宮。

2. 我的出生，福蔭田宅，逐漸地帶給家庭財富興旺，家庭經濟活絡。

3. 我會主動帶給家庭開心快樂，關心家人，對家人寬容不計較。我與家人的情緣有濃厚的一面。
4. 家道沒有大破，串連家道呈旺者，家庭緣好，容易家庭和樂。
5. 家道沒有大破，串連家道呈旺者，我會主動與家族的宗親往來。串連疾厄者，多往來。
6. 家道沒有大破，串連家道呈旺者，我會主動讓居家生活環境好、舒適。與家人相處和諧、親情濃、少計較。對物質生活少挑剔。家庭容易自給自足。
7. 串連家道呈旺者，不動產緣好，且容易早發，或容易有得助置產、遺產、贈與。
8. 家道沒破者，串連家道呈旺者，多出子息、蔭子孫，或少出不肖子、天倫有樂。
9. 家道沒大破者，串連家道呈旺者，女命，為蔭夫格，旺夫益子。
10. 祿喜會「權」，強化企圖與積極性，尤其是偏財星化祿逢權，收入倍增。

命宮化祿入福德宮—照財帛

1. 先天之福、後天之德、果報位、天性、秉性、天賦、天份、興趣嗜好享受位、品味涵養、善緣根器、無形世界、業力病、情緒表現位。壽元、壽限、物質生活偏好宮。
2. 生年祿、命祿坐福德宮，福厚之人，個性上容易知足常樂好情緒，隨遇而安，樂觀。散漫、逍遙。快樂、少計較、少記恨、少用心。

3. 生年祿、命祿坐福德宮，照財帛宮，所以一生不愁花用的錢、衣食無憂。懶人有懶福。水到渠成。

4. 所以少了積極進取心、憂患意識。往往沒有生涯規劃，喜歡幻想、興趣廣而多學不精。持續力續航力不足，往往頭熱尾冷而中斷。

5. 福德是興趣嗜好享受位，最好能以熱衷的興趣為業，盡人事則常福至天成。

6. 命疾福遷串連呈旺者，又福德坐祿，個性容易依賴，懶散逍遙，而容易胸無大志、吃不了苦、沒有出息（適合女命，不適合男命）。

7. 如果化「廉貞或貪狼」化祿：有中獎的機會、有意外之財。建議不要使用此論述，可以事後印證就好，否則我輩命理師容易招災惹禍上身，切忌切記！

8. 我會讓我的精神保持愉快。我為福厚之人，常心想事成，如願以償，天從人願。

命宮化祿入父母宮—祿出

1. 雙親、父親、長輩、上司、老闆、師長、上游廠商、上線。後天學習位、讀書運、學歷位、涵養宮、相品宮、光明宮。表象宮、樣貌宮。公家機關、公務部門、文書宮。交友財、銀行位、互助會、與有金錢往來位。道德規範位。積德成就位。

2. 我會主動找我喜歡的長輩聊天攀緣，容易相談甚歡。我也總是和顏悅色，面帶笑容，主動親近長輩，帶給長輩愉快。

3. 家道沒破，家道串連呈旺者，與父母少代溝。

4. 孤僻特質不強，串連福遷疾呈旺者，小時候嘴巴比較甜，聰明（父母，是形於表的宮位）。

5. 溫和、有禮、親切、幽默、和藹、識大體、受歡迎、喜歡說好話（父母—「相品宮」）。會科，好脾氣、好修養。

6. 命宮化祿入父母，是我主動經營上層關係，格局差者，容易虛和偽禮、阿諛言詞奉承，聰明而念書未盡全力。

7. 我有聰明的一面，會讀書，興趣多元而不專一，不夠盡心盡力。串連事業宮呈旺者，利於考取證照、升等升遷考試、公職考試或就業。

8. 父母宮為交友財、銀行、借貸位，父母沒有串連命福遷呈破者，容易借貸方便，所以容易與人金錢往來，或週轉方便，信用好。

9. 父母為遷移的疾厄宮，串連相關宮位（看主題事件）呈旺者，提升學歷、歷練、知識、涵養，當然利於「立足社會」。

10. 父母宮為念書宮、學習位、相品宮、光明宮、涵養宮、立足社會的基礎宮、社會道德的規範

位—遷移（社會）的共宗六位。

11. 串連命福遷疾呈旺者，我與外（夫）家關係良好。

第二節　命宮化權入十二宮

命宮化權入B宮，推理解釋：

命宮化權，是我性格上掌控慾望的一面，積極的性格表現面，用一句話來形容，我積極於B宮的人事物，而我欲掌控B宮的人事物。

B宮為「人」的宮位時：我喜歡主動介入人際事務，我想掌控人際事務，在人際間出頭佔權。給人熱心（比較雞婆）的感覺。

B宮為「事」的宮位時：我喜歡主動掌控B宮的事，做這件事會帶給我成就感，展現我的控制慾望。

化權，是能力、力量，要有舞臺可以發揮，所以要有（同星曜）化祿來會才能成事，因此化祿的宮位就至關重要了，必須掌握是誰給化權的機會機緣舞臺發揮空間的。所以學理上，祿喜權拱，表現良好且穩健紮實。權喜祿會，能力得以發揮展現。

命宮自化權出

1. 先想命宮坐生年權，為我有自信有能力進而比較主觀意志堅定，但是自化權出，為沒有原則的權出，為漫不經心地將自信能力主觀堅定的個性特質，沒有原則的表現出來，而且不斷地變動。

2. 表示我在不知不覺中，不經意過度展現我的自信、能力、主見，且不分場合，不自覺地膨脹了自己的能力實力。

3. 權出有變動快速之意，命宮自化權出，命宮是我的精神意志，所以我容易有意志不堅、虎頭蛇尾、頭熱尾冷的現象，也容易是紙老虎的現象。容易自以為是。容易在不知不覺中浮誇自己的自信能力。

4. 權出有變動快速之意，命宮自化權出，又是不夠用心，因此容易沒有定見，見異思遷，所以事情容易反反覆覆。

5. 看起來好像煞有其事的積極運作，但往往雷聲大雨點小、自以為是、朝令夕改的決策反覆、容易衝動而考慮不周延。

命宮化權入兄弟－權沖交友

1. 我積極於兄弟宮，而欲掌控兄弟宮。

2. 我在兄弟間佔權，所以我容易是長子格。

3.我容易積極地開創事業。我的自信、主見、能力展現在事業成就上，因此我容易有見地、抱負、活力，也具企圖心、開創、積極。勇於策劃、投資。

4.權沖交友，我的自信、主見、能力展現在事業成就上，串連事業成就運呈旺者，有膽識有謀略、決斷力強、有領導魅力。

5.最強的領導統御能力是遷移化權入兄弟逢同星曜的命祿或生年祿或交友化祿來會，以及命宮化權入遷移，或遷移坐生年權，逢交友化祿來會。

6.我的自信、主見、能力展現在事業成就上，串連事業成就運呈旺者，具開源、兼職、創業的能力。敢賺敢花，理財有方。

7.兄弟是田宅三方，主物質生活，坐生年權或命權，表示重視物質生活。

8.串連健康相關宮位呈旺者，體質強健。

9.權喜祿會，事業成就運串連呈旺者，得到發展的機會機緣舞臺發揮空間，積極奮發，展現事業雄心。

10.權沖交友，喜歡干涉朋友外在的表現，對待朋友的態度比較強勢。逢祿有理，逢忌紛爭。

命宮化權入夫妻－照事業

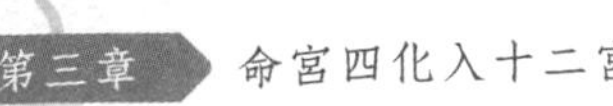

1. 我積極於夫妻，而欲掌控夫妻。
2. 我在夫妻間佔權。當婚姻凶化結構式比較強時，權逢忌，對婚姻或感情上的支配慾望高，逢夫妻宮坐生年忌容易在感情或婚姻生活上多紛爭。
3. 當婚姻吉化結構式比較強時，逢同星曜生年祿坐夫妻宮時，表示在夫妻間有威望，其掌控慾獲得配偶的認同。
4. 權照事業，若事業成就運串連呈旺者，很容易獲致事業成就。
5. 擁有專業、專技的能力，更有利於開創、開拓市場。

命宮化權入子女宮

1. 我積極於子女，而欲掌控子女。
2. 我積極的栽培、管束子女，若逢福德、疾厄化忌來會，則我容易對小孩教育或態度上比較嚴苛霸道。
3. 事業成就運串連呈旺者，我會積極的參與或邀約合夥事業，容易在合夥事業掌權。
4. 事業成就運串連呈旺者，子女為田宅的遷移，我的能力容易在外展現，所以適合往外發展。
5. 若是化貪狼權，則容易房事過度。逢生年忌或命忌特別嚴重。逢健康相關宮位的同星曜化祿來會且串連呈旺者，則性功能佳。

命宮化權入財帛宮

1. 我積極於財帛，而欲掌控財帛。
2. 事業成就運串連呈旺者，我積極的想賺大錢，因此具有積極的企圖心，與開創、謀略、應變的能力。
3. 我掌控錢財，理財有方，加上企圖心強，所以敢賺敢花、活動力強。喜歡做利潤高或大筆收入的生意。
4. 事業成就運串連呈旺者，我掌控賺錢之道，加上企圖心強，適合專業技能的發展，容易升遷或高薪或高職位、創業。
5. 權，企圖心強，不滿足於現狀，所以容易兼職或是從事副業。
6. 事業成就運串連呈旺者，當汲營三方坐或化權，表示對汲營上的事情積極開創開拓，具有市場開發、領導與銷售的能力。
7. 財帛為現金位。得祿、權者，都適合市場的開發、銷售等直接創造利潤的作為。當然也適合現金生意。

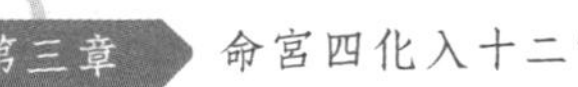

8. 對財帛而言，祿似綿綿的春雨，權似夏天午後的傾盆陣雨。

命宮化權入疾厄宮

1. 我積極於疾厄，而欲掌控疾厄。
2. 命疾福事業遷移同星曜化祿來會，且串連呈旺者，我積極運作我的身體，使我的身體健壯，我會喜歡運動或好動，身體積極有活力、有耐力，進而讓我的抗壓性提高。命疾福坐生年權或命權，都具有高抗壓性。
3. 逢性格宮位化忌來會，自恃健壯而拖病延醫（台語：鑾皮）。
4. 權有大的意思，疾厄是肢體語言、動作、習性。所以在個性的表現上，比較不假掩飾，肢體動作比較粗線條。
5. 命疾福事業遷移同星曜化祿來會，且串連呈旺者，愛運動，體型容易比較結實、健美，小病痛少。但卻容易運動傷害，如瘀青、內傷，逢健康相關宮位化忌來會則更為容易。
6. 容易運動量大、或者耗體力的工作。
7. 疾厄是田宅三方，主物質生活，坐生年權或命權，表示重視物質生活。
8. 權喜祿會，動靜兼得，關鍵在化祿的宮位串連。

9. 串連家道呈旺者，家運強。

命宮化權入遷移宮－直接權出（回照命宮）

1. 我積極於遷移，而欲掌控遷移。
2. 我的自信、主見、能力直接展現在外，因此我的觀察力敏銳，決斷力強，給人的感覺是有活力、有威嚴、看起來是能幹的樣子，有膽識的，懂得權變。
3. 逢性格宮同星曜化祿，或生年祿來會，則兼容並蓄，處世圓融，恩威並施。
4. 逢我宮同星曜化祿來會，則我可以運用我自身的條件整合外在條件來發揮。
5. 逢他宮化祿來會，則是他人提供我機會讓我發揮，我則擅長組織運作、領導統御。
6. 沒有祿，則沒有機會、機緣、舞臺、發揮空間，如紫微化權，則英雄無用武之地。
7. 我的自信、主見、能力直接展現在外，所以我的決斷力強，做事明快，不喜歡拖泥帶水。
8. 我的自信、主見、能力直接展現在外，我如有專業技能更好。

命宮化權入交友宮

1. 我積極於交友，而欲掌控交友。

2. 我會積極主動參與且想要掌控人際上的事務，所以我的個性比較熱心（雞婆）、或愛現、或替人出頭。或支配慾強，喜歡成就他人。利於學術的專業涵養。或利於公職的服務人群。
3. 串連人際相關宮位呈旺者，我會積極主動參與且想要掌控人際上的事務，所以我的個性比較善於人事運作，可以成就別人。利於幕僚工作，能成就上司、老闆（交友是父母的事業）。
4. 串連命福遷多忌呈破者，容易變成自以為是、熱心過頭、曲高和寡；或金玉其外、虛有其表。
5. 串連相關宮位呈旺者，有利於競爭、考試、公職。交友為競爭位、考試運位。

命宮化權入事業宮－權沖夫妻

1. 我積極於事業，而欲掌控事業。
2. 我積極掌控運作我的工作或事業，所以在工作或事業上的表現，往往具有強烈的企圖心。
3. 事業成就運串連呈旺者，在工作或事業上有見識，態度積極，具有開創、開拓能力。對於工作或事業上謀略、應變能力強。
4. 事業成就運串連呈旺者，我積極掌控運作我的工作或事業，所以在工作或事業的表現上往往具有強烈的企圖心，工作能力好，容易升遷、創業。
5. 事業成就運串連呈旺者，我積極掌控運作我的工作或事業，所以在工作或事業的表現上往往具有強烈的企圖心，適合開發、企劃、專技、專業的領導、執行。

6. 事業成就運串連呈旺者，權喜祿會，則更具順手與發揮的空間；會科則兼具果敢與細膩；會忌則為拼命三郎、老闆兼夥計。

7. 權沖夫妻，喜歡干涉配偶外在的表現，對待配偶的態度比較強勢。逢祿有理，逢忌紛爭。

命宮化權入田宅宮－權沖子女

1. 我積極於田宅，而欲掌控田宅。

2. 我積極用心在家庭的運作上，容易在家庭中佔權、對子女管教也會比較嚴格。

3. 遷移、父母為處世應對上的手腕，化祿會主動且擅長處理或對人的攀緣，手段圓融。化權，則手段比較強勢。

4. 事業成就運串連呈旺者，會有抱負、朝氣、活力，可以拓展財富。利於升遷、創業。權喜祿會，得福而更能水到渠成。

5. 事業成就運串連呈旺者，或家道串連呈旺者，權有大的意思，所以住家容易比較高大、氣派，也容易整修增建、裝潢、頂樓加蓋。

6. 田宅化權入事業，或田宅化權逢事業同星曜化祿來會，交於我宮者，容易房子整修增建、加蓋。

7. 事業成就運串連呈旺者，或家道串連呈旺者，串連祿出，權有大的意思，所以住家容易有庭院、空地或面向大馬路、空曠。

8. 事業成就運串連呈旺者，或家道串連呈旺者，串連祿出，尤其祿入父母，可自家開店營利、房屋出租。

9. 田宅是田宅三方的主宮，主物質生活，坐生年權或命權，表示較重視物質生活。

10. 權沖子女，喜歡干涉子女外在的表現，對待子女的態度比較強勢。逢祿有理，逢忌紛爭。

命宮化權入福德宮—照財帛

1. 我積極於福德，而欲掌控福德。

2. 福德坐權，代表精神意志強旺，容易有好勝、不服輸的性格。對物質生活層面則「敢賺敢花」。敢賺：福德坐權照財帛。敢花：福德坐權為財帛權出。

3. 事業成就運串連呈旺者，或家道串連呈旺者，重排場、愛體面，講究不將就。

4. 格局不佳，反成好高騖遠、眼高手低、好大喜功。

5. 或父母、遷移同星曜化祿來會，則容易成虛榮心、愛慕虛榮、重排場、鋪張奢華浪費。福德化權而出，父母、遷移化祿來會，亦同。

6. 擁有專業技能，常能大筆收入（照財帛，或財帛權出）」。

7. 做生意容易走高品質、高格調、高價位或大手筆的做法。

8. 財帛權出，福德是興趣嗜好享受位，坐權重物質生活，愛用高級貨（彰顯財力）。

9. 福德宮是財帛的遷移宮，是財力的彰顯位。這也說明了財的多寡，依福份而定。

命宮化權入父母宮－權出

1. 我積極於父母，而欲掌控父母。

2. 串連「命疾福遷」多祿呈旺者，父母為表達宮，命宮化權入父母為權出，代表我的表達方式率直，容易得理不饒人、大嗓門、霸氣，容易得罪人。

3. 串連「命疾福遷」多忌呈破者，容易傲慢、失禮、惹是非。

4. 串連「命疾福遷父事」多祿呈旺者，我在讀書學習方面態度積極，掌控學習抓得住重點，容易獲得高學歷。父母坐權或者化權以理科較強，適合發展理工方面專業、專技。

5. 逢福德、或疾厄化忌來會為忌出，回沖疾厄，情緒起波瀾；加上忌出逢權出，為激烈的權忌爭戰，則性情急躁、粗魯，容易動怒壞大局。容易EQ管控不佳。

6. 串連「命疾福遷父事」多祿呈旺者，利於公職。利於讀書、考試。
7. 「事業成就運」串連呈旺者，以賺錢的能力而言：「命宮、疾厄、福德、事業、財帛」化權入事業、錢財之相關宮位，均適合專業技能的發揮，容易擁有高額大筆的收入，容易升遷，高薪或高職位。也可以創業。

第三節　命宮化科入十二宮

命宮化科入B宮，推理解釋：

命宮化科，是我性格上理智斯文的一面，細膩的性格表現面，用一句話來形容，我禮教制約於B宮的人事物，而我理智緩行於B宮的人事物。

B宮為「人」的宮位時：我與B宮的人相處時，客客氣氣，彬彬有禮，禮貌性往來。

B宮為「事」的宮位時：我在做B宮的事時，慢條斯理、有條不紊、慢工細活，展現我細膩優雅的一面。

化科，是溫和細膩優雅的能力，要有舞臺可以發揮，才有作用，所以要有，「同星曜」化祿來會才能成事，因此化祿的宮位就至關重要了，是誰給化科的機會機緣舞臺發揮空間的。所以學理上，祿科交纏，細膩且優雅，慢工出細活，羅曼蒂克。

命宮自化科出

1. 先想生年科坐命宮，個性斯文秀氣，溫文儒雅，但是自化科出，為沒有原則的科出，為漫不經心地將斯文秀氣，溫文儒雅的個性特質，沒有原則的表現出來，而且不斷地變動。

2. 我容易在不知不覺中展現我斯文秀氣的一面，且不分場合的展現，因此給人感覺容易是一種浮誇或矯揉造作的感受。
3. 在性格表現上，容易優柔寡斷。

命宮化科入兄弟宮

1. 我禮教制約於兄弟，而理智緩行於兄弟。
2. 對人而言：我與兄弟禮貌性往來，與兄弟有商有量。
3. 對錢的態度：理財是理智的，所以會量入為出，會記帳。經濟比較平穩。
4. 對事業而言：工作平順。事業追求穩定。
5. 對體質而言：會養生。

命宮化科入夫妻宮－照事業

1. 我禮教制約於夫妻，而理智緩行於夫妻。
2. 就我的配偶爾言：我配偶的命宮有科，內心有科，為有氣質，男的為文質彬彬，女的為秀秀氣氣。

3. 以感情的處理態度而言：對感情的追求是慢慢來的，不疾不徐，沒有激情。

4. 以情緣的角度，容易情緣長久，就算是緣斷情未了。逢祿：戀愛非常羅曼蒂克。

5. 談戀愛的時間拖太長，容易有第三者介入。

6. 有了婚姻，對配偶是客客氣氣的，很有禮貌。

命宮化科入子女宮

1. 我禮教制約於子女，而理智緩行於子女。

2. 對待小孩的態度：對子女講道理。

3. 教育小孩的模式：民主式的教育。

4. 與子女的情緣，不即不離，客客氣氣。

命宮化科入財帛宮

1. 我禮教制約於財帛，而理智緩行於財帛。

2. 對理財的態度：量入為出，記流水帳。逢祿，會持久記帳。

3. 對賺錢的態度：追求平穩，企圖心不大，容易是上班族的安穩。

命宮化科入疾厄宮

1. 我禮教制約於疾厄，而理智緩行於疾厄。
2. 對身體而言：身材容易不胖不瘦、身體的動作舉止優雅、比較養生。
3. 就健康而言：生病時容易得良醫。
4. 就性格而言：疾厄為身軀，個性上因為緩和而動作緩慢，不疾不徐。有點慢郎中的味道。
5. 我是一個書生型的人、教養好、有規矩。

命宮化科入遷移宮－直接科出（回照命宮）

1. 我禮教制約於遷移，而理智緩行於遷移。
2. 就性格而言：為我的心性科出，意思是我心性上高雅、秀氣、平和的氣質，表現在社會上。
3. 遷移為福德的事業宮，我們稱為福運位。因此科入遷移，為我有貴人相助，容易逢凶化吉。如果是「祿」，常禍不臨身。

命宮化科入交友宮

1. 我禮教制約於交友，而理智緩行於交友。

2. 交友的態度：我與朋友禮貌性往來，是君子之交淡如水。

3. 就情緣來論：友情較為長遠，但沒有激情熱絡的現象，也不是「女：手帕交。男：換帖兄弟」。

4. 化科具有細水長流的特質，因此朋友容易失聯很久後，突然久別重逢。

5. 科主貴人：此貴人是發生事情時，有人幫忙。祿的貴人是我有福，常常是禍不臨身。

命宮化科入事業宮

1. 我禮教制約於事業，而理智緩行於事業。

2. 論做事的態度：慢工出細活，做事比較仔細、平穩，按部就班。

3. 適合的工作方式：科逢同星曜化祿來會，但吉化結構式不強時，適合文職或企劃。

4. 同星曜，祿科交纏，為精緻細膩。

5. 同星曜，權科緩銳，又逢祿，應變開創加細膩。

6. 同星曜，科忌糾纏，又逢祿，則敬業盡責又細膩（不破）。

命宮化科入田宅宮

1. 我禮教制約於田宅，而理智緩行於田宅。

2. 就居住環境而言：喜歡有書香氣息的居住環境，安靜優雅，不需要大，麻雀雖小五臟俱全即可。
3. 就對家人的態度而言：對家人客客氣氣，禮貌性往來。
4. 就理財而言：容易是計畫性的消費，量入為出。
5. 生活態度：不追求物質生活上的享受。
6. 情感上：細水長流的情緣，與家人的情緣悠悠。

命宮化科入福德宮－照財帛

1. 我禮教制約於福德，而理智緩行於福德。
2. 福德是靈性的宮位，主精神層面。因此心性常常表現出精神上的平淡，不忮不求、恬淡安逸、不喜歡虛華。
3. 心性平和、不疾不徐。
4. 福德為先天之福，後天之德，因此緊急時有貴人之助。

命宮化科入父母宮－科出

1. 我禮教制約於父母，而理智緩行於父母。
2. 內在心性的文質、秀氣表現於外。
3. 性格有斯文、平和的一面。
4. 我對父母長輩恭恭敬敬、客客氣氣的，禮貌性的往來。
5. 我對讀書學習是有計畫性，按照計畫讀書學習。

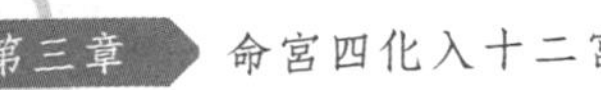

第四節 命宮化忌入十二宮

命宮化忌入B宮，推理解釋：

B宮為「人」的宮位時：我在乎B宮這個人，我願意為他（她）付出，照顧他（她），接觸到他（她）時心思都放在這個人身上，在意他（她）的回應，但同時也帶給對方壓力。

B宮為「事」的宮位時：我在乎B宮這件事，我接觸到這件事時，我會專心專注地去做，心思都放在這件事上面。

命宮自化忌出－沖遷移（力量減半）

1. 先想命宮坐生年忌，本來是固執己見，現在卻沒有原則的通通把它丟掉，好像沒有發生過這件事一樣，船過水無痕，忘了一乾二淨。
2. 所以不記恨、不記仇、不記恩、不堅持、忘性，但防做人做事少了原則。不長智慧。出爾反爾、反反覆覆。沒有城府、直接了當，少了冷靜。
3. 事情過就算了、不會記取教訓。
4. 沒有自主定見而看似自在的無所謂、沒關係，實則容易自我意志與耐性的不足，終致不了了之。

5. 同星曜祿隨忌走，祿忌成雙。當逢他宮同星曜化祿來會時，是人倒貼於我、得了便宜還賣乖，最容易結怨生仇。

6. 凡所有自化皆屬輕漫與消散，代表處世少了擇善固執之理性與原則的自主意識，容易沒有大局觀。

命宮化忌兄弟宮－沖交友

1. 我在乎兄弟，而願意為兄弟付出。

2. 論兄弟關係，我容易是長子格，我會主動照顧兄弟。

3. 緣份的厚薄，須看「家道興衰」的結構式來推論。但一個忌，反而是一種執著，對兄弟而言是被照顧的。

4. 我在乎我的事業成就，而願意為事業成就付出，所以我是一個相當敬業負責任的人，專心致力於事業成就的發展。

5. 命宮化忌入收藏三方，個性沉穩內斂，守成勤快儉約，儲蓄，白手可起家、老闆兼夥計。

6. 兄弟宮為庫位、經濟實力位，命宮化忌入兄弟，表示我會盡責。所以當我缺錢時，我會去加班、或兼職、或兼差創業。

7. 串連「事業成就運」呈旺者，剛開始做生意，不要貪大，由小慢慢做大，穩紮穩打。適合現金生意（忌，點滴累積）。勤儉致富、積沙成塔。

8. 田宅三方坐生年忌或命忌者，都有私心重的一面。福德化忌入收藏三方者最為嚴重。

9. 命宮化忌入收藏三方，沖交友三方，比較安靜守份，少社交活動。

10. 我在乎我的體質健康，願意為其付出，不如化科的理智對待來得好，化科懂養生，化忌付錢看病。

命宮化忌入夫妻宮—沖事業

1. 我在乎夫妻，而願意為夫妻付出。

2. 我是一個執著於感情的人，有配偶會很愛配偶、照顧配偶、疼配偶；沒有配偶時會很想要有，加上沖事業，所以容易先成家後立業。

3. 命宮化忌入夫妻，是專注在一個人身上，對某人的偏愛，不同於性格上坐或化「廉貞或貪狼」忌的感情情慾執著。

4. 串連「婚姻格局」大破者，婚姻（感情）多乖違，諸多付出、苦恨。或情到深處無怨尤。或迷情忘志（沖事業）、沉迷感情，甚或拋夫（妻）棄子，產生愛恨情仇。

5. 夫妻宮為福德的財帛，坐忌沖事業，且串連呈破者，絕不能賭或投機，別妄想不勞而獲。

6. 適合上班安定或不囤貨、不壓本，日常用品、消耗品的「買賣生意」。

7. 也適合仲介、技術、會計、顧問、代書等「服務業」（事業忌出）。

8. 不適合單一產品（事業忌出，不能長久安穩）。

9. 串連「家道」呈破者，夫妻是少小限的命宮，且是少小限的福份，小時候就已經出現了家道中落的現象。

命宮化忌入子女宮－沖田宅

1. 我在乎子女，而我願意為子女付出。我愛小孩，我疼小孩，我用心教育小孩。串連性格宮多忌呈破者，愛之深責之切，同時也帶給小孩諸多壓力。

2. 「家道」串連呈破者，為子辛勞、欠子債、代溝。

3. 「家道」串連呈破者，容易搬家、或脫產、支出大存不了錢。收入不穩定。庫破不能守財、理財觀念差，人生起伏多、難守成。同時也要小心與人金錢往來（命忌入交友三方，重情義，沖庫位三方，破財）。

4. 「事業成就運」串連呈破者，我在乎、用心合夥，但未必可成。沖田宅，容易合夥破財。
5. 命宮化忌入子女，沖田宅，自己在家待不住，喜歡往外跑。
6. 串連健康相關宮位呈破者，健康較差，性生活公式化，品質不佳，沒有縱慾的本錢。若是廉貞、貪狼忌，容易執著情慾。

命宮化忌入財帛宮－沖福德

1. 我在乎財帛，而願意為財帛付出。我愛錢，我會努力賺錢，或辛苦賺錢，容易計較錢，大錢小錢都得賺。
2. 「事業成就運」串連呈旺者，命宮化忌入財帛，為「急功近利」作為，適合「現金生意」，小生意也賺大錢，但不免多勞。
3. 「事業成就運」串連呈破者，則為財煩勞、賺辛苦錢。
4. 沖福德，努力辛苦賺錢，形神俱勞。
5. 又為福德忌出，容易臉泛愁容，猶如蒙塵，愁眉不展。
6. 賺錢的行業需星曜的配合，及綜合飛化論述，非單一飛化可以說明。但畢竟是命忌，從事與此星曜有關的行業，必然有辛苦的一面。

命宮化忌入疾厄宮—沖父母

1. 我在乎我的身體，而願意為身體付出。我會在意我的身體健康，願意為其付出。
2. 我的身體得到性格的忌，肉體就會斂藏起來（縮水），所以必須勞碌肉體才會縮水，所以容易是勞碌格，為我願意勞碌，我主動找事做。愛做、閒不住、不耐靜。勤儉。
3. 生年忌為債，所以是事情來找我做，使得我不得不勞碌，是一種忙碌不得閒的現象，閒下來就像生病，容易退而不休，主動找事做。有病會折磨較久才能痊癒。
4. 命宮化忌入疾厄，有耐力、夠堅持。容易事必躬親，校長兼撞鐘。勤快，容易兼差、兼職、加班。做生意，多從小店面開始。白手可以起家。格局佳，勤儉致富。
5. 命宮化忌入疾厄，多勞多動，不易發胖。會「權」，更能耐勞抗壓。
6. 疾厄宮是事業的田宅宮，論工作的地方，工作場域比較窄小，或環境較差。
7. 女命容易是職業婦女。命宮化「太陰」忌：愛漂亮、愛乾淨，忙於減肥、節食、美容。
8. 命宮化「貪狼」忌，逢根器宮性格宮串連多祿呈旺者，五術（山醫命卜相）緣佳，專注而有所成就，如太極拳、瑜珈術、養生術……。
9. 命宮化「廉貞或貪狼」忌，逢根器宮性格宮串連多祿呈旺者，愛歌唱、跳舞。

10. 性格宮位串連多忌呈破者，防感情執著、貪花戀酒、沉迷賭毒。
11. 疾厄為收藏三方，坐忌沖交友三方，所以個性內斂，較少社交活動。

命宮化忌入遷移宮－直接忌出，回沖命宮

1. 命宮化忌入遷移為命宮忌出於對宮，表示心思直接了當的表現出來，不假掩飾，少了心機，給人耿直、憨厚、不善逢迎攀緣的印象，其心性上卻容易是忘性的、嚴肅的、刻板的、內向的、害羞的、靦腆的。
2. 本來命宮化忌入某宮為我執著的點，忌出反而不主執著，而是棄守執著。因此反而是不在乎世俗的繁華虛榮，表現出樸實無華的個性。所以個性耿直不討好、容易膽怯，不在乎外表穿著。
3. 與人相處時，容易緊張害羞，直來直往，有話直說，不善辭令，所以傷人於有形，卻不自知。給人的印象是正直有餘而圓融不足，所以容易遭到排擠。
4. 不懂人情世故，孤陋寡聞，最好是閒事少理、謹防小人，只能獨善其身，別妄想兼善天下。
5. 這樣的個性，處世應對能力差，在社會上必然吃虧不討好，諸事不擅長。社會際遇自然比較差，出外難遇貴人，出外常有阻礙，容易天不從人願。

6. 自然社會資源就會比較少，社會地位也會比較低。所以年輕時期很難有好的作為（不發少年人），個性拙樸憨直須多磨練，老來自然越來越好。

7. 這樣特質的人，自然絕對不能投機、賭，不要妄想不勞而獲，最好老實處世（福不足）。

8. 最好是成為有實力的老實人，成為獨立自由工作者，建立專業專技，配合個人獨特魅力，足以在社會立足。

9. 驛馬緣（出外緣）動（屬於奔波勞碌驛馬），與田宅、疾厄化忌串連為長期或遠途的奔波勞碌驛馬，往往白忙一場。與子女、父母化忌串連，為短程驛馬或短期來回驛馬，空勞驛馬。

10. 女命安靜守份（女子無才便是德，多為「傳統婦女」個性）。

11. 修行：一身清靜，「阿羅漢」果位。

12. 健康相關宮位串連多忌呈破者，容易有意外或業力病。

13. 「遷移、父母」兩形於外之宮多得「忌」者，個性容易「幼稚、反覆、渾噩、沒主見、忘性、少根筋」，必見其「漂浮無定、錯失良機、無見識、沒定見」，甚或處事「亂無章法」等嚴重之失。

14. 如生年「忌」坐命，復轉忌入遷移，個性容易「嫉惡如仇、狹隘處世」。此格命遷雙忌為破，未必明辨曲直，一無是處。

15. 凡父母、遷移多見忌者，容易「損壽」或「破相」（忌出），譬如逢「天機忌」者，很容易因忘性而演化成「老人癡呆」，其餘星曜化忌，也容易老來遲緩，或肢體不仁等症狀。

命宮化忌入交友宮－沖兄弟

1. 我在乎交友，而願意為交友付出。
2. 因此我是一個重情重義的人，容易為朋友捨得花錢（沖兄弟庫位）。個性惜情、重義、磊落、散財，為人守信重然諾、仗義疏財。
3. 沖兄弟庫位，平常少計較、多支出、不善汲營，理財觀念差、事倍功半。
4. 「事業成就運」串連多忌呈破者，人生多起伏、難守成，小心與人金錢往來（兄弟庫位沖破），收入不穩定，支出多。
5. 命福遷，串連交友呈破者，或逢交友自化忌出，濫情無智，交友無義。不利於合夥。防信人太過或人事不濟。
6. 生年忌坐交友宮，是欠交友債，常交損友，被朋友拖累。
7. 串連相關宮位呈破者（看主題），競爭不力。如考試競爭、升遷、比賽、同行競爭、選舉……。
8. 必須為眾生付出，佈施造福。

命宮化忌入事業宮－沖夫妻

1. 我在乎事業，而願意為事業付出。
2. 所以是敬業、專注、勤快的人。
3. 「事業成就運」串連多忌呈破者，個性專注一方，成「偏廢」的不能「顧全大局」（許多技藝專精的老師傅之所以無法創業，即存在於此一個性）。
4. 「事業成就運」串連多忌呈破者，又串連父母宮，不適合有老闆，在金字塔架構下，很難出頭天。最好是成為獨立自由工作者，擁有專業專技，每個人頭上一片天，勤勤懇懇自然無憂。
5. 容易專注事業而忽略感情的經營（沖夫妻）。」
6. 化「廉貞或貪狼」忌者，容易引發婚外情，而且是爛桃花。沖夫妻，必然影響婚姻。
7. 串連健康相關宮位呈破者，命宮化忌入事業，沖夫妻，夫妻為少小的命宮，且為少小的福份。小時候健康不佳，最好是重拜父母（正式認乾爹乾媽），或給「人或神明」當「養、契、義」子。
8. 賺錢的行業需星曜的配合，及綜合飛化論述，非單一飛化可以說明。但畢竟是命忌，從事與此星曜有關的行業，必然有辛苦的一面。

9. 以福德三方為「因果」宮位，人之一生常有非盡人事可及的禍福、得失，此皆牽繫於福德三方果報之力所使。

10. 福德三方含「夫妻」、「遷移」、「福德」三宮，歸納以：「少小」看夫妻：命宮無大限，第二大限之前的所有年歲都借夫妻宮為用，以夫妻宮為「少小限」。凡事業、夫妻得雙忌以上破礙者，防少小顛沛或健康、夭折之礙。

11. 「有為」仗遷移：縱令條件相同、努力也相同而最後卻成就各異，何也？此即際遇有別故也。遷移宮牽繫人生際遇，即為累世因果的果報位。

12. 「晚景」倚福德：老來無力自主。健康乎？子孝乎？常非盡人事可掌控，全賴福報繫命。

13. 福德三方佳者，晚景少憂。而子女宮為福德的「共宗六位」，也是看晚景優劣的宮位。

命宮化忌入田宅宮－沖子女

1. 我在乎田宅，而我願意為田宅付出。

2. 表示我是一個顧家的人，所以勤快、儉約、惜福、儲蓄。心繫家庭，以家庭為重的個性，長子格。

3. 個性沉穩內斂，保守守成，城府深。個性內斂，對外難免私心、不吃虧、不多情、少社交（沖交友三方）。

4. 常見公職或大企業上班安定到退休，也容易勤快的兼職、加班。做生意，由小而大，步步為營。

5. 「事業成就運」串連呈旺者，再串連田宅，白手起家、勤儉致富、積沙成塔。或善守祖業。

6. 「事業成就運」串連呈旺者，再串連田宅，適合現金生意（忌，「點滴累積」）、生活必需品的銷售（忌入田宅）。

7. 田宅坐生年忌，家庭是我的責任，長子格，我必須為家庭付出。

8. 驛馬難動：命宮化忌入田宅者，心繫家庭，縱使出遠門，也總是牽掛著家庭，或者顧慮家庭而少出遠門。

9. 「家道」串連破者，子息緣較弱，家庭經濟不寬裕，為家庭操碎了心。

10. 生活環境不佳，需改善光線與通風。

11. 生年忌或命忌坐田宅，或是田宅化忌入命疾福者，買房子時，先買中古屋，再由小換大，財務槓桿越低越好，避免壓力過大。

12. 命、遷、子、田稱之為四正位。命及田宅主內，而子女、遷移主外。

13. 凡忌坐命、田宅者，主驛馬難動；忌坐子女、遷移者，主驛馬多動。忌入遷移，驛馬他鄉；

忌入子女，驛馬來去。

命宮化忌入福德宮—沖財帛

1. 我在乎福德，而願意為福德付出。
2. 所以我重興趣嗜好享受，捨得花錢（沖財帛，財帛忌出）。執著所好、偏執其慾。容易大成大敗。
3. 性格宮互化同星曜祿忌，家道又大破者，容易玩物喪志、荒功廢業。
4. 福德坐忌常操煩。我愛憂疑、挑剔、龜毛，所以不能隨緣自在。容易杞人憂天、憂患太過（女命尤顯）。
5. 適合從事與興趣嗜好有關的工作，才會鑽研專注，否則容易引發職業倦怠。
6. 適合研發、設計工作（會祿權），也適合不囤貨、不壓本的仲介、技術、顧問、會計、代書等服務業（沖財帛）。
7. 禁止投機，遠賭、毒、酒色等不良嗜好，以免迷情妄慾，沾染不良嗜好，自毀前程。
8. 健康相關宮位串連多忌呈破者，容易業力病糾纏。
9. 學習佈施造福，有宗教信仰，隨順因緣。

命宮化忌入父母宮－忌出，沖疾厄

1. 我在乎父母，而願意為父母付出。
2. 「家道」串連呈旺者，我是孝順的，卻不善表達。
3. 「讀書運」串連呈旺者，我是愛讀書的，會認真讀書，但必須一步一腳印。
4. 父母宮為疾厄的遷移，也是遷移的共宗六位，視為表象宮。化忌入父母宮，為宮位化象上的忌出。個性快直、喜怒形於色、修養欠佳。容易得罪人。城府淺、少耐性。
5. 「性格宮」串連呈破者，嘴不甜、不虛偽、不奉承討好、嚴肅、不善察顏觀色。也是對人的惜情重義象。處世不得要領，事倍功半。
6. 串連「太陰或巨門」忌者，心直口快、招惹是非，逢權格外強烈。
7. 容易嚴肅，面無表情（父母是臉色，疾厄的遷移）。
8. 沖疾厄，疾厄是收藏三方主安定，受沖則不穩定；又是情緒反應位，受沖則情緒起伏大。沖者，離也、動也。
9. 「家道」串連呈破者，「事業成就運」串連呈破者，人生多起伏、難守成（沖疾厄「守成宮」）。
10. 與人金錢往來，容易吃虧。我宮忌入他宮必為失。要謹慎處理文書契約等事（文書宮）。容

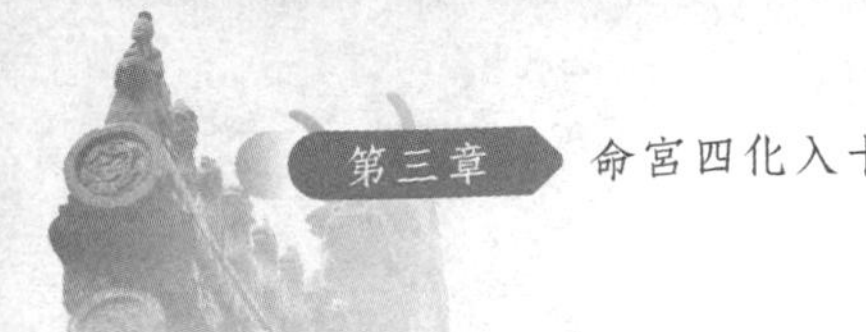

易遇轉失靈而失去信用。很容易有「銀行貸款」的擔負。

11. 禁止幫人作保背書，容易被倒帳，或與人合夥帳目不清。

12. 最好多讀聖賢書，可兼具內涵與率直。

13. 凡命三方忌入交友三方者，皆主「惜情重義」象，容易吃虧。而交友三方忌入命三方者為「小人糾纏」，更主吃虧。

第四章

兄弟宮四化入十二宮的推理解釋

第四章 兄弟宮四化入十二宮的推理解釋

第一節 兄弟宮化祿入十二宮

兄弟宮是手足情緣宮、事業成就位（事業規模位＋經濟實力位）、體質位（身體氣數位、身體運位）、家庭經濟收入位、夫妻的閨房位、領導統御位。

兄弟宮化祿入B宮，推理解釋：

兄弟福澤於B宮，而我也獲得「兄弟福澤B宮」的喜悅。

當B宮為「人」的宮位時：

1. 人對人：我的兄弟主動和我B宮的人親近，相處融洽。「家道」沒有大破，且「家道興隆」串連兄弟呈旺者，兄弟（有血緣的親兄弟）化祿才得以發揮。
2. 事對人：我的事業成就庇蔭我B宮的人。

當B宮為「事」的宮位時：

1. 人對事：我的兄弟主動幫助我B宮的相關事情。「家道」沒有大破，且「家道興隆」串連兄弟呈旺者，兄弟（有血緣的親兄弟）化祿才得以發揮。
2. 事對事：我的事業成就好的一面，幫助我在B宮的相關事情上順遂。「家道」、「事業成就運」、「健康相關宮位」串連呈旺者，兄弟宮相關事態的祿，才能發揮作用喔！

兄弟宮化祿入命宮

1. 兄弟的命宮化祿入命宮，視同兄弟的命宮坐生年祿。
2. 「身體健康相關宮位」串連呈旺者，體質好。兄弟是疾厄的事業宮，論體質、身體運、身體氣數位。
3. 「家道興隆」串連兄弟呈旺者，且「家道」沒有大破：
   A. 兄弟是我福。條件是兄弟（有血緣的親兄弟）化祿才得以發揮。
   B. 兄弟福澤於我，帶給我快樂，所以兄弟或是媽媽是我福，會主動帶給我快樂，手足情深、母緣深厚。與我有緣，相處愉快。
   C. 兄弟或媽媽會主動庇蔭我，對我好，不計較。
   D. 兄弟的命宮化祿入命宮，等同兄弟的命宮坐祿。兄弟順遂、兄弟個性通情達理好商量。

E. 家庭收入好、衣食豐足。兄弟為田宅的財帛，論家庭收入。

4. 「事業成就運」沒有大破沒有忌出，縱使有破，也要有救應，且「事業成就運」串連呈旺者，其中關鍵還在「偏財星：破軍、貪狼、廉貞」的串連呈旺者：

A. 事業成就（涵蓋事業規模與經濟實力）的發展順遂，豐衣足食，經濟不虞匱乏，「事業成就運」串連呈旺者，資金充足，口袋夠深，生意越做越好，越做越大。

B. 家庭經濟收入好，生活條件優渥。缺點是享受經濟豐足帶來的快樂，因此我的心性容易產生安逸的特質。

C. 經濟條件好，週轉方便。

D. 容易高升，適合分紅薪水。也適合創業，尤其逢權（命宮、福德、事業、財帛、遷移同星曜化權來拱都可以）。

E. 命權，是我個性積極，企圖心強。

F. 福德權，是我的好勝心、不認輸的心、強出頭的心、好場面的心，格局強者為野心。

G. 事業權，為工作上拓展的能力。

H. 財帛權，是賺錢上的拓展能力。

I. 遷移權，是處世應對擅長處理相關事件的能力、觀察力敏銳、決斷力強、行動力強、執行力強的一面。

J. 化祿串連呈旺，水到渠成。

K. 事業成就讓我如意順遂，收入好，經濟狀況好。事業、金錢皆如意。

L. 物質生活讓我如意順遂，當然就會比較享受，物質生活比較優渥。

M. 只要是錢的宮位化祿入命，都有利於分紅薪水的收入。

N. 容易在事業的追求上有安逸的心態。

兄弟宮自化祿出

1. 兄弟的命宮自化祿出，表示兄弟容易是個隨興的人，濫好人一個，容易輕諾寡信。

2. 自化祿出，先想宮位內坐祿，然後沒有原則的把祿表現出來。沒有原則，就是漫不經心、不知不覺中、不經意又不分場合的表現出來。

3. 我與兄弟姊妹手足間看似感情好，但各過各的，沒有向心力凝聚力，就是不夠團結。

4. 經濟上自給自足，但少有理財計畫。

5. 自化祿出，有變化快速之意，「事業成就運」串連呈旺者，最適合做現金生意的日日見財。

6. 如果從事銷售、業務、服務業等短期見利的工作，要認真於管理「事業成就」相關的事務。

自化祿出，容易漫不經心。

7. 兄弟宮為經濟實力位，自化祿出，容易財露白，逢他宮同星曜化忌入兄弟宮，則為劫財，祿隨忌走，祿忌成雙，最少被劫兩次以上。

兄弟宮化祿入夫妻宮－照事業

1. 兄弟的命宮化祿入夫妻宮。兄弟對異性或配偶多情，主動關心異性或配偶，給配偶很大的自由空間。「家道」串連呈破者，兄弟容易變成放任或寵配偶。

2. 「身體健康相關宮位」串連呈旺者，體質好。兄弟是疾厄的事業宮，論體質、身體運、身體氣數位。

A. 夫妻是少小的福份和命宮，因此小時候體質佳。

B. 體質狀況良好，且維持長久（夫妻是疾厄的田宅）。

C. 閨房有樂。

3. 「家道興隆」串連兄弟呈旺者，且「家道」沒有大破：

A. 我兄弟對異性是個多情之人。對於兄弟婚姻如何，要看其婚姻相關宮位的吉凶化結構，才有辦法判斷。

B. 兄弟或媽媽與我的配偶有緣，可以相處愉快。

C. 我的兄弟或媽媽與我的異性朋友可以打成一片。

D. 兄弟或媽媽會主動庇蔭我的婚姻。幫助促成或祝福我的婚姻。婚後比較沒有婆媳問題。

E. 兄弟或媽媽，常親近我的配偶，相處融洽。如果命主為男命，則妯娌間感情融洽，少婆媳問題。

F. 家庭經濟收入好，給配偶經濟寬裕、物質生活豐足。

4. 「事業成就運」沒有大破沒有忌出，縱使有破，也要有救應，且「事業成就運」串連呈旺者，其中關鍵還在「偏財星：破軍、貪狼、廉貞」的串連呈旺者：

A. 兄弟宮化祿入夫妻照事業，我的事業成就發展好的一面，讓我在工作表現上傑出。對事業宮而言為祿出，祿出有變化快速之意，祿是好的、新的，表示我所從事的相關產業是領導潮流或時尚的，我的產品是推陳出新的。

B. 「事業成就運」沒有大破沒有忌出，縱使有破，也要有救應，且「事業成就運」串連呈旺者，其中關鍵還在「偏財星：破軍、貪狼、廉貞」的串連呈旺者，適合發展生產事業（如開工廠），或是重資本回收慢的事業，或是可以囤積貨物的買賣相關事業。

5. 兄弟宮，雖非沒營三方，在論行業別時，格局夠大，就不受限於沒營三方，要看串連吉凶化結構式，來論述其適合發展的行業項目。也可以參酌吉化串連結構中的「星曜」特質。

兄弟宮化祿入子女宮－田宅祿出

1. 兄弟的命宮化祿入子女宮。兄弟對子女多情，慈愛子女，給子女很大的自由空間。「家道」串連呈破者，兄弟容易變成放任或寵小孩。

2. 「身體健康相關宮位」串連呈旺者，體質好。兄弟是疾厄的事業宮，論體質、身體運、身體氣數位。健康狀況良好，性功能佳。

3. 「家道興隆」串連兄弟呈旺者，且「家道」沒有大破：
   A. 兄弟或媽媽與我的子女有緣，會主動關心我的小孩，與我的小孩相處融洽。
   B. 兄弟或媽媽會主動庇蔭我的子女。兄弟與我的子女相處愉快或幫助栽培我的子女。我的媽媽與我的小孩相處快樂，祖孫有情。
   C. 家庭經濟收入好，方便開銷。
   D. 我給子女的零用錢寬裕。讓子女在物質生活上豐足。

4. 「事業成就運」沒有大破沒有忌出，縱使有破，也要有救應，且「事業成就運」串連呈旺者，其中關鍵還在「偏財星：破軍、貪狼、廉貞」的串連呈旺者：

A. 兄弟宮化祿入子女，為田宅祿出，也是財不入庫。表示我經濟好方便支出，平常花用多，理財觀念薄弱。

B. 給小孩的零用錢，容易給很多、大筆、寬裕。

C. 我的事業成就或經濟，庇蔭下屬或下包商，有信用。

兄弟宮化祿入財帛宮

1. 兄弟的命宮化祿入財帛宮。兄弟的現金緣好，適合從事佣金或分紅收入的相關工作。

2. 「身體健康相關宮位」串連呈旺者，體質好。兄弟是疾厄的事業宮，論體質、身體運、身體氣數位。

3. 「家道興隆」串連兄弟呈旺者，且「家道」沒有大破：兄弟或媽媽給我用錢方便。兄弟姊妹手足間在金錢上不計較，容易有金錢往來。

4. 「事業成就運」沒有大破沒有忌出，縱使有破，也要有救應，且「事業成就運」串連呈旺者，其中關鍵還在「偏財星：破軍、貪狼、廉貞」的串連呈旺者：

A. 我的收入好，經濟寬裕、手頭方便。生活條件優渥。

B. 週轉變現快，很適合現金生意。財帛宮為現金位。但防少理財計畫而多花用。善理財者，可以錢滾錢。

C. 福德祿出，當運時，經濟上的順遂如意，帶給命主春風滿面，紅潤光彩氣色佳，賺錢運勢好。

兄弟宮化祿入疾厄宮

1. 兄弟的命宮化祿入疾厄宮。兄弟有隨遇而安心腸軟、有點懶、不喜歡運動的一面。

2. 「身體健康相關宮位」串連呈旺者，體質好健康、少病痛。兄弟是疾厄的事業宮，論體質、身體運、身體氣數位。

3. 「家道興隆」串連兄弟呈旺者，且「家道」沒有大破：

A. 兄弟或媽媽對我很體貼，常常會來找我，與我相處熱情愉快。

B. 手足情濃、兄弟多聚、投緣、好商量。

C. 家庭收入好、衣食豐足。兄弟為田宅的財帛，論家庭收入。

4. 「事業成就運」沒有大破沒有忌出，縱使有破，也要有救應，且「事業成就運」串連呈旺者，其中關鍵還在「偏財星：破軍、貪狼、廉貞」的串連呈旺者：

A. 事業發展事半功倍，順遂如意，經濟條件好。

B. 適合做生意。共同經營家庭事業或開店營利。

C. 物質生活條件好，容易享受現成的。

D. 事業成就帶給我快樂，所以我容易事業順遂，賺錢比較輕鬆如意，事半功倍，經濟寬裕，經濟活絡，手頭方便。適合做生意。

兄弟宮化祿入遷移宮－祿出（照命宮）

1. 兄弟的命宮化祿入遷移宮，兄弟親和、外緣好，開明識大體。社會關係好、社會資源豐沛。

2. 「身體健康相關宮位」串連呈旺者，體質好。兄弟是疾厄的事業宮，論體質、身體運、身體氣數位。兄弟祿出，體質非常好，健康佳、體力好。

3. 「家道興隆」串連兄弟呈旺者，且「家道」沒有大破：

A. 兄弟或媽媽的外緣好，我們出外有他照料著我，讓我很安心、快樂。我與兄弟或媽媽是善緣的。

B. 兄弟與我相處和睦，鄰里皆知。

C. 兄弟或媽媽的社會資源好，會庇蔭我。

D. 家庭經濟收入好。

4.「事業成就運」沒有大破沒有忌出，縱使有破，也要有救應，且「事業成就運」串連呈旺者，其中關鍵還在「偏財星：破軍、貪狼、廉貞」的串連呈旺者：

A. 事業順遂、經濟寬裕，實力、信譽、地位皆彰顯（遷移—兄弟的共宗六位）。

B. 再加上串連「偏財星」呈旺者，適合從事生產事業，同星曜會我宮化權更好。

C. 週轉方便，信用良好。善理財者，可以錢滾錢。

D. 兄弟祿出，可以善用廣告、文宣、媒體，幫助業務發展、開發商機。

E. 兄弟祿出，可以創建品牌，好口碑，揚名於社會。

F. 利於升遷、創業。

兄弟宮化祿入交友宮—直接祿出

1. 兄弟的命宮化祿入交友宮，兄弟人緣好。

2.「身體健康相關宮位」串連呈旺者，體質好。兄弟是疾厄的事業宮，論體質、身體運、身體氣數位。

3.「家道興隆」串連兄弟呈旺者，且「家道」沒有大破：

A. 兄弟或媽媽的人緣好，也對我的朋友很好，可以和他們打成一片。有助於我的人際關係發展。或因我兄弟或媽媽的關係我的朋友變多了。

B. 家庭經濟收入好。

4. 「事業成就運」沒有大破沒有忌出，縱使有破，也要有救應，且「事業成就運」串連呈旺者，其中關鍵還在「偏財星：破軍、貪狼、廉貞」的串連呈旺者：

A. 兄弟是事業成就位，直接化祿祿出於對宮交友宮，在經營事業的過程中，善掌握生意的機緣，交易頻繁，在人際間有好信（商）譽。

B. 適合從事「大批發」相關的生意，或是生產相關事業（偏財星串連呈旺）。

C. 兄弟是財帛的田宅，財庫位、經濟實力位，為庫位祿出，表示我的經濟實力好，展現於人際間，因此也是一種多開銷的現象（平常多支出）。

D. 事業成就位祿出於交友三方者，做生意適合往人潮多的地方去發展。

E. 事業成就運串連呈旺者，事業成就位祿出，適合流行、時尚、休閒用品的事業，同時要發展自己公司的品牌。尤其兄弟宮化祿入遷移。

兄弟宮化祿入事業宮

1. 兄弟的命宮化祿入事業宮，兄弟的工作能力好點子多

2.「身體健康相關宮位」串連呈旺者，體質好。兄弟是疾厄的事業宮，論體質、身體運、身體氣數位。

3.「家道興隆」串連兄弟呈旺者，且「家道」沒有大破：

A. 容易工作發展順暢。兄弟或媽媽會主動庇蔭我的事業，助我事業順遂，可以和兄弟合夥，或可從事家庭事業。

B. 可以與兄弟合夥。

C. 家庭經濟收入好。

4.「事業成就運」沒有大破沒有忌出，縱使有破，也要有救應，且「事業成就運」串連呈旺者，其中關鍵還在「偏財星：破軍、貪狼、廉貞」的串連呈旺者：

A. 資金充足、週轉順暢，可以循環營利。

B. 口袋夠深，重資本回收慢的行業，如生產行業（偏財星串連呈旺）。

C. 收入好，利於升遷、創業。

D. 田宅或兄弟，為庫位、物質生活位，化祿入命三方且串連呈旺者，物質生活條件好，容易享受現成。

兄弟宮化祿入田宅宮

1. 兄弟的命宮化祿入田宅宮：兄弟或媽媽帶給家庭興旺快樂。
2. 「身體健康相關宮位」串連呈旺者，體質好。兄弟是疾厄的事業宮，論體質、身體運、身體氣數位。
3. 「家道興隆」串連兄弟呈旺者，且「家道」沒有大破：
A. 兄弟或媽媽對我的家人很好，與我的家人相處融洽快樂。
B. 家庭經濟收入好。
C. 兄弟或媽媽幫助我置產。
D. 兄弟和睦、手足情濃，少有計較。
4. 「事業成就運」沒有大破沒有忌出，縱使有破，也要有救應，且「事業成就運」串連呈旺者，其中關鍵還在「偏財星：破軍、貪狼、廉貞」的串連呈旺者：
A. 收入好、經濟豐足。事業越做越順。產業、財富蒸蒸日上。經濟日增，可以陸續置產（增進象）。
B. 可以從事生產行業（偏財星串連呈旺）。

C. 凡任何宮位化祿入田宅三方者，皆主穩定象。

D. 凡任何與賺錢有關的事態，化祿入田宅或兄弟者，為祿入財鄉，主穩定成長，當然也是要吉凶合參，看運限的消長。

兄弟宮化祿入福德宮－照財帛

1. 兄弟的命宮化祿入福德宮，兄弟或媽媽樂觀知足。

2. 「身體健康相關宮位」串連呈旺者，體質好。兄弟是疾厄的事業宮，論體質、身體運、身體氣數位。健康平和少病。容易病逢貴人。

3. 「家道興隆」串連兄弟呈旺者，且「家道」沒有大破：兄弟或媽媽對待我的方式，讓我感到很窩心，是善緣的，相處融洽快樂。

4. 「事業成就運」沒有大破沒有忌出，縱使有破，也要有救應，且「事業成就運」串連呈旺者，其中關鍵還在「偏財星：破軍、貪狼、廉貞」的串連呈旺者：

A. 經濟豐足、事業平順、賺錢輕鬆、物質生活優渥。

B. 家庭收入好、衣食豐足。

C. 可以從事生產行業（偏財星串連呈旺）。

D. 容易在事業的追求上有安逸的心態。

兄弟宮化祿入父母宮－祿出

1. 兄弟的命宮化祿入父母宮，兄弟或媽媽個性親和力強、聰明、與長輩相處融洽，討長輩歡心，嘴甜。

2. 「身體健康相關宮位」串連呈旺者，體質好，神清氣爽（父母為表象宮，形於外）。兄弟是疾厄的事業宮，論體質、身體運、身體氣數位。體質好。

3. 「家道興隆」串連兄弟呈旺者，且「家道」沒有大破：
A. 如果有機會與我的師長、上司或老闆相處，會非常融洽愉快。
B. 兄弟和睦。如果沒有串連家道興隆，僅止於做表面。
C. 我的事業成就好帶給父母寬心愉快。
D. 我給父母的孝養金豐厚。讓父母物質生活好。

4. 「事業成就運」沒有大破沒有忌出，縱使有破，也要有救應，且「事業成就運」串連呈旺者，其中關鍵還在「偏財星：破軍、貪狼、廉貞」的串連呈旺者：
A. 事業順遂、經濟寬裕，實力、信譽及產品形象佳。

B. 再加上串連「偏財星」呈旺者，適合從事生產事業，同星曜會我宮化權更好。

C. 週轉方便，信用良好。

D. 兄弟祿出，可以善用廣告、文宣、媒體，幫助業務發展、開發商機。

E. 兄弟祿出，可以創建品牌，好口碑，揚名於社會。

F. 利於升遷、創業。

G. 事業成就庇蔭長官，水漲船高。

第二節　兄弟宮化權入十二宮

兄弟化權入B宮，推理解釋：

兄弟宮來成就或幫助B宮的人或事。

當B宮為「人」的宮位時：

1. 人對人：我的兄弟主動介入或展現掌控慾於B宮的人。「家道」沒有大破，且「家道興隆」串連兄弟呈旺者，兄弟（有血緣的親兄弟）化祿才得以發揮。

2. 事對人：我的事業成就運強庇蔭或幫助B宮的人。

當B宮為「事」的宮位時：

1. 人對事：我的兄弟主動介入或掌控B宮的相關事情。「家道」沒有大破，且「家道興隆」串連兄弟呈旺者，兄弟（有血緣的親兄弟）化祿才得以發揮。

2. 事對事：我的事業成就的實力，展現在B宮的相關事務上，成就此事。「家道」、「事業成就運」、「健康相關宮位」串連呈旺者，兄弟宮相關事態的祿，才能發揮作用喔！

兄弟宮化權入命宮

1. 兄弟的命宮化權入命宮，等同兄弟的命宮坐生年權。兄弟是個有自信、有能力、有主見的人，所以兄弟容易是長子格。
2. 我的兄弟主動來管我、約束我、領導我，我們兄弟間，容易是我的兄弟掌權。
3. 我的兄弟成就我、幫助我。
4. 「健康相關宮位」串連呈旺者，我的體質強健，健康有活力、有朝氣。
5. 「事業成就運」串連呈旺者，事業發展、經濟實力容易有成（事業成就帶給我自信）。容易事業水漲船高、資金越滾越大。
6. 「事業成就運」串連呈旺者，事業成就讓我積極，帶給我信心，事業成就越強，我越積極越有自信。也因此能開創出一定的局面，創業當老闆。
7. 缺點：兄弟宮不是命宮，自信並非來自我的內心，而是外在條件。因此當外在條件消失了，他的自信就沒了。
8. 同理，兄弟宮是物質生活位，所以重物質生活。由儉入奢易，由奢入儉難。

兄弟宮自化權出

1. 兄弟的命宮自化權出：第一個兄弟的性格，容易自我膨脹、自傲、強出頭、浮誇自己的能力（漫不經心、不知不覺中、不經意又不分場合的表現自己的能力）。
2. 兄弟們容易各自為政、不團結、意見多。兄弟自化權出：個個都想出頭、佔權、自以為能力好。
3. 「事業成就運」串連呈旺者，事業發展、經濟實力雖然容易有成，但可能沒有縝密「理財計畫」，也可能無意義的支出多、浪費（自化權出）。財宮自化權出，都有大筆開銷的現象。自化，表示漫不經心，所以沒有理財規劃。
4. 「事業成就運」串連呈旺者，適合從事現金生意或銷售、業務、技術、專業等服務業，不壓本、回收快的工作（權出，有變動快速之意）。
5. 在事業發展上看似積極，但容易沒有明確的「目標和方向」（任何的自化，都有漫不經心、不夠用心的意思）。

兄弟宮化權入夫妻宮－照事業

1. 兄弟的命宮化權入夫妻宮，兄弟在夫妻間佔權，且工作表現好，或是容易創業。
2. 「事業成就運」串連呈旺者，「成就位」化權照事業，容易事業有成。

3. 經濟實力成就婚姻，給予配偶經濟寬裕。

4. 兄弟也是體質位，逢「健康相關宮位」串連呈旺者，且串連「夫妻」呈旺者，尤其是貪狼星，閨房有樂，越戰越勇。

5. 家道興隆串連兄弟宮呈旺者，兄弟個性強勢，容易干涉或成就我的婚姻。

兄弟宮化權入子女宮－田宅權出

1. 兄弟的命宮化權入子女：兄弟對小孩的教育很嚴格，期望高。

2. 經濟好，常大筆支出（田宅權出，庫位權出）。

3. 經濟成就子女，所以給小孩零用錢比較慷慨。

4. 「健康相關宮位」串連呈旺者，健康好，性功能強。

5. 「事業成就運」串連呈旺者，經濟能力好，成就合夥。

兄弟宮化權入財帛宮

1. 兄弟的命宮化權入財帛宮：兄弟積極賺錢，想賺大錢，賺錢能力強。

2. 兄弟是中庫位（田宅是第一大庫位）、存款位、經濟實力位，化權入財帛宮（現金位），表示我的收入好，讓我手上的現金很寬裕，方便花用，容易大筆錢進出。

3. 「事業成就運」串連呈旺者，經濟好，可以錢滾錢（投資）。
4. 事業成就容易有成，而且容易以錢滾錢，因此週轉變現的速度快，很適合做現金生意。
5. 兄弟宮也是物質生活位，因經濟好而方便花用，大筆金額的進出，容易造成奢侈浪費的習性。

兄弟宮化權入疾厄宮

1. 兄弟的命宮化權入疾厄宮：兄弟愛運動，容易身強體壯、個性粗獷。
2. 我在事業的發展上，讓我的身體活動量變大，容易是比較耗體力的工作，或是工作時間長。
3. 「健康相關宮位」串連呈旺者，事業發展上的抗壓性高，越操越健康。
4. 「事業成就運」串連呈旺者，收入高、經濟優，敢拼敢享受（重物質生活）。

兄弟宮化權入遷移宮－權出（照命宮）

1. 對兄弟而言「兄弟的命宮」化權入遷移宮：我的兄弟自信、能力、主見表現在外。因此我的兄弟觀察力敏銳、行事風格果斷、行動力強、應變能力強、膽大。
2. 「健康相關宮位」串連呈旺者，體質佳，氣場強，天生異稟，健康有活力。

3.「事業成就運」串連呈旺者，事業成就彰顯於外，這也表示我善於「把握或創造」商機，擴大事業版圖。

4. 因此在事業發展上的表現必然積極，富開創性。

5. 經濟實力強盛後，容易有社會地位。

6. 事業成就彰顯於外，且善於「把握或創造」商機，必然配合好的行銷策略、廣告宣傳，擴大事業版圖。

7. 我必須對「信譽、品牌、專業、技術」下工夫，這樣對事業的持續性發展更為有利。

8. 適合經營「領先潮流、創意時尚」等生意。

9. 容易「升遷或創業」。

10. 經濟實力展現在外，權照命宮，加上善理財者，則錢滾錢，利滾利，收穫必豐。

11. 兄弟宮為「財帛的田宅，經濟位」，也是「事業的疾厄，生財的局面位」；故以「兄弟宮」為評估其「整體實力」的「成就宮」。

12. 所以兄弟宮好，其場面必佳。而「遷移宮」為兄弟宮的「共宗六位」，故兄弟宮佳者，其「社會地位」也必「水漲船高」。

兄弟宮化權入交友宮－直接權出

1. 兄弟的命宮化權入交友宮：我的兄弟在朋友間佔權，會主動介入人際事務，個性比較雞婆。
2. 「事業成就運」串連呈旺者，事業成就彰顯於人際間、同業間，這也表示我善於「把握或創造」商機，擴大事業版圖。
3. 適合從事「批發、大賣、專業、開發」，經營「領先潮流、創意時尚」等生意。
4. 我必須對「信譽、品牌、專業、技術」下功夫，這樣對事業的持續性發展更為有利。
5. 經濟條件好，方便大筆的支出（庫位權出）。

兄弟宮化權入事業宮

1. 兄弟的命宮化權入事業宮：兄弟的工作能力強。
2. 「家道興隆」串連兄弟呈旺者，兄弟成就我、幫助我在工作的發展。
3. 兄弟能力好，有利於和兄弟「合作發展事業」。
4. 「事業成就運」串連呈旺者，有助於我在工作上的推展，資金充足加上善理財者，還可以錢滾錢，獲利豐。

5. 容易獲得「升遷或創業」。

兄弟宮化權入田宅宮

1. 兄弟的命宮化權入田宅宮：兄弟在家佔權，兄弟容易是長子格。
2. 「家道不興」串連兄弟呈破者，兄弟間容易爭奪家產。
3. 「事業成就運」串連呈旺者，事業有成穩定成長（田宅為收藏三方穩定位），且善經營，錢越滾越多、事業「越做越順」（增進象）。
4. 經濟好，購屋置產，蒸蒸日上。

兄弟宮化權入福德宮—照財帛

1. 兄弟的命宮化權入福德宮：兄弟個性好勝不認輸、愛體面擺場面、奢華浪費。
2. 「事業成就運」串連呈旺者，多祿權入福德照財帛，經濟實力強、家庭收入好、事業多順。
3. 事業有成，使得我產生了強烈的自信與期許，所以在事業發展上展現強烈的企圖心，充滿積極與幹勁。
4. 由於成就好、收入好，內心產生強烈的自信，於是會敢賺敢花、物質生活也漸趨高檔了。

5. 「健康相關宮位」串連呈旺者，體質強健、氣場旺，使我充滿活力，精氣神十足。

兄弟宮化權入父母宮－權出

1. 兄弟的命宮化權入父母宮：

A. 兄弟在說話表達上，容易得理不饒人，或嗓門大。

B. 「家道不興」串連兄弟呈破者，兄弟中容易有「無禮或傲慢」者。

C. 「家道興隆」串連兄弟呈旺者，容易有「學業佳」者。

2. 「事業成就運」串連呈旺者，事業成就權出，彰顯於外，彰顯於人際間同業間（父母宮也是交友三方），這也表示我善於「把握或創造」商機，擴大事業版圖。

3. 可以從事「批發、大賣、專業、開發」，經營「領先潮流、創意時尚」等生意。

4. 我必須對「信譽、品牌、專業、技術」下工夫，這樣對事業的持續性發展更為有利。

5. 經濟條件好，方便大筆的支出（庫位權出）。

6. 我的事業成就，成就我的老闆、或上司、或上游廠商。

7. 我給老爸的孝養金豐厚。

第三節　兄弟宮化科入十二宮

兄弟化科入B宮，推理解釋：

當B宮為「人」的宮位時：

1. 人對人：兄弟主動以禮貌或客氣的態度，以民主方式對待B宮的人，有商有量。「家道」沒有大破，且「家道興隆」串連兄弟呈旺者，兄弟（有血緣的親兄弟）化祿才得以發揮。
2. 事對人：事業成就運，以溫和理性或量入為出的力量，庇蔭或幫助B宮的人。

當B宮為「事」的宮位時：

1. 人對事：兄弟主動以溫和理性或量入為出的態度來對待B宮的相關事情。「家道」沒有大破，且「家道興隆」串連兄弟呈旺者，兄弟（有血緣的親兄弟）化祿才得以發揮。
2. 事對事：事業成就運，以溫和理性或量入為出的力量，展現在B宮的相關事務上，不無小補。「家道」、「事業成就運」、「健康相關宮位」串連呈旺者，兄弟宮相關事態的祿，才能發揮作用喔！
3. 化科的力量小，往往不足以撼動大局，左右命運的起伏，比較少會用到。世賢個人會用到的以「命宮化科」為主。

兄弟宮化科入命宮

1. 兄弟的命宮化科入命宮，等同兄弟的命宮坐生年科：兄弟文質、秀氣。
2. 兄弟對我客客氣氣的。
3. 經濟平穩，細水長流，不無小補。
4. 生病時，易得貴人。
5. 科，是一種理智、理性的對待，兄弟對我客客氣氣的，兄弟間「有商有量」。

兄弟宮自化科出

1. 兄弟的命宮自化科出：兄弟文質、秀氣，但容易矯揉造作，也容易優柔寡斷。
2. 自化，漫不經心，有不夠用心之意，兄弟有科為量入為出，但自化科就有不夠用心理財，要加強理財計畫。
3. 對事業成就也是如此，要加強規劃、執行。

兄弟宮化科入夫妻宮－照事業

1. 兄弟的命宮化科入夫妻宮：

A. 兄弟對感情慢條斯理，溫溫吞吞，易有第三者介入。

B. 兄弟對配偶是有禮貌的、客客氣氣的。

2. 我與配偶在經濟上有商有量，量入為出。

3. 夫妻性生活重情調（有節制）。

兄弟宮化科入子女宮

1. 兄弟的命宮化科入子女宮：兄弟對小孩採民主式的教育，對小孩溫和理性、客氣有禮。

2. 我在經濟上，量入為出。

3. 我給小孩的零用錢有節制。

兄弟宮化科入財帛宮

1. 兄弟的命宮化科入財帛宮：兄弟處理「錢」的態度是理智的，量入為出，也會記流水帳。

2. 經濟上給自己的花用財，會節制、理財、記帳，量入為出。

兄弟宮化科入疾厄宮

1. 兄弟的命宮化科入疾厄宮：兄弟動作斯文、慢條斯理。
2. 兄弟之間禮貌性往來，感情比較淡，如君子之交。

兄弟宮化科入遷移宮－科出（照命宮）

1. 兄弟的命宮化科入遷移宮：兄弟給人的感覺斯斯文文，說話客客氣氣的，科名在外。
2. 經濟科出，表示會量入為出，所以會理財記帳、收支平衡。
3. 事業成就科名在外，應該注重適度的形象包裝。
4. 事業成就科名在外，在工作能力的表現上，以企劃管理見長。

兄弟宮化科入交友宮－直接科出

1. 兄弟的命宮化科入交友宮：兄弟與朋友間禮貌性往來，君子之交淡如水。
2. 我與朋友的金錢往來是理智的。

3. 我的收支平衡、量入為出。

兄弟宮化科入事業宮

1. 兄弟的命宮化科入事業宮：兄弟在工作上慢工出細活，工作細緻。
2. 我的事業成就對工作上小有助力、穩定，應該著重在規劃管理上，謀定而後動。

兄弟宮化科入田宅宮

1. 兄弟的命宮化科入田宅宮：兄弟對家人都客客氣氣的。
2. 經濟平穩、計畫性「儲蓄」（入收藏宮）。

兄弟宮化科入福德宮—照財帛

1. 兄弟的命宮化科入福德宮：兄弟比較重視靈性生活，不重物質享受。
2. 經濟收入細水長流，不無小補。
3. 對經濟收入要求不多，穩定就好。
4. 不重視物質生活。

兄弟宮化科入父母宮－科出

1. 兄弟的命宮化科入父母宮：兄弟斯斯文文的，說話客客氣氣的。
2. 我的理財記帳，量入為出。
3. 經濟位科出，為我在經濟的表現上是理智、緩和的。
4. 我喜歡「分期付款」的支出（父母為交友財，銀行位）。

第四節　兄弟宮化忌入十二宮

兄弟宮是手足情緣宮、事業成就位（事業規模位＋經濟實力位）、體質位（身體氣數位、身體運位、元氣）、家庭經濟收入位、夫妻的閨房位、領導統御位。

兄弟化忌入B宮，推理解釋：

兄弟宮，為事業成就運的主體宮位，配合命宮、福德、遷移三個用宮。

當B宮為「人」的宮位時：

1. 人對人：我的兄弟在乎B宮的人，而願意為其付出、照顧、疼惜，對此人重情義。
2. 事對人：兄弟宮相關的人事物，讓B宮的人承受壓力或困擾。

當B宮為「事」的宮位時：

1. 人對事：兄弟對B宮相關事情很認真、努力、專注。

事對事：兄弟宮表現不佳的相關事態，呈現在B宮上。

兄弟宮化忌入命宮－沖遷移

1. 兄弟的命宮化忌入命宮，等同兄弟的命宮坐生年忌。兄弟或媽媽固執難溝通。
2. 凡所有宮位化忌入命疾福，皆為債。債，是責任、義務、不得不付出，命主往往認為是應該做的，是理所當然的。有事情要做要處理，第一個想到你，你就要去做，很難拒絕。壞事都是你的，好事沒有你的份。
3. 別人認為讓你做是應該的，不見得會感謝你；做好是應該的，做不好該打該罵，推掉又會被認為不負責任。
4. 命疾福坐忌，必然承受著諸多壓力，越多忌，壓力越重。
5. 忌入命宮，為勞心。事情會主動來找我，讓我總是掛心，沒有處理很難過，心態上往往會急著想要處理，情緒上在處理這件事會表現得急躁不安。多忌呈破者，又串連「太陰或巨門」忌，做到流血流汗，還被人家嫌。
6. 忌入疾厄，為勞力。事情會主動來找我，總是要親力親為的為其忙碌，多忌呈破，忙得不可開交，多忌呈破者，又串連「太陰或巨門」忌，做到流血流汗，還被人家嫌。
7. 忌入福德，為勞神勞煩。事情會主動來找我，會讓我感到心煩意亂、焦慮不安，心態上不想處理，但不處理又會更煩，往往會急著想要處理，情緒上在處理這件事上容易急火攻心，心情煩躁不已。多忌呈破者，又串連「太陰或巨門」忌，做到流血流汗，還被人家嫌。

8. 兄弟或媽媽是我的責任，照顧兄弟或媽媽是應該的，或我不得不照顧他，或被兄弟拖累。我是長子格。

9. 兄弟宮是經濟實力位，論存款。我容易有經濟壓力，收入少支出多。必須學會量入為出、謹慎理財並開源節流。須節儉、耐勞，辛苦起家。

10. 兄弟宮是事業成就位，論事業發展。我在事業發展上，容易受阻、不順、不如意，壓力大，串連福德遷移者，雪上加霜。

11. 投資要非常謹慎小心，尤其串連福德三方呈破者，絕對不可投機或冒風險。

12. 串連「家道不興」呈破者，家庭收入少、支出多，對理財要用心。

13. 「事業成就運」不佳者，不可以投資生產行業，會帶來龐大的經濟壓力，讓你喘不過氣來。

14. 父母沒有串連「事業成就運」呈破者，適合上班族安定。

15. 父母串連「事業成就運」呈破者，適合做為一個獨立自由工作者，求財不求官，建立屬於自己的獨特專業技術或專業能力，配合個人獨特的人格魅力，逐漸做到遠近馳名。每個人頭上一片天，各有因緣，好好經營自己、做自己，便可擁有屬於自己的天空了。

16. 可經營現金買賣的小生意。或從事以「技術服務」為主的個人事業，如仲介、顧問、會計、代書等服務業。不囤貨、壓本的生意。

17. 「健康相關宮位」串連呈破者，要特別注重養生。兄弟為疾厄的事業宮，為身體氣數位、身體運位、體質位，化忌入命宮，為體質較差的一面，要注意養生。

18. 田宅三方坐忌者（生年忌或命忌），對人生都必須盡責勞碌，常心存憂患意識。逢同星曜生年權或性格權，就更加辛勞了。

兄弟宮自化忌出－沖交友（力量減半）

1. 兄弟的命宮自化忌出，兄弟或媽媽在個性上大而化之、性情反覆無常、耿直沒有心機、不能記取教訓。
2. 兄弟間的情緣淡薄疏離，容易各自為政，沒有向心力，不會團結。有兄弟好像沒有一樣。
3. 我在事業經營上漫不經心、不夠用心。
4. 兄弟為庫位、存款位，庫漏不蓄，錢花到哪裡不清楚，不容易積蓄。
5. 我容易收入不穩定。
6. 體質逐漸變差，氣虛，最好是持續運動、養生。

7. 父母沒有串連「事業成就運」呈破者，適合上班族安定。

8. 父母串連「事業成就運」呈破者，適合做為一個獨立自由工作者，求財不求官，建立屬於自己的獨特專業技術或專業能力，配合個人獨特的人格魅力，逐漸做到遠近馳名。每個人頭上一片天，各有因緣，好好經營自己、做自己，便可擁有屬於自己的天空了。

9. 可經營現金買賣的小生意。或從事以「技術或服務」為主的個人事業，如仲介、顧問、會計、代書等服務業，不囤貨、壓本的生意。

兄弟宮化忌入夫妻宮－沖事業

1. 我「兄弟的命宮」化忌入夫妻宮，兄弟或媽媽在乎婚姻或感情，願意為婚姻或感情付出，而影響工作表現或進度，也容易先成家後立業。

2. 兄弟婚後各顧自己的家，所以婚後最好各自獨立門戶。

3. 兄弟干涉或阻撓我的婚姻。兄弟會帶給我的配偶困擾，或妯娌不和（因為兄弟只顧自己的老婆）。

4. 我在事業發展上讓配偶擔心，或需要配偶的幫忙。

5. 我的收入少或經濟不穩定，讓配偶擔心，或需要配偶的幫忙。

6. 我的體質元氣下滑，造成配偶的困擾，健康因素導致閨房少了樂趣。
7. 事業成就位化忌，沖事業（六沖一），容易有變動，也等於事業忌出，工作不穩定或不順暢。經濟上也要注意容易投資失利。
8. 父母沒有串連「事業成就運」呈破者，適合上班族安定。
9. 父母串連「事業成就運」呈破者，適合做為一個獨立自由工作者，求財不求官，建立屬於自己的獨特專業技術或專業能力，配合個人獨特的人格魅力，逐漸做到遠近馳名。每個人頭上一片天，各有因緣，好好經營自己、做自己，便可擁有屬於自己的天空了。
10. 可經營現金買賣的小生意。或從事以「技術服務」為主的個人事業，如仲介、顧問、會計、代書等服務業，不囤貨、壓本的生意。

兄弟宮化忌入子女宮—沖田宅、田宅忌出

1. 兄弟的命宮化忌入子女宮，兄弟或媽媽在乎子女，而願意為子女付出。疼小孩，嚴重者溺愛小孩。
2. 兄弟帶給我子女困擾，或與我子女不和，或干涉我的子女。
3. 兄弟化忌入子女沖田宅，兄弟間不同心、不團結，所以兄弟間最好各自獨立門戶。

4. 在事業發展上需要子女的幫忙，工作容易全家忙。

5. 收入少，或經濟不穩定，給子女的零用錢不多，子女可能需要幫忙賺取生活費（打工、兼差）。

6. 兄弟忌入子女沖田宅，為田宅忌出，庫漏不蓄，存不了錢、大筆支出，不善理財。

7. 事業成就位忌沖田宅安定位，事業不穩定收入也就不穩定，加上庫位忌出為存不了錢，導致事業容易變動，事業容易萎縮。

8. 安定位沖安定位，容易變動，人生容易多起伏、難守成、變動較大。收入不穩定。

9. 父母沒有串連「事業成就運」呈破者，適合上班族安定。

10. 父母串連「事業成就運」呈破者，適合做為一個獨立自由工作者，求財不求官，建立屬於自己的獨特專業技術或專業能力，配合個人獨特的人格魅力，逐漸做到遠近馳名。每個人頭上一片天，各有因緣，好好經營自己、做自己，便可擁有屬於自己的天空了。

11. 可經營現金買賣的小生意。或從事以「技術服務」為主的個人事業，如仲介、顧問、會計、代書等服務業，不囤貨、壓本的生意。

12. 健康逐漸下滑、容易性能力早衰（子女由性而來，子女宮論性功能、性生活）。

兄弟宮化忌入財帛宮－沖福德

1. 兄弟的命宮化忌入財帛宮，兄弟或媽媽計較錢、愛賺錢、賺錢辛苦。
2. 兄弟劫我財，兄弟會跟我計較錢或跟我借錢，造成我金錢上的損失。
3. 兄弟忌入財帛為退財，多消耗、不夠儉約、不善儲蓄，不懂得貨比三家，總是花費比別人多，逐漸地讓金錢流失，嚴重者甚至空空如也。
4. 存不了錢又支出多，財庫漸漸空虛，導致事業容易萎縮。
5. 父母沒有串連「事業成就運」呈破者，適合上班族安定。
6. 父母串連「事業成就運」呈破者，適合做為一個獨立自由工作者，求財不求官，建立屬於自己的獨特專業技術或專業能力，配合個人獨特的人格魅力，逐漸做到遠近馳名。每個人頭上一片天，各有因緣，好好經營自己、做自己，便可擁有屬於自己的天空了。
7. 可經營現金買賣的小生意。或從事以「技術服務」為主的個人事業，如仲介、顧問、會計、代書等服務業，不囤貨、壓本的生意。
8. 兄弟化忌入財帛沖福德，健康逐漸下滑。

兄弟宮化忌入疾厄宮－沖父母

1. 兄弟的命宮化忌入疾厄宮，兄弟或媽媽個性勤勞，閒不住，私心較重，不重手足情義。
2. 兄弟化忌入疾厄，欠兄弟債，為兄弟忙碌，兄弟又會主動來找我，總是要親力親為地為其忙碌，多忌呈破，忙得不可開交，多忌呈破者，又串連「太陰或巨門」忌，做到流血流汗，還被人家嫌。
3. 兄弟是我的責任，我不得不為他勞碌，或被兄弟拖累，或照顧兄弟是我的責任。
4. 我與兄弟不親，各顧自家。因為六親忌入田宅三方私心較重，不重感情。
5. 欠事業債，必須為事業勞碌。
6. 我在事業發展上，容易過度忙碌、過勞，往往必須親力親為，較少替代幫手。
7. 疾厄坐忌為勞碌格，兄弟為事業的疾厄坐忌，也是勞碌格。如果兄弟忌入疾厄，尤其勞累。
8. 父母沒有串連「事業成就運」呈破者，適合上班族安定。
9. 父母串連「事業成就運」呈破者，適合做為一個獨立自由工作者，求財不求官，建立屬於自己的獨特專業技術或專業能力，配合個人獨特的人格魅力，逐漸做到遠近馳名。每個人頭上一片天，各有因緣，好好經營自己、做自己，便可擁有屬於自己的天空了。

10. 可經營現金買賣的小生意。或從事以「技術服務」為主的個人事業，如仲介、顧問、會計、代書等服務業，不囤貨、壓本的生意。
11. 由於過勞，加上體質容易下滑，積勞成疾。
12. 沖父母，兄弟宮的相關人事物纏身，而減少了與父母相聚的時間，讓父母感到遺憾。

兄弟宮化忌入遷移宮－忌出（沖命宮）

1. 兄弟的命宮化忌入遷移宮，兄弟或媽媽個性有憨厚耿直的一面。
2. 我的兄弟忌入遷移沖我命宮，我兄弟憨厚耿直，造成我的困擾。
3. 兄弟忌入遷移沖命，事業發展上不得要領，讓我難過，猶如烏雲罩頂。又稱為事業成就忌出於命宮，因此當事情沒有多大轉圜空間，或讓我很苦的時候我就會想把它丟掉，因此事業成就容易重來。
4. 在事業發展上不得要領，掌握不住關鍵技巧，事業發展每況愈下，收入欠佳，或支出大，甚至導致經濟困頓，讓外人知曉。
5. 庫位忌出，不穩定、不安定，人生容易多起伏、守成不易。
6. 父母沒有串連「事業成就運」呈破者，適合上班族安定。

7. 父母串連「事業成就運」呈破者，適合做為一個獨立自由工作者，求財不求官，建立屬於自己的獨特專業技術或專業能力，配合個人獨特的人格魅力，逐漸做到遠近馳名。每個人頭上一片天，各有因緣，好好經營自己、做自己，便可擁有屬於自己的天空了。

8. 可經營現金買賣的小生意。或從事以「技術服務」為主的個人事業，如仲介、顧問、會計、代書等服務業，不囤貨、壓本的生意。

9. 「健康相關宮位」串連呈破者，元氣虛弱，容易快速下滑，要特別注重養生、運動。

兄弟宮化忌入交友宮—直接忌出（回沖兄弟）

1. 我「兄弟的命宮」化忌入交友宮，兄弟或媽媽重情義，仗義疏財。「家道不興」串連呈破者，而兄弟宮本身化「（太陰或巨門＋貪狼或廉貞）」忌者，容易狐群狗黨，兄弟專交一些臭味相投的酒肉朋友，最後樹倒猢猻散。

2. 兄弟緣忌出，兄弟間的情緣淡薄。

3. 兄弟對我的朋友不友善，造成我的朋友的困擾。

4. 兄弟可能干涉我的人際關係。

5. 兄弟忌入交友，當大筆金錢借給朋友時，很容易遇到借錢不還的朋友。忌出為流失，一去不回頭。

6. 兄弟忌入交友，為忌出對宮，為一瀉千里的忌出，容易大筆支出，存不住錢、或入不敷出、不善理財。

7. 安定位忌出，回沖兄弟庫位安定位，容易變動，人生容易多起伏、難守成、變動較大。收入不穩定。嚴重則負債累累。

8. 父母沒有串連「事業成就運」呈破者，適合上班族安定。

9. 父母串連「事業成就運」呈破者，適合做為一個獨立自由工作者，求財不求官，建立屬於自己的獨特專業技術或專業能力，配合個人獨特的人格魅力，逐漸做到遠近馳名。每個人頭上一片天，各有因緣，好好經營自己、做自己，便可擁有屬於自己的天空了。

10. 可經營現金買賣的小生意。或從事以「技術服務」為主的個人事業，如仲介、顧問、會計、代書等服務業，不囤貨、壓本的生意。

11. 「健康相關宮位」串連呈破者，元氣虛弱，容易快速下滑，要特別注重養生、運動。

12. 兄弟化忌入交友，回沖兄弟，健康問題，造成閨房少樂趣。尤其是串連夫妻呈破者，更為嚴重。

兄弟宮化忌入事業宮－沖夫妻

1. 兄弟的命宮化忌入事業宮，兄弟或媽媽是一個敬業的人，容易為了工作而疏忽了婚姻上的經營，導致其夫妻間的感情疏離。

2. 我的兄弟對我的工作沒有幫助，或干擾、干涉我的工作，不適合兄弟間的合夥，尤其是「家道不興」串連呈破者，更為嚴重。

3. 兄弟是事業的共宗六位，六化忌入一，為蹇滯，表示我在事業的發展上，容易遇到衰退或停滯的現象。所以在經營事業上，須謹守本份、守成收斂，一步一腳印，否則常時不我與。

4. 父母沒有串連「事業成就運」呈破者，適合上班族安定。

5. 父母串連「事業成就運」呈破者，適合做為一個獨立自由工作者，求財不求官，建立屬於自己的獨特專業技術或專業能力，配合個人獨特的人格魅力，逐漸做到遠近馳名。每個人頭上一片天，各有因緣，好好經營自己、做自己，便可擁有屬於自己的天空了。

6. 可經營現金買賣的小生意。或從事以「技術服務」為主的個人事業，如仲介、顧問、會計、代書等服務業，不囤貨、壓本的生意。

7. 沖夫妻，「健康相關宮位」串連呈破者，元氣虛弱，健康問題，造成閨房少樂趣。

兄弟宮化忌入田宅宮－沖子女

1. 兄弟的命宮化忌入田宅宮，兄弟個性沉穩內斂，心思比較沉，私心重，顧自家人，「非我族類，其心必異」的觀念很重。
2. 「家道不興」串連呈破者，兄弟私心較重且節儉，容易苛待家人。
3. 「家道不興」串連呈破者，我與兄弟不親，各顧自家。因為六親忌入田宅三方私心較重，不重感情。
4. 「家道不興」串連呈破者，兄弟容易跟我計較財產。
5. 「事業成就運」串連呈破者，在事業發展上不容易，所以工作容易全家忙。
6. 兄弟化忌入田宅者為進財格，逐漸累積之象，個性勤儉持家，儲蓄。逐漸累積。「事業成就運」串連呈旺者，可以積沙成塔。
7. 儲蓄是需要時間的，需一步一腳印，辛苦起家。
8. 父母沒有串連「事業成就運」呈破者，適合上班族安定。
9. 父母串連「事業成就運」呈破者，適合做為一個獨立自由工作者，求財不求官，建立屬於自己的獨特專業技術或專業能力，配合個人獨特的人格魅力，逐漸做到遠近馳名。每個人頭上一片天，各有因緣，好好經營自己、做自己，便可擁有屬於自己的天空了。

10. 可經營現金買賣的小生意。或從事以「技術服務」為主的個人事業，如仲介、顧問、會計、代書等服務業，不囤貨、壓本的生意。

11. 沖子女，「健康相關宮位」串連呈破者，元氣虛弱，健康問題，影響性功能。

兄弟宮化忌入福德宮—沖財帛

1. 兄弟的命宮化忌入福德宮，兄弟執著所好、重享受，為了興趣嗜好的事情或東西捨得花錢。

2. 「家道不興」串連呈破者，欠兄弟債，兄弟是我的責任，我不得不為他勞煩，或被兄弟拖累，或照顧兄弟是我的責任。

3. 忌入福德為惡緣，兄弟間不容易和睦相處。

4. 欠事業債，必須為事業勞神勞煩。事業、經濟帶給我壓力煩惱、焦慮不安。我又不得不做。

5. 福德為果報宮，兄弟化忌入福德，事業容易不順、不如意，或天不從人願，或是阻礙重重。

6. 兄弟忌入福德，沖財帛，為財帛忌出，存不住錢，經濟的事情讓我煩惱，表示容易存款不足，或漸漸流失減少而讓我煩惱不已，又無可奈何，想守都不容易守得住，導致經濟不斷敗退。

7. 「健康相關宮位」串連呈破者，元氣虛弱，健康問題，影響精神層面，容易萎靡不振。

兄弟宮化忌入父母宮－忌出，沖疾厄

1. 兄弟的命宮化忌入父母宮，兄弟個性嚴肅，情緒波動大，沒耐性，容易怒形於色。
2. 兄弟化忌入父母沖我疾厄。兄弟個性嚴肅，情緒波動大，沒耐性，容易怒形於色造成我的困擾。
3. 我的事業和經濟不穩定讓父母擔憂。
4. 我給父母的孝養金不多。
5. 我的事業和經濟不穩定，無助於上游廠商，或帶給上游廠商困擾。
6. 財庫位忌出，為大筆流失，我容易在經濟上支出大、不善理財、入不敷出，甚至負債。
7. 兄弟宮為安定位忌出，又沖「疾厄宮」安定位情緒位，沖者離也、動也。容易變動，人生容易多起伏、難守成、變動較大。收入不穩定，情緒不舒。嚴重則負債累累。
8. 與人借貸，或民間互助會會款、銀貸還款壓力大。沖疾厄，如烏雲罩頂。
9. 容易借錢要不回來。沖疾厄，沖者離也、動也。
10. 「健康相關宮位」串連呈破者，元氣虛弱，健康問題，影響情緒，氣不順，如肝氣鬱結。

第五章 夫妻宮四化入十二宮的推理解釋

第五章　夫妻宮四化入十二宮的推理解釋

第一節　夫妻宮化祿入十二宮

夫妻宮是情緣宮「正式婚緣」、一生的異性緣份位、是元配位、異性客戶、婚姻相關產業、福份財、家運位、出外運位、體型位、廚房位餐廳位、工作的外在顯象位。

夫妻化祿入B宮，推理解釋：

夫妻福澤於B宮，而我也獲得「夫妻福澤B宮」的喜悅。

配偶庇蔭我的B宮，使我婚後在B宮的表現更好或更順遂。

當B宮為「人」的宮位時：

1. 人對人：我的配偶主動和我B宮的人親近，相處融洽。「家道」沒有大破，且「家道興隆」串連夫妻旺者，先生（先生是男丁）化祿才得以發揮。

2. 事對人：婚事庇蔭我B宮的人。

當B宮為「事」的宮位時：

1. 人對事：我的配偶主動幫助我B宮的相關事情。「家道」沒有大破，且「家道興隆」串連夫妻呈旺者，夫妻（先生）化祿才得以發揮。

2. 事對事：我結婚之後，幫助我在B宮的相關事情上順遂。「家道」、「事業成就運」、「健康相關宮位」串連呈旺者，相關事態的祿，才能發會作用喔！

夫妻宮化祿入命宮

1. 夫妻的命宮化祿入命宮，等同夫妻的命宮坐生年祿：配偶個性有通情達理好商量的一面。

2. 夫妻是我福，我的配偶對我很貼心、庇蔭我，配偶賢良。

3. 我的異性朋友緣好、庇蔭我，是我的福，感情來得早。如果是「貪狼或廉貞」化祿，則容易有外遇或劈腿的機會。

4. 夫妻串連命疾福遷沒破而呈旺者，外遇不容易出事，或是獲得配偶的包容。再串連田宅呈旺者，則容易有雙妻命，得妻財。配偶貼心、賢良、庇蔭我。配偶通情達理、好商量好溝通。

5. 以異性對象為客戶的業務、或生意、或合夥人、或上司下屬員工下線，我容易獲得異性的庇蔭。

6. 夫妻是福德的財帛宮，稱為福份財，是命主專屬的財神爺。夫妻化祿入命宮，表示財神爺庇蔭護佑著你。福份財是沒有蓋子的，容易一生衣食無缺，金錢較不虞匱乏。所以結婚後容易諸事順遂，婚後運氣轉好。

7. 格局差者，就算當小白臉，也容易混吃喝。

8. 逢偏財星「貪狼或廉貞」化祿，有中獎、意外財（夫妻—福份財）的機會，但不提供命主建議喔！

9. 夫妻是福德三方之一，是管少小限的福份，所以少小運限平妥。

夫妻宮化祿入兄弟宮

1. 夫妻的命宮化祿入兄弟宮：配偶與他的兄弟手足情緣好，相處融洽，經濟好。

2. 兄弟是夫妻的夫妻的田宅，論主臥室。夫妻間享受閨房情趣，尤其是「貪狼或廉貞」化祿，串連命疾福遷呈旺者，更是濃情密意、斗室生春、畫眉有樂。且情緣宮化祿入收藏三方，主感情穩定愉悅。

3. 我的配偶主動與兄弟做良性互動往來，心量大，相處融洽。兄弟宮為父母的夫妻，也是媽媽的位置。表示我的配偶與媽媽感情好，少婆媳問題。

4. 家道沒敗（四忌以上），又「家道興隆」串連夫妻宮者，妯娌彼此間的感情好。理由是我的太太友愛我的兄弟手足，相處融洽，澤及妯娌。
5. 夫妻化祿入六親宮位，感情早動。第二個十年大運，感情緣就動了。
6. 夫妻是福德的財帛宮，稱為福份財，是命主專屬的財神爺。夫妻化祿入兄弟宮，表示財神爺庇蔭護佑著你的事業發展經濟好。福份財是沒有蓋子的，容易一生衣食無缺，金錢較不虞匱乏。所以結婚後事業發展、經濟順遂，婚後運氣轉好。
7. 我的配偶福蔭我的事業成就，配偶幫助我事業有成，可以夫妻共同創業。
8. 我的異性朋友福蔭我的事業成就，異性朋友幫助我事業有成，可與異性友人合夥。
9. 「事業成就運」串連呈旺者，再串連夫妻化祿入兄弟，婚後我的事業、經濟更順遂，一生衣食豐足。（夫妻，是福德的財帛，兄弟是庫位，夫妻化祿入庫位，經濟不虞匱乏）。
10. 逢偏財星「貪狼或廉貞」化祿，有中獎、意外財（夫妻—福份財）的機會，或是發財甚速（會「權」尤佳）。論命時，不可主動建議偏門偏財，只能當事後諸葛印證喔！

夫妻宮自化祿出—照事業

1. 夫妻的命宮自化祿出，個性隨緣自在，總是笑容滿面，濫好人的個性，意志不堅定。

2. 我對感情的態度是沒有原則的，所以不挑嘴。自化有變動快速之意，表示不穩定、或不長久、或不夠用心、或專注力不足。

3. 如果逢我宮「同星曜」化權交拱，且串連呈旺者，可改善自化祿的情況。自化祿受到是哪一宮化權的掌控，或者來成就婚緣而穩定下來。

4. 夫妻是福德的財帛宮，稱為福份財，是命主專屬的財神爺。夫妻自化祿出，逢我宮「同星曜」化權來會，照事業宮，表示這位你專屬的財神爺庇蔭護佑著你工作如意順遂收入好，水幫魚魚幫水。福份財是沒有蓋子的，容易一生衣食無缺，金錢較不虞匱乏。所以結婚後容易諸事順遂，婚後運氣轉好。

5. 如果逢性格宮「同星曜」化忌來劫夫妻的自化祿者，可因我性格上的專情，始終抓著配偶隨緣自在不放，配偶會屈從於我。

6. 這時候觀察的重點，就在「吉和凶」的結構式，吉凶合參，論彼此感情上的糾葛了。

7. 若是我的性格宮化忌，劫夫妻宮的自化祿，串連命疾福遷呈破者，則我對感情執著，導致意亂情迷，行為失序，我對配偶予取予求，配偶百般無奈下遷就於我，易生怨或恨。尤其是化「（太陰或巨門）＋（廉貞或貪狼）」忌的串連組合更為嚴重。

8. 如果夫妻宮是桃花星（貪狼或廉貞）自化祿，串連命疾福遷呈旺者，容易有一夜情、或春花秋月的感情。

9. 「婚姻格局」串連呈敗者，婚後夫妻彼此在感情上容易浮動不穩定、或感情不持久、或對感情不夠用心、凝聚力不足。

10. 婚後夫妻間的感情看似甜蜜，因為凝聚力不足，容易出現貌合神離的現象，容易禁不起考驗。

11. 若他宮同星曜飛忌以入，雖然結婚了，但是感情還是容易有第三者介入。

12. 配偶自給自足、善於自求多福。

夫妻宮化祿入子女宮

1. 夫妻的命宮化祿入子女宮，配偶慈愛子女，給子女自由，或對子女放任。

2. 我的配偶與小孩能打成一片，相處融洽。

3. 我的異性友人與我的小孩打成一片。

4. 子女是兄弟的夫妻宮，妯娌位，我的太太會主動跟妯娌示好，妯娌間相處融洽。

5. 子女也是姻親位，配偶容易主動與姻親來往，相處融洽。

6. 桃花星（貪狼或廉貞）化祿，串連命疾福遷呈旺者，我容易婚外情（子女為婚姻之後的感情，論外遇；子女為桃花宮；是疾厄的福德宮，論身體享受位）。

7. 配偶喜歡小孩，容易結了婚就懷孕。

8. 我的配偶對小孩好，教育是寬容大度的，給子女自由，容易寵小孩，或放任。不喜歡約束小孩。

9. 夫妻是福德的財帛宮，稱為福份財，是命主專屬的財神爺。「事業成就運」串連夫妻呈旺者，婚後利於合夥，或婚後我的合夥事業更好。表示財神爺庇蔭護佑著你的合夥緣。福份財是沒有蓋子的，容易一生衣食無缺，金錢較不虞匱乏。所以結婚後容易諸事順遂，婚後運氣轉好。

10. 夫妻化祿入子女，子女由性而來，也是性生活的宮位，表示婚緣蔭子緣，串連「婚姻格局」呈旺者，容易有以下三種情況：婚前有性行為（現代社會很普遍）；容易有身孕才結婚；容易入門喜，婚後很快就有小孩。

11. 子女是田宅的遷移，短程的來回驛馬位。夫妻化祿入子女，配偶喜歡往外跑。

夫妻宮化祿入財帛宮

1. 夫妻的命宮化祿入財帛宮，配偶跟錢有緣，現金緣旺，適合佣金收入的行業。

2. 我的配偶讓我用錢方便，不會跟我計較錢。

3. 我的異性朋友或客戶幫助我，助我的收入好，容易獲得異性財。

4. 財帛為夫妻的夫妻，論夫妻間的對待關係。夫妻化祿入財帛為善緣的，夫妻對待關係好、好姻緣。

5. 夫妻福蔭我收入好，婚後我賺錢順遂。

6. 夫妻是福德的財帛宮，稱為福份財，是命主專屬的財神爺。「事業成就運或田宅運（不動產）」串連夫妻呈旺者，表示財神爺庇蔭護佑著你收入好，一生不缺錢。福份財是沒有蓋子的，容易一生衣食無缺，金錢較不虞匱乏。所以結婚後容易諸事順遂，婚後運氣轉好。

7. 「事業成就運或田宅運（不動產）」串連呈旺者，夫妻是田宅的共宗六位，如果是偏財星「破軍、貪狼、廉貞」化祿，可從事營造業、房產仲介。

8. 「事業成就運」串連呈旺者，夫妻為田宅的共宗六位，可以從事寢具家飾、家電用品、家具、婚友社相關產業。

9. 「事業成就運」串連呈旺者，可以從事「夫妻宮」的相關產業，如喜餅業、婚紗業……。

10. 逢桃花星「廉貞或貪狼」化祿，可以從事特種營業、娛樂業、影藝圈。

11. 逢偏財星「貪狼或廉貞」化祿，有中獎、意外財（夫妻—福份財）的機會，或是發財甚速（會「權」尤佳）。論命時，不可主動建議偏門偏財，只能當事後諸葛印證喔！

夫妻宮化祿入疾厄宮

1. 夫妻的命宮化祿入夫妻宮，配偶容易發胖，也可能較懶散。
2. 配偶對我很體貼、很熱情，容易常常相處在一起。
3. 我的異性朋友對我很體貼。異性緣好，久處容易生情。
4. 如果夫妻化祿入疾厄，串連「遷移+命宮、福德」呈旺者，容易一夜情。
5. 配偶少干涉我的行動自由，婚姻生活悠閒自在。
6. 「家道」沒有破敗傷夫妻，且「家道興隆」串連呈旺者，婚後家運會更興旺。
7. 夫妻是福德的財帛宮，稱為福份財，是命主專屬的財神爺。「事業成就運或田宅運（不動產）」串連夫妻呈旺者，表示財神爺庇蔭護佑著你、體貼你、常親近你。福份財是沒有蓋子的，容易一生衣食無缺，金錢較不虞匱乏。所以結婚後容易諸事順遂，婚後運氣轉好。
8. 「事業成就運或田宅運（不動產）」串連呈旺者，夫妻是田宅的共宗六位，如果是偏財星（破軍、貪狼、廉貞）化祿，可從事營造業、房產仲介。
9. 「事業成就運」串連呈旺者，夫妻為田宅的共宗六位，可以從事寢具家飾、家電用品、家具、婚友社相關產業。

10.「事業成就運」串連呈旺者，可以從事「夫妻宮」的相關產業，如喜餅業、婚紗業……。

11. 逢桃花星「廉貞或貪狼」化祿，可以從事特種營業、娛樂業、影藝圈。

12. 逢偏財星「貪狼或廉貞」化祿，有中獎、意外財（夫妻－福份財）的機會，或是發財甚速（會「權」尤佳）。論命時，不可主動建議偏門偏財，只能當事後諸葛印證喔！

夫妻宮化祿入遷移宮－祿出（照命宮）

1. 夫妻的命宮化祿入遷移宮，配偶有外緣好、親和力強、大方開朗、善於經營社會關係或資源的一面。

2. 配偶親和外緣好又大方開朗，處處幫助我，帶給我順遂如意（照命宮）。

3. 夫妻化「貪狼或廉貞」化祿入遷移，串連「命疾福遷」呈旺者，異性緣旺，善於感情的表露，容易發生桃花，夫妻雙方都有機會。

4. 夫妻化「貪狼或廉貞」化祿入遷移，配偶長相「英俊或漂亮」，桃花魅力顯像於外。

5. 串連「家道興隆、疾厄」呈旺者，婚姻的美好呈現在社會上（祿出於遷移），令人羨慕的婚姻，只羨鴛鴦不羨仙的感情。加「科」：感情羅曼蒂克，特別愉快的戀愛。

6. 串連「命疾福遷」呈旺者，容易感情橫發，一見鍾情，當下意亂情迷，享受著美好的感覺，漫天歡喜，尤其是桃花星「貪狼或廉貞」之化祿，感情迅速增溫，容易有一夜情、閃婚、驛馬情緣。

7. 情緣宮讓我的遷移得祿，表示遇到喜歡的對象時，很會表達情感，且愉悅溢於言表，有感情會喜上眉梢之意，眉目傳情，懂得對方的心意。

8. 串連「家道興隆、事業成就運」呈旺者，婚後諸事順遂如意。

9. 串連「命疾福遷」呈旺者，容易動情，產生劈腿、婚外情。感情氾濫。

10. 家道破敗，串連「命疾福遷」呈旺者，有機會從事特種行業的桃花財（桃花星）。如酒國名花。

11. 夫妻是福德的財帛宮，稱為福份財，是命主專屬的財神爺。「事業成就運或田宅運（不動產）」串連夫妻呈旺者，表示財神爺庇蔭護佑著你。福份財是沒有蓋子的，容易一生衣食無缺，金錢較不虞匱乏。所以結婚後容易諸事順遂，婚後運氣轉好。

12. 「事業成就運或田宅運（不動產）」串連呈旺者，夫妻是田宅的共宗六位，如果是偏財星「破軍、貪狼、廉貞」化祿，可從事營造業、房產仲介。

13. 「事業成就運」串連呈旺者，夫妻為田宅的共宗六位，可以從事寢具家飾、家電用品、家具、婚友社相關產業。

14. 「事業成就運」串連呈旺者，可以從事「夫妻宮」的相關產業，如喜餅業、婚紗業……。

15. 逢桃花星「廉貞或貪狼」化祿，可以從事特種營業、娛樂業、影藝圈。

16. 逢偏財星「貪狼或廉貞」化祿，有中獎、意外財（夫妻—福份財）的機會，或是發財甚速（會「權」尤佳）。論命時，不可主動建議偏門偏財，只能當事後諸葛印證喔！

17. 典型生張熟魏的桃花財，容易是疾厄飛桃花星化祿、權入財帛宮或事業宮、兄弟宮、田宅宮等，串連多祿後轉忌忌出。

夫妻宮化祿入交友宮

1. 夫妻的命宮化祿入交友宮，配偶人緣好。
2. 配偶能與我的朋友打成一片，對我來說，我的配偶開明識大體。
3. 婚後我的人緣變好了，因為我的配偶與我的朋友相處融洽。
4. 交友是夫妻的疾厄宮，婚姻的指標位：我婚後容易出雙入對，與朋友往來，令朋友羨慕。
5. 我的婚姻得到朋友的祝福。
6. 配偶不會干涉我交朋友。

夫妻宮化祿入事業宮－直接祿出

1. 夫妻的命宮化祿入命宮，配偶工作順遂，點子多，表現好。
2. 我的配偶蔭（幫助）我的事業，婚後工作順遂。
3. 我的異性朋友蔭（幫助）我的事業，工作上常得異性朋友之助。
4. 可以與異性合作，或以異性為客戶對象，或以異性為下屬，可以助我工作推展順利。
5. 異性佔有半邊天，來自四面八方，代表四方有財，加強公關、業務、文宣、廣告對我的工作推展有幫助。
6. 夫妻是遷移的事業宮，稱為出外運氣位，所以適合從事進出口貿易。
7. 夫妻是福德的財帛宮，稱為福份財，是命主專屬的財神爺。「事業成就運或田宅運（不動產）」串連夫妻呈旺者，表示財神爺庇蔭護佑著你。福份財是沒有蓋子的，容易一生衣食無缺，金錢較不虞匱乏。所以結婚後容易諸事順遂，婚後運氣轉好。
8. 「事業成就運或田宅運（不動產）」串連呈旺者，夫妻是田宅的共宗六位，如果是偏財星「破軍、貪狼、廉貞」化祿，可從事營造業、房產仲介。
9. 「事業成就運」串連呈旺者，夫妻為田宅的共宗六位，可以從事寢具家飾、家電用品、家具、婚友社相關產業。

10. 「事業成就運」串連呈旺者，可以從事「夫妻宮」的相關產業，如喜餅業、婚紗業……。

11. 串連「命疾福遷」呈旺者，逢桃花星「廉貞或貪狼」化祿，可以從事特種營業、娛樂業、影藝圈。

12. 逢偏財星「貪狼或廉貞」化祿，有中獎、意外財（夫妻—福份財）的機會，或是發財甚速（會「權」尤佳）。論命時，不可主動建議偏門偏財，只能當事後諸葛印證喔！

13. 如果是桃花星「廉貞或貪狼」化祿，配偶容易有婚外情（事業為夫妻之外的感情）。

14. 串連「命疾福遷」呈旺者，逢桃花星「廉貞或貪狼」化祿，我容易有婚外情。

15. 夫妻祿出，串連「家道興隆、疾厄」呈旺者，婚姻的美好呈現於外，出雙入對。加「科」：感情羅曼蒂克。

夫妻宮化祿入田宅宮—

1. 夫妻的命宮化祿入田宅宮：配偶帶給家庭歡樂，生活愉悅，財產增進，容易有財產。

2. 我的配偶蔭（幫助）我田宅，若「事業成就運或田宅運（不動產）」串連夫妻呈旺者，婚後家運興隆。

3. 配偶主動與我的家人做良性互動往來，心量大，相處和樂融洽。
4. 我的配偶帶給我的家庭歡樂，生活愉悅。
5. 我的配偶福蔭我的財產，或得妻財，婚後我的財產增進。我容易因為結婚而置產。結婚是否置產，仍舊須以田宅所化為衡量準繩。或得到配偶的幫助而置產。
6. 異性福蔭我財產增進。
7. 我的家方便異性朋友出入，容易有異性介入我的家庭、婚姻，所以如果沒有離婚格，而此事又串連「家道」呈旺，很容易有雙妻的現象，尤其是夫妻化桃花祿。
8. 我的婚姻不必讓家人操心，且得到家人的祝福。
9. 田宅為歡樂宮，代表婚姻帶給我生活上或物質上的快樂，經濟寬裕。
10. 夫妻為福份財，幼年時期家境好，一生衣食無缺。
11. 夫妻是福德的財帛宮，稱為福份財，是命主專屬的財神爺。「事業成就運或田宅運（不動產）」串連夫妻呈旺者，表示財神爺庇蔭護佑著你的家道興隆、財產興旺。福份財是沒有蓋子的，容易一生衣食無缺，金錢較不虞匱乏。所以結婚後容易諸事順遂，婚後運氣轉好。
12. 「事業成就運或田宅運（不動產）」串連呈旺者，夫妻是田宅的共宗六位，如果是偏財星「破軍、貪狼、廉貞」化祿，可從事營造業、房產仲介。

13. 「事業成就運」串連呈旺者，夫妻為田宅的共宗六位，可以從事寢具家飾、家電用品、家具、婚友社相關產業。
14. 「事業成就運」串連呈旺者，可以從事「夫妻宮」的相關產業，如喜餅業、婚紗業……。
15. 串連「命疾福遷」呈旺者，逢桃花星「廉貞或貪狼」化祿，可以從事特種營業、娛樂業、影藝圈。
16. 逢偏財星「貪狼或廉貞」化祿，有中獎、意外財（夫妻—福份財）的機會，或是發財甚速（會「權」尤佳）。論命時，不可主動建議偏門偏財，只能當事後諸葛印證喔！

夫妻宮化祿入福德宮—照財帛

1. 夫妻的命宮化祿入命宮，配偶個性樂觀知足，隨遇而安，懶散有福。
2. 我的配偶很懂我，總是能夠感受到我的需求，進而主動滿足我的需求，或者未卜先知的為我準備我所需要的，設想周到，讓我備感窩心。
3. 配偶是我福、庇蔭我。我們是善緣的。天賜良緣。配偶賢良。
4. 有緣異性朋友，也都蠻懂我的，總是能夠感受到我的需求，進而主動滿足我的需求，或者未卜先知的為我準備我所需要的，設想周到，讓我備感窩心。異性是我福、庇蔭我。我們是善緣的。

5. 「命疾福遷」串連「貪狼或廉貞」呈旺者，很多懂我的有緣異性會主動接近我對我好，容易引發我外遇或劈腿的機會。

6. 以異性為客戶對象、或生意、或合夥人、或上司下屬員工下線，我容易獲得異性的庇蔭，他們都很容易感受到我的需求，進而主動滿足我的需求，或者未卜先知的為我準備我所需要的，設想周到，讓我備感窩心。

7. 夫妻化祿入福德宮，代表在婚姻上心想事成，婚姻的結果讓我心滿意足，配偶是我喜歡的對象，所以此婚緣為天賜良緣，善緣的婚姻。

8. 夫妻化祿入福德，照財帛宮，滿意我的婚姻且收入或生活開銷用度免煩惱，婚後諸事如意。

9. 夫妻是福德的財帛宮，稱為福份財，是命主專屬的財神爺。「事業成就運或田宅運(不動產)」串連夫妻呈旺者，表示財神爺庇蔭護佑著你一生衣食無缺，金錢較不餘匱乏。福份財是沒有蓋子的，容易一生衣食無缺，金錢較不虞匱乏。所以結婚後容易諸事順遂，婚後運氣轉好。

10. 「事業成就運或田宅運(不動產)」串連呈旺者，夫妻是田宅的共宗六位，如果是偏財星「破軍、貪狼、廉貞」化祿，可從事營造業、房產仲介。

11. 「事業成就運」串連呈旺者，夫妻為田宅的共宗六位，可以從事寢具家飾、家電用品、家具、婚友社相關產業。

12.「事業成就運」串連呈旺者，可以從事「夫妻宮」的相關產業，如喜餅業、婚紗業……。

13. 串連「命疾福遷」呈旺者，逢桃花星「廉貞或貪狼」化祿，可以從事特種營業、娛樂業、影藝圈。

14. 逢偏財星「貪狼或廉貞」化祿，有中獎、意外財（夫妻—福份財）的機會，或是發財甚速（會「權」尤佳）。論命時，不可主動建議偏門偏財，只能當事後諸葛印證喔！

15.「家道、婚姻」沒破，且串連呈旺者，外遇不容易出事，且有雙妻之福，得其財，得妻助。

16. 格局不佳者，當小白臉也容易混吃喝。

夫妻宮化祿入父母宮—祿出

1. 我「夫妻的命宮」化祿入父母宮，配偶長輩緣好、脾氣好、開明，親和討喜。

2. 我的配偶長輩緣好，很得父母歡心。

3. 有感情時，喜形於色，喜上眉梢，很快的曝光。或婚期近矣（父母—婚姻的田宅）。

4. 名正言順的婚姻（父母為文書宮）。被祝福的婚姻。

5. 善於感情的表達。

6.「家道、婚姻」沒有破敗，且「家道」串連呈旺者，少有婆媳問題，婚後可與父母同住。

7. 夫妻蔭我讀書緣，「讀書運」呈旺者，婚後仍有讀書緣。

8. 夫妻是福德的財帛宮，稱為福份財，是命主專屬的財神爺。「事業成就運或田宅運（不動產）」串連夫妻呈旺者，表示財神爺庇蔭護佑著你一生衣食無缺，金錢較不餘匱乏。福份財是沒有蓋子的，容易一生衣食無缺，金錢較不虞匱乏。所以結婚後容易諸事順遂，婚後運氣轉好。

9.「事業成就運或田宅運（不動產）」串連呈旺者，夫妻是田宅的共宗六位，如果是偏財星「破軍、貪狼、廉貞」化祿，可從事營造業、房產仲介。

10.「事業成就運」串連呈旺者，夫妻為田宅的共宗六位，可以從事寢具家飾、家電用品、家具、婚友社相關產業。

11.「事業成就運」串連呈旺者，可以從事「夫妻宮」的相關產業，如喜餅業、婚紗業……。

12. 串連「命疾福遷」呈旺者，逢桃花星「廉貞或貪狼」化祿，可以從事特種營業、娛樂業、影藝圈。

第二節　夫妻宮化權入十二宮

夫妻化權入B宮，推理解釋：

配偶，幫助或掌控我的B宮，使我婚後在B宮的表現更好或更順遂。

異性，幫助或掌控我的B宮，使我B宮的表現更好或更順遂。

夫妻宮化權入命宮

1. 夫妻的命宮化權入命宮，等同生年權坐夫妻的命宮：配偶是個有主見、有自信、有能力的人。
2. 我容易獲得配偶的幫助，配偶來成就我，結婚後比較容易有所成就。
3. 我容易獲得異性的幫助，異性來成就我。
4. 在婚姻的相處上，配偶會約束我、管我。
5. 配偶有主見（婚姻需多包容）。
6. 六親化權入命宮，為六親有主見，會約束我，管我。
7. 六親化權入遷移，為六親是能幹型的人物，權沖我的命宮，會干涉我的外在表現，或是引領我往前走的人（領導）。

8. 串連「家道興隆」多祿呈旺者，一生衣食無憂（夫妻為福份財）。

夫妻宮化權入兄弟宮

1. 夫妻的命宮化權入兄弟：配偶有事業發展的企圖心，有領導能力（權沖交友）。
2. 串連「事業成就運或家道興隆」多祿呈旺者，婚後容易事業有成，經濟活絡，物質生活好。
3. 我的配偶容易有事業成就，是一個事業發展比較能幹型的人。我的配偶擅長理財「掌控財庫（兄弟是財帛的田宅）」。配偶的體質強健（兄弟是疾厄的事業），健康有活力。
4. 我的配偶在我的兄弟間佔權，如果我是男命，容易引發妯娌的問題。

夫妻宮自化權出－照事業

1. 夫妻的命宮自化權出：配偶的個性比較自負，但卻少了定見，不自覺地「愛膨風」。好像很積極，但是不夠堅持，容易是雷聲大雨點小，虎頭蛇尾的現象。容易任性、自以為是、見異思遷、反反覆覆。
2. 婚姻生活的過程，容易各有各的想法，各有各的志向，要多溝通，尋求共識，才能降低阻礙。

夫妻宮化權入子女宮

1. 夫妻的命宮化權入子女宮：配偶對子女的管教比較嚴格。
2. 配偶對性的需求較高，如果是化「貪狼權」，嚴重者容易縱慾過度。

夫妻宮化權入財帛宮

1. 夫妻的命宮化權入財帛宮：配偶比較愛管錢，愛賺大錢，比較敢賺敢花，賺錢的能力強。
2. 我婚後容易收入好，或異性成就我賺錢，或異性客戶帶給我好收入。
3. 我的配偶愛管我生活上的花費，所以生活上的瑣事容易是配偶掌權。

夫妻宮化權入疾厄宮

1. 夫妻的命宮化權入疾厄宮：配偶愛運動，健康有活力，肢體動作比較大，因此個性表現給人的感覺會比較粗枝大葉，比較乾脆。
2. 配偶愛干涉我的行動，嚴重者緊迫盯人。
3. 我與配偶談戀愛時，配偶比較主動、比較熱情。

夫妻宮化權入遷移宮─權出（照命宮）

1. 夫妻的命宮化權入遷移宮：配偶的自信、主見、能力外顯，因此我的配偶觀察力敏銳、決斷力強、行動力強、有膽識、有獨當一面的能力。
2. 我結婚之後比較有能力，配偶會幫助我開創。
3. 我容易交到在社會上有份量、有地位的異性朋友。
4. 我的配偶會干涉我的外在表現，是配偶領導我往前走。

夫妻宮化權入交友宮

1. 夫妻的命宮化權入交友宮：配偶在朋友間佔權，會主動介入人際事務，比較雞婆的幫助或干涉朋友。
2. 「婚姻格局」多祿串連呈旺者，婚禮場面會比較大。權為壯盛，展現在人際間，尤其又串連「福德化權，同星曜父母或遷移化祿來會」，好大喜功，虛華重排場。
3. 「命、疾、福」多祿串連呈旺者，結婚後我的朋友變多了，而且容易交到有成就的朋友。配偶來成就我的人際交往。
4. 我的配偶會干涉、篩選我的人際交往。

夫妻宮化權入事業宮－直接權出

1. 夫妻的命宮化權入事業宮：配偶工作能力強，我的配偶容易有成就。
2. 夫妻直接化權入對宮，表示配偶個性直衝，逢忌則衝動無智壞事，同星曜更為嚴重。
3. 配偶幫助我在工作上的發展，「事業成就運」串連呈旺者，婚後工作或事業發展比較強勢。
4. 異性幫助我在工作上的發展，異性客戶或異性員工對我的工作或事業發展幫助大。
5. 「家道興隆、事業成就運」串連呈旺者，我和配偶可以共同創業。適合先成家後立業。

夫妻宮化權入田宅宮

1. 夫妻的命宮化權入田宅宮：配偶在家佔權，擅長操持家務。
2. 「家道興隆」串連呈旺者，我結婚後容易購置不動產。再串連「事業成就運」，我結婚後容易賺錢比較順遂。
3. 配偶在家佔權，家裡配偶說了算。

夫妻宮化權入福德宮－照財帛

1. 夫妻的命宮化權入福德宮：配偶好勝心強、不認輸，敢賺敢花，嚴重者奢侈浪費，尤其是貪狼權。

2. 我結婚之後，物質生活比較優渥，容易浪費。

3. 婚後收入會比較好（福德坐權，照財帛）。

4. 配偶對我的期望高。

5. 我與配偶談戀愛，多是配偶主動。

6. 配偶霸道。

夫妻宮化權入父母宮－權出

1. 夫妻的命宮化權入父母宮：如果修養不好，我的配偶說話容易得理不饒人，說話總要佔上風。也容易比較傲慢無禮。

2. 如果修養好，我的配偶是比較會讀書，見多識廣，說話義正辭嚴。

3. 對我而言：如果我的配偶修養較差（家道不興呈敗者，串連夫妻宮），容易對我的父母頤指氣使，傲慢無禮。

4. 如果修養好（家道不敗，且家道興隆，串連夫妻呈旺者），容易幫助我建立與我父母的好關係。

5. 我的配偶容易主動促成結婚（父母為夫妻的田宅，引申為婚姻的家），也容易是公證結婚（父母為庇蔭我者，引申為政府機關，也是文書宮）。

6. 結婚後適合獨立小家庭。

第三節　夫妻宮化科入十二宮

夫妻化科入B宮，推理解釋：

配偶禮教制約於B宮，理智緩行於B宮，配偶對B宮的人事物，理智平和、慢條斯理。配偶對我B宮的的人事物，小有幫助。

異性禮教制約於B宮，理智緩行於B宮，對我B宮的的人事物，小有幫助。

夫妻宮化科入命宮

1. 夫妻的命宮化科入命宮，等同生年科坐夫妻的命宮：配偶個性溫和，有氣質。
2. 我在感情上的態度是細水長流、拖泥帶水的，容易情斷緣未了。
3. 我的配偶對我客客氣氣，禮貌性往來。

夫妻宮化科入兄弟宮

1. 夫妻的命宮化科入兄弟宮：配偶會理財，量入為出，經濟平穩。
2. 婚後配偶理財，量入為出，經濟平穩。

3. 我婚後仍可能與婚前情緣搭上線（串連性格和夫妻宮多祿呈旺者）。

夫妻宮自化科出－照事業

1. 夫妻的命宮自化科出：配偶斯文秀氣，容易優柔寡斷。
2. 有感情若有似無的一面，主要是要觀察化祿化忌的串連。

夫妻宮化科入子女宮

1. 夫妻的命宮化科入子女宮：配偶民主式的教育小孩。
2. 我的配偶民主式的教育我們小孩。
3. 離婚後，元配和二婚對象可能認識，或有往來聯繫。

夫妻宮化科入財帛宮

1. 夫妻的命宮化科入財帛宮：配偶會理財，記流水帳，量入為出（生活上的花費，如柴米油鹽醬醋茶、食衣住行育樂）。
2. 婚後配偶理財，量入為出。

3. 婚姻生活比較樸實，是一種理智的對待關係，化科會比較注重精神生活，非物質生活，生活所需是量入為出的，計畫性消費。財帛為夫妻的夫妻，是婚姻的對待關係位。

夫妻宮化科入疾厄宮

1. 夫妻的命宮化科入疾厄宮：配偶不胖不瘦，同星曜逢生年祿或命祿，身形優雅有氣質，個性不疾不徐。
2. 感情表現柔情含蓄，加祿會羅曼蒂克，像瓊瑤式的愛情。
3. 感情易細水長流般的拖泥帶水，情斷緣未了、藕斷還絲連。

夫妻宮化科入遷移宮－科出（照命宮）

1. 夫妻的命宮化科入遷移宮：配偶秀外慧中有氣質，
2. 科出，表科名在外。婚姻好名聲。
3. 配偶對我的外在表現不會強加干涉，理智平和的對待。

夫妻宮化科入交友宮

1. 夫妻的命宮化科入交友宮：配偶與朋友是禮貌性的往來，君子之交，對朋友謙恭有禮。
2. 夫妻間的感情生活，比較重視精神層面，感情重感覺不重激情。
3. 配偶對我的人際交往，理智平和對待，不會強加干涉。
4. 我的配偶與我的朋友禮貌性往來，對我的朋友客客氣氣，謙恭有禮。

夫妻宮化科入事業宮—直接科出

1. 夫妻的命宮化科入事業宮：配偶工作平穩、慢工出細活、細緻。
2. 夫妻直接科出，配偶個性科名在外，斯文秀氣。
3. 我婚後工作平穩。
4. 我與配偶容易是在職場上相識，我的配偶對我的工作小有助益。

夫妻宮化科入田宅宮

1. 夫妻的命宮化科入田宅宮：配偶會理家，操持家務有條不紊，把家中環境弄得乾淨舒適，還有書香氣息。我的配偶理財，量入為出。

2. 我婚後的家乾淨舒適，有書香氣息，量入為出。
3. 我的配偶客客氣氣、謙恭有禮的對待家人。

夫妻宮化科入福德宮－照財帛

1. 夫妻的命宮化科入福德宮：配偶重視精神生活，物質生活恬淡。
2. 「命宮、疾厄、福德、夫妻」同星曜串連呈旺者，我的配偶柔情款款、精神契合、羅曼蒂克。
3. 我的配偶重視精神生活，感情生活恬淡愉快。

夫妻宮化科入父母宮－科出

1. 夫妻的命宮化科入父母宮：配偶斯文秀氣，與人言談輕聲細語、客客氣氣。尤其是對長輩或父母。
2. 科出於人際三方，在朋友間，婚姻的名聲好。
3. 配偶對我的父母或長輩，說話客客氣氣的，很有禮貌。

第四節 夫妻宮化忌入十二宮

夫妻化忌入B宮，推理解釋：

當B宮為「人」的宮位時：

1. 人對人：配偶干涉或阻礙我與B宮的人交往，或帶給對方壓力，或不舒服、不愉快。
2. 事對人：婚事影響我B宮的人，不被看好，或不被祝福。

當B宮為「事」的宮位時：

1. 人對事：配偶影響或阻礙我B宮相關事情的發展。
2. 事對事：婚事影響我在B宮的相關事情，產生不良影響。

夫妻宮化忌入命宮—沖遷移

1. 夫妻的命宮化忌入命宮，視同夫妻的命宮坐生年忌：配偶有固執不好溝通的一面。
2. 凡任何宮化忌入「命、疾、福」者，皆為債。債，為責任、義務、不得不付出。命主往往視為理所當然、應該做的事。
3. 夫妻宮化忌入命宮，為欠夫妻債。欠債的婚姻或欠感情債，婚姻的事帶給我諸多煩惱。

4. 配偶容易處處干涉我，或配偶緊迫盯人，帶給我諸多壓力和苦悶。

5. 配偶不是我真正喜歡的對象。「家道不興」串連多忌呈破者，容易遇到錯誤的對象，造成我的苦難。

6. 或異性小人糾纏，容易遇到錯誤對象，對我糾纏不已。

7. 「事業成就運」多忌串連呈破者，異性緣不佳，不適合異性合夥（破命宮）。

8. 婚後個性容易漸漸收斂而孤獨（忌沖遷移）。

9. 婚姻或感情生活容易不能如願，帶給我壓力和苦惱。

10. 福德三方忌入命，天不從人願。所以沒有賭或投機的命，沒有不勞而獲的條件。

11. 欠夫妻債者，沒有外遇的條件，沒有雙妻命，尤其「家道不興、婚姻格局」呈敗者。

夫妻宮化忌入兄弟宮－沖交友

1. 夫妻的命宮化忌入兄弟宮：配偶忌入收藏三方者，個性沉穩內斂、保守穩重、心思比較深沉、私心較重，沖交友三方，少社交活動。

2. 配偶主動照顧兄弟手足，疼惜兄弟手足情緣。

3. 「家道不興」多忌串連呈敗者，先生與兄弟計較而生爭執或困擾，婚後兄弟間的感情漸漸變淡了。婚後也不適合在家族事業共事。

4. 沖交友，婚後，朋友間會逐漸地較少往來。

5. 我的配偶忙於工作，導致婚姻上的相處時間少、或少閨房之樂、或草率房事（沖交友，婚姻共宗六位）（兄弟也是夫妻的夫妻的田宅，論主臥室）。

6. 配偶干涉我的事業或經濟。不適合共事。

7. 婚事上，兄弟幫忙操心、操辦。

8. 我的婚事比較得不到朋友的祝福（沖交友）。

9. 婚後我的事業成就下滑或收入下滑。

10. 婚姻生活漸趨冷淡，沖交友，婚姻共宗六位。交友論感情或婚姻的甜蜜度。婚姻倦怠症候群。

11. 「事業成就運」多忌串連呈破者，異性緣不佳，不適合異性合夥（破兄弟，事業成就位）。

夫妻宮自化忌出－沖事業（力量減半）

1. 夫妻的命宮自化忌出：配偶個性大而化之，船過水無痕，忘性。

2. 凡是六親宮自化忌出，皆有緣份淺薄之意，情緣疏離，各自為政，家道不星多忌沖或忌入，就會逃避責任，或是少了責任心。

3. 自化忌出，為對該宮位的漫不經心、不用心經營，導致緣淡情疏。夫妻宮自化忌出，則夫妻間的感情疏離。

4.「婚姻格局」呈破者，貌合神離、感情生了離心力。

5. 沖事業。自化忌出者，因為力道散開了，所以沖的力量減弱了，如蓮蓬頭；坐紮實忌，如同一條水柱，力量集中且大。自化忌，就如同蓮蓬頭轉成天女散花似的多水柱，力量分散且弱化很多。

6. 命盤十二宮之化象，皆涉及命造主人之個性。

7. 譬如夫妻宮坐生年忌，而常聞當事者言其遇人不淑。實則於相對論的道理上，必也是命造主人之於感情不夠理智、冷靜的遭遇；也就是說，此命造主人必不善於處理感情事而得的結果。

8. 凡是都容易出自於初始的沒有太用心，而伸出了兩個巴掌，由此而衍生了命運的軌跡。

9. 又譬如夫妻宮自化忌，別只怨配偶的有口無心，造成婚姻不能精神契合，實則也需要檢討於己身，對於婚姻的經營態度，是真用心了嗎？以上所言，是初學者必須具備的重要觀念。

夫妻宮化忌入子女宮－沖田宅

1. 夫妻的命宮化忌入子女宮：配偶疼小孩，喜歡往外跑，在家待不住。如果是「貪狼或廉貞」

化忌，容易縱慾過度。

2. 配偶疼我們的小孩。
3. 配偶會干涉我的合夥事業。
4. 「事業成就運」多忌串連呈破者，異性緣不佳，不適合異性合夥（沖田宅）。
5. 「婚姻格局」串連呈敗者，婚姻若有問題，將會造成小孩的困擾、負擔、擔心、陰影。
6. 夫妻化「貪狼或廉貞」忌，婚外情破壞家庭。
7. 「婚姻格局」串連呈敗者，夫妻化忌沖田宅，配偶與我家沒緣，婚後適合小家庭。
8. 「婚姻格局」串連呈敗者，最好是維持「四不政策」，感情的品質才得以維繫得比較好或時間長久。
9. 四不政策：不結婚、不生小孩、不同居、不要有借貸性的金錢往來。

夫妻宮化忌入財帛宮—沖福德

1. 夫妻的命宮化忌入財帛宮：配偶計較錢、愛賺錢、賺錢辛苦。
2. 配偶干涉我用錢，或讓我用錢不方便，或會計較我用錢，沖福德，為錢傷神、傷感情。
3. 夫妻不適合共同經營事業，為錢為事業、傷神傷感情。

4. 「家道不興」串連呈敗者，婚後我的收入減少，容易造成貧賤夫妻百事哀。

5. 夫妻化忌入夫妻的夫妻，相欠債的婚姻。婚姻對待關係不好，容易多爭執或相處冷淡。或溝通欠佳，或相處越來越無趣。

6. 婚後要謹慎理財，避免為財傷感情。

7. 福德三方忌入財帛，天不從人願。所以沒有賭或投機的命，沒有不勞而獲的條件。

8. 夫妻化「貪狼或廉貞」忌，桃花破財傷感情。

9. 「事業成就運」多忌串連呈破者，異性緣不佳，不適合異性合夥（沖福德）。

夫妻宮化忌入疾厄宮－沖父母

1. 夫妻的命宮化忌入疾厄宮：配偶個性勤奮勞碌，閒不住。

2. 談戀愛時，容易形影不離。結婚後，配偶習慣性的黏著我（或是習慣我在他身邊），或像跟屁蟲一樣的跟在我身邊。嚴重者容易緊迫盯人。

3. 忌入命為「勞心」；忌入疾厄為（勞力）；忌入福德為「勞神勞煩」。配偶或異性讓我忙碌。

4. 忌入「命、疾、福」為糾纏著我：配偶或異性糾纏著我。

5. 欠婚姻債，為婚姻而忙碌。或婚後更忙碌。

6. 「婚姻格局」多忌串連呈破者，婚後要獨立的小家庭，絕對不可與父母同住。

7. 婚姻生活比較沒有情趣、緊張、刻板，容易是公式化的感情生活模式。

8. 「命、疾、福、遷」串連呈破者，夫妻化「貪狼或廉貞」忌，容易桃花纏身。夫妻化「太陰或巨門」忌，異性小人纏身。

9. 「命、疾、福、遷」串連呈破者，夫妻化「（貪狼或廉貞）＋（太陰或巨門）」忌，容易「桃花＋小人」纏身，容易是被騙的感情，或是引人非議的地下情。

10. 「事業成就運」多忌串連呈破者，異性緣不佳，不適合異性合夥。

夫妻宮化忌入遷移宮－忌出，沖命宮

1. 夫妻的命宮化忌入遷移宮：配偶有耿直善良、心直口快的一面。

2. 我的配偶耿直善良、心直口快，帶給我壓力和困擾（沖命宮）。

3. 我的配偶耿直善良，比較沒有情趣。

4. 任何宮位化忌入遷移時，表示該宮位的事情出現時，我的腦袋就浸水了，總是不得要領、拙於處理，或處理不當不夠周全，或根本搞不清楚狀況、看不懂聽不懂。觀察力趨近於零，被動、無法做出正確判斷。後知後覺，甚至不知不覺。

5. 導致該宮位的事情忌出，忌出消散，沒了，重來，又重蹈覆轍。沖命宮，帶給自己無盡的感傷啊！

6. 夫妻為情緣宮，忌出遷移，面對感情時，永遠搞不清楚對方的郎情妾意，導致感情緣不斷地流失掉，容易有長時間的形單影隻，抱憾終身啊！

7. 婚姻忌出，拙於婚姻或感情的經營，造成婚姻上貌合神離，感情緣淡情疏，終致煙消雲散，夫妻間沒有向心力。

8. 「命、疾、福、遷」串連呈破者，夫妻化「（貪狼或廉貞）＋（太陰或巨門）」忌，容易是被騙的感情，或是引人非議的地下情。

9. 「事業成就運」多忌串連呈破者，異性緣不佳，不適合異性合夥（沖命宮）。

10. 福德三方互忌，天不從人願。所以沒有賭或投機的命，沒有不勞而獲的條件。

夫妻宮化忌入交友宮－沖兄弟

1. 夫妻的命宮化忌入交友宮：配偶個性有仗義疏財的一面。

2. 我的配偶容易心向朋友，而忽略我。

3. 我的配偶干涉我的人際交往，導致婚後朋友變少。

4. 我的婚姻比較得不到朋友的祝福。
5. 交友為夫妻的疾厄，論婚姻感情的甜蜜度，夫妻化忌入交友，導致婚姻生活的感情甜蜜度下降收斂，婚姻生活容易刻板無趣、公式化，沒有激情。
6. 沖兄弟（主臥室），容易閨房空虛。
7. 「事業成就運」多忌串連呈破者，異性緣不佳，不適合異性合夥（沖兄弟，事業成就位）。

夫妻忌入事業－直接忌出（回沖夫妻）

1. 夫妻的命宮化忌入事業：配偶個性心直口快，口無遮攔，但敬業工作認真。
2. 我的配偶個性心直口快，如果化「太陰或巨門」忌，容易引發口舌是非。
3. 我的配偶干涉我的事業，不適合共同經營事業。容易多意見、口舌之爭。
4. 「事業成就運」多忌串連呈破者，異性緣不佳，不適合異性合夥，破事業宮。
5. 我的婚姻忌出，感情容易貌合神離，沒有向心力。「婚姻格局」多忌串連呈破者，為離婚格，一拍兩散。
6. 福德三方忌入沒營三方（命宮、財帛、事業）者，天不從人願。所以沒有賭或投機的命，沒有不勞而獲的條件。

夫妻宮化忌入田宅宮－沖子女

1. 夫妻的命宮化忌入田宅宮，配偶個性沉穩內斂，心思深沉，私心重，只顧自家人，「非我族類，其心必異」的觀念很重。
2. 配偶會造成家人的困擾，愛計較，私心較重，婚後適合獨立門戶。
3. 我的配偶勤儉顧家，但容易不懂情趣（田宅為歡樂宮）。
4. 「家道不興」串連夫妻呈敗者，配偶沒有蔭家庭、財產。
5. 「家道不興」串連夫妻呈敗者，且串連「廉貞或貪狼」化忌者，桃花敗財產或破婚姻。
6. 我的婚姻比較沒能得到家人的祝福。
7. 「家道不興」串連夫妻呈敗者，婚姻沒有蔭家庭或財產，婚後財產有一段時間會減少。婚後須多努力。
8. 沖子女，配偶內斂的性格，少有親子溝通，容易有代溝。
9. 婚姻的破敗，沖激著子女，有如烏雲罩頂，影響小孩的心理狀態。

夫妻宮化忌入福德宮－沖財帛

1. 夫妻的命宮化忌入福德宮：配偶個性憂疑挑剔、龜毛，容易緊張焦慮，自尋煩惱，重享受捨得花錢。

2. 配偶讓我煩惱，「家道不興」串連夫妻呈敗者，為惡緣的感情。

3. 「命宮、疾厄、福德、遷移」串連夫妻呈破者，異性小人糾纏。容易遇到錯誤對象對我糾纏不已，尤其是「（太陰或巨門）+（廉貞或貪狼）」化忌串連。

4. 「家道不興」串連夫妻呈敗者，容易是惡緣的婚姻或惡緣的感情。欠婚姻債、感情債。

5. 婚姻或感情生活，總是天不從人願，帶給我諸多煩惱、困擾和痛苦。

6. 福德三方互忌，天不從人願。所以沒有賭或投機的命，沒有不勞而獲的條件。

7. 「事業成就運」多忌串連呈破者，異性緣不佳，不適合異性合夥（破福德，沖財帛）。

夫妻宮化忌入父母宮—沖疾厄

1. 夫妻的命宮化忌入父母宮：配偶有怒形於色、嚴肅、情緒波動大、不善表達的一面。

2. 「家道不興」串連夫妻呈敗者，我的配偶怒形於色、嚴肅、不善與父母長輩交流，因此與父母相處不好，帶給父母不愉快，頗有微詞。婚後適合小家庭。

3. 「家道不興」串連夫妻呈敗者，配偶怒形於色，沖我疾厄，彼此容易失和冷戰，我需要多忍讓。

4. 「家道不興」串連夫妻呈敗者，我的婚姻讓父母擔心。

5. 「家道不興」串連夫妻呈敗者，我的婚姻比較得不到父母的祝福。

6. 「家道不興」串連夫妻呈敗者，容易同居而沒有名份（父母為文書宮）。

7. 父母為夫妻的田宅，也是離婚的必要宮位，名份消失。假離婚變真離婚。

8. 夫妻容易不同戶籍（必須有戶籍星：巨門）。

9. 婚姻不美滿容易鄰里皆知。忌出，呈現於外。

10. 「事業成就運」多忌串連呈破者，異性緣不佳，不適合異性合夥（破父母為忌出）。

11. 夫妻忌入父母，在感情上不想曝光，怕見光死。怕影響到長輩的心情，然後就有長輩的壓力，父母不同意就分手了。

12. 配偶命忌入父母，是孝順的、不苟言笑的、個性直率的。怕帶回家，惹長輩不高興。

13. 可能另一半有什麼見不得人的事情，所以，不想曝光。比如說另一半是一個有官司、犯罪的。

14. 可能另一半跟命主的背景、條件差太多了，公主跟乞丐，門戶不對。

15. 可能另一半跟命主不想去，或是無法去登記，成為有名份的夫婦關係。所以夫妻忌入父母，容易是低調的感情上的想法跟做法。

第六章

子女宮四化入十二宮的推理解釋

第六章 子女宮四化入十二宮的推理解釋

第一節 子女宮化祿入十二宮

子女宮是子女緣、教養子女的態度與表現、子息緣、小輩緣、學生緣、下屬、下游廠商、弱勢族群、寵物、桃花宮、外遇位、性功能性生活位、老運、晚景、意外位、業力病、根器宮、二婚對象位、妯娌位、親戚緣份位、合夥緣份位、短期短程的出外緣位、子女相關產業。

子女化祿入B宮，推理解釋：

子女福澤於B宮，而我也獲得「子女福澤B宮」的喜悅。

子女庇蔭我的B宮，我生小孩後，在B宮的表現更好或更順遂。

當B宮為「人」的宮位時：

1. 人對人：我的子女主動和我B宮的人親近，相處融洽。「家道」沒有大破，且「家道興隆」串連子女旺者，子女（兒子才屬於男丁）化祿才得以發揮。

2. 事對人：子女相關產業庇蔭我B宮的人。

當B宮為「事」的宮位時：

1. 人對事：我的子女主動幫助我B宮的相關事情。「家道」沒有大破，且「家道興隆」串連子女呈旺者，子女（有血緣的親兒子）化祿才得以發揮。

2. 事對事：我生小孩之後，幫助我在B宮的相關事情上順遂。「家道」、「事業成就運」、「健康相關宮位」串連呈旺者，相關事態的祿，才能發會作用喔！

子女宮化祿入命宮

1. 長子的命宮化祿入命宮，等同生年祿坐長子的命宮：長子性格通情達理好商量。

2. 子女帶給我快樂，容易主動親近我，比較不會讓我擔憂。容易生兒子。

3. 子女為小輩，適合以小朋友或年輕客群為主的業務或生意。例如：幼教、托嬰、兒童用品、青少年服飾……等。

4. 子女宮為親戚位、姻親。姻親會主動來找我串門子，或容易多往來。

5. 子女為福德的共宗六位，論晚景。「家道沒破且家道興隆」串連呈旺者，表示晚年生活品質好，容易有子女可以依靠。

6. 子女為福德的共宗六位，遇意外時，容易遇難呈祥。若串連「疾厄、遷移、福德、田宅」呈旺，常禍不臨身。福德、子女、遷移是無形世界的三個宮位，又與健康的福份息息相關。

7. 子女為短程的來回驛馬位，出外有錢賺。適合跑業務。

8. 性生活較美滿。化「廉貞或貪狼」祿，防桃花外遇。

9. 「命宮、疾厄、福德」與子女串連呈旺者，子女為婚後的感情，論外遇，也是桃花宮，化「貪狼或廉貞」祿，容易引發外遇、桃花。

10. 「健康相關宮位」串連呈旺者，我的性能力蠻好的，尤其是「貪狼或廉貞」化祿。可促進閨房樂趣。

11. 「事業成就運」串連子女呈旺者，適合從事子女相關產業，或是以子女為客戶對象的業務或生意。

12. 「事業成就運」串連子女呈旺者，子女為合夥緣，找人合夥發展事業，可以賺錢；再串連田宅呈旺者，可以致富，尤其是串連到「破軍、貪狼、廉貞」偏財祿。

子女宮化祿入兄弟宮

1. 長子的命宮化祿入兄弟宮：長子友愛兄弟姊妹，手足情緣好，相處融洽，經濟好。

2. 我的小孩與我的兄弟相處愉快有緣。
3. 子女出生後帶給我事業發展順暢，收入好。
4. 適合做小孩的生意。例如幼教、托嬰、兒童用品生意。
5. 「命宮、疾厄、福德」與子女串連呈旺者，子女為婚後的感情，論外遇，也是桃花宮，化「貪狼或廉貞」祿，容易引發外遇、桃花。桃花得財。
6. 「健康相關宮位」串連呈旺者，我的性能力蠻好的，尤其是「貪狼或廉貞」化祿。可促進閨房樂趣。
7. 「事業成就運」串連子女呈旺者，適合從事子女相關產業，或是以子女為客戶對象的業務或生意。
8. 「事業成就運」串連子女呈旺者，子女為合夥緣，找人合夥發展事業，可以賺錢；再串連田宅呈旺者，可以致富，尤其是串連到「破軍、貪狼、廉貞」偏財祿。

子女宮化祿入夫妻宮－照事業

1. 長子的命宮化祿入夫妻宮：長子多情，異性緣好。
2. 小孩喜歡與我的配偶相處，與配偶的感情濃厚。

3. 子女來庇蔭我的婚姻，我容易有婚前性行為、或奉子成婚、或入門喜。子緣會婚緣。

4. 子女化祿入夫妻照事業，有了小孩之後我的工作容易順遂。

5. 子女由性而來，子女也是性能力的宮位，帶給配偶快樂，所以是性生活美滿。尤其是「貪狼或廉貞」化祿

6. 子女由婚姻而來，子女宮是姻親的親戚位。親戚容易關心、或促成我的婚姻，或有表兄妹親上加親的婚姻（子女為親戚位）。夫妻與子女兩宮之祿、忌於轉忌間，祿逢忌交會於第三宮，很容易生親戚間的兒女私情。

7. 適合做小孩的生意。例如幼教、托嬰、兒童用品生意。

8. 「命宮、疾厄、福德」與子女串連呈旺者，子女為婚後的感情，論外遇，也是桃花宮，化「貪狼或廉貞」祿，容易引發外遇、桃花。

9. 「健康相關宮位」串連呈旺者，我的性能力蠻好的，尤其是「貪狼或廉貞」化祿。可促進閨房樂趣。

10. 「事業成就運」串連子女呈旺者，適合從事子女相關產業，或是以子女為客戶對象的業務或生意。

11. 「事業成就運」串連子女呈旺者，子女為合夥緣，找人合夥發展事業，可以賺錢；再串連田

宅呈旺者，可以致富，尤其是串連到「破軍、貪狼、廉貞」偏財祿。

子女宮自化祿出

1. 長子的命宮自化祿出：長子個性隨緣自在，總是笑容滿面，濫好人的個性，意志不堅定。
2. 自化祿出，自賣自誇，代表沒有別人想像中那麼的好。
3. 因為自化祿出為沒有原則的好，祿為寬容不計較，對小孩的教養沒有盡責，不夠用心、漫不經心。
4. 子女間容易各過各的，但是化祿，所以還是可以自給自足的。
5. 「命宮、疾厄、福德、遷移」串連子女呈旺者，逢「貪狼或廉貞」祿，為沒原則的爛桃花、半路情、風花雪月情。
6. 「命宮、疾厄、福德」與子女串連呈旺者，子女為婚後的感情，論外遇，也是桃花宮，化「貪狼或廉貞」祿，容易引發外遇、桃花。
7. 「健康相關宮位」串連呈旺者，我的性能力蠻好的，尤其是「貪狼或廉貞」化祿。
8. 「事業成就運」串連子女呈旺者，適合從事子女相關產業，或是以子女為客戶對象的業務或生意。

9.「事業成就運」串連子女呈旺者，子女為合夥緣，找人合夥發展事業，可以賺錢；再串連田宅呈旺者，可以致富，尤其是串連到「破軍、貪狼、廉貞」偏財祿。

子女宮化祿入財帛宮

1. 長子的命宮化祿入財帛宮：長子跟錢有緣，現金緣旺，適合佣金收入的行業。
2. 小孩出生後我的收入變好了。
3. 小孩長大後給我的生活費（孝養金）很充裕，讓我的手頭很方便。
4. 出外能賺錢，四方來財。
5. 適合做小孩的生意。例如幼教、托嬰、兒童用品生意。
6. 「命宮、疾厄、福德」與子女串連呈旺者，子女為婚後的感情，論外遇，也是桃花宮，化「貪狼或廉貞」祿，容易引發外遇、桃花。祿入財帛，桃花得財。
7. 「健康相關宮位」串連呈旺者，我的性能力蠻好的，尤其是「貪狼或廉貞」化祿。
8. 「事業成就運」串連子女呈旺者，適合從事子女相關產業，或是以子女為客戶對象的業務或生意。
9. 「事業成就運」串連子女呈旺者，子女為合夥緣，找人合夥發展事業，可以賺錢；再串連田

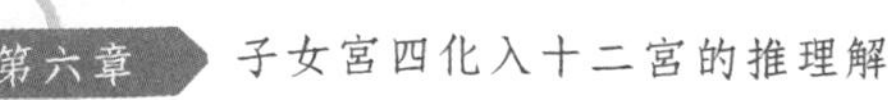

宅呈旺者，可以致富，尤其是串連到「破軍、貪狼、廉貞」偏財祿。

子女宮化祿入疾厄宮

1. 長子的命宮化祿入疾厄宮：長子容易發胖，較為依賴、懶散。
2. 小孩常親近我、體貼我，化「貪狼或廉貞」祿，會對我撒嬌，有相處融洽的一面。
3. 親戚往來熱絡頻繁（子女—親戚位）。
4. 適合做小孩的生意。例如幼教、托嬰、兒童用品生意。
5. 性功能好，尤其是桃花星，但也容易桃花入身。「健康相關宮位」串連呈旺者，我的性能力蠻好的，尤其是「貪狼或廉貞」化祿。
6. 「命宮、疾厄、福德」與子女串連呈旺者，子女為婚後的感情，論外遇，也是桃花宮，化「貪狼或廉貞」祿，容易引發外遇、桃花。
7. 「事業成就運」串連子女呈旺者，適合從事子女相關產業，或是以子女為客戶對象的業務或生意。
8. 「事業成就運」串連子女呈旺者，子女為合夥緣，找人合夥發展事業，可以賺錢；再串連田宅呈旺者，可以致富，尤其是串連到「破軍、貪狼、廉貞」偏財祿。

子女宮化祿入遷移宮－祿出（照命宮）

1. 長子的命宮化祿入遷移宮：長子有外緣好、親和力強、大方開朗、善於經營社會關係或資源的一面。
2. 子女緣祿出，回照命宮，遷移又是果報宮，遷移也是社會對我的評價。表示我在果報上有善緣的小孩。我的小孩容易是教養好、受歡迎的。我的小孩容易是大方開朗的，外緣好。將來容易有出息。容易生兒子。
3. 將來子女會顯揚父母、孝順父母，不需要我操心，子女庇蔭我。
4. 下屬的素質好，庇蔭我。
5. 親戚中有顯達者，庇蔭我。
6. 適合做小孩的生意。例如幼教、托嬰、兒童用品生意。
7. 從事教職者，可以桃李滿天下，出狀元學生。
8. 子女為福德的共宗六位，遇意外時，容易遇難呈祥。若串連「疾厄、遷移、福德、田宅」呈旺，常禍不臨身。
9. 「命宮、疾厄、福德」與子女串連呈旺者，子女為婚後的感情，論外遇，也是桃花宮，化「貪狼或廉貞」祿，容易引發外遇、桃花。

10. 「健康相關宮位」串連呈旺者，我的性能力很好的，尤其是「貪狼或廉貞」化祿。

11. 「事業成就運」串連子女呈旺者，適合從事子女相關產業，或是以子女為客戶對象的業務或生意。

12. 「事業成就運」串連子女呈旺者，合夥緣旺，庇蔭我。找人合夥發展事業，可以賺錢；再串連田宅呈旺者，可以致富，尤其是串連到「破軍、貪狼、廉貞」偏財祿。

子女宮化祿入交友宮

1. 長子的命宮化祿入交友宮：長子人緣好。
2. 我的子女容易與我的朋友打成一片，相處融洽。人緣好，人人誇讚。
3. 子女出生後，我的人緣越來越好、越來越多。
4. 我容易以子女為友，就是有忘年之交，子女如友。
5. 子女如友，表示我也可以與子女當朋友。
6. 「命宮、疾厄、福德」與子女串連呈旺者，子女為婚後的感情，論外遇，也是桃花宮，化「貪狼或廉貞」祿，容易引發外遇、桃花。

7. 合夥緣祿入交友，交友（股東）得利。容易重看不重用。

8. 「健康相關宮位」串連呈旺者，我的性能力蠻好的，尤其是「貪狼或廉貞」化祿。可促進閨房樂趣。

9. 「事業成就運」串連子女呈旺者，適合從事子女相關產業，或是以子女為客戶對象的業務或生意。

10. 「事業成就運」串連子女呈旺者，子女為合夥緣，找人合夥發展事業，可以賺錢；再串連田宅呈旺者，可以致富，尤其是串連到「破軍、貪狼、廉貞」偏財祿。

子女宮化祿入事業宮

1. 長子的命宮化祿入事業宮：長子的工作順遂，點子多，表現好。

2. 子女帶給我事業生發、有緣、喜悅。有了小孩後我的工作或事業容易順遂。

3. 出外工作容易如意順遂。

4. 合夥緣好，合夥事業順遂。

5. 適合做小孩的生意。例如幼教、托嬰、兒童用品生意。

6. 「命宮、疾厄、福德」與子女串連呈旺者，子女為婚後的感情，論外遇，也是桃花宮，化「貪狼或廉貞」祿，容易引發外遇、桃花。

7. 「健康相關宮位」串連呈旺者，我的性能力蠻好的，尤其是「貪狼或廉貞」化祿。可促進閨房樂趣。

8. 「事業成就運」串連子女呈旺者，適合從事子女相關產業，或是以子女為客戶對象的業務或生意。

9. 「事業成就運」串連子女呈旺者，子女為合夥緣，找人合夥發展事業，可以賺錢；再串連田宅呈旺者，可以致富，尤其是串連到「破軍、貪狼、廉貞」偏財祿。

子女宮化祿入田宅宮－直接祿出

1. 長子的命宮化祿入田宅宮：長子主動帶給家庭歡樂，生活愉悅，財產增進，容易有財產。
2. 子女庇蔭家庭，小孩出生後我的家庭和財產更興旺。容易生兒子。
3. 子女祿入田宅，容易享有天倫之樂，可以三代同堂。
4. 親戚多往來。
5. 子女化桃花祿入田宅，婚姻又沒有破，則容易娶妾，二婚入家門。
6. 子女帶給我家庭財產興旺，同時我也適合經營托兒所、幼稚園。做小孩的生意。

7.「命宮、疾厄、福德」與子女串連呈旺者，子女為婚後的感情，論外遇，也是桃花宮，化「貪狼或廉貞」祿，容易引發外遇、桃花。祿入田宅，桃花得財產。

8.「健康相關宮位」串連呈旺者，我的性能力蠻好的，尤其是「貪狼或廉貞」化祿。可促進閨房樂趣。

9.「事業成就運」串連子女呈旺者，適合從事子女相關產業，或是以子女為客戶對象的業務或生意。

10.「事業成就運」串連子女呈旺者，子女為合夥緣，找人合夥發展事業，可以賺錢；再串連田宅呈旺者，可以致富，尤其是串連到「破軍、貪狼、廉貞」偏財祿。

子女宮化祿入福德宮—照財帛

1. 長子的命宮化祿入福德宮：個性樂觀知足、隨遇而安、懶散有福。
2. 我享受子女福，子女處處為我設想周到，讓我備感窩心。
3. 子女帶給我精神上喜悅，且為善緣的，所以子女孝順、子女均安，不用為小孩操心。與子女相處融洽。
4. 子女祿入福德照財帛。自從子女出生後，我的收入就越來越好。

5. 化「貪狼或廉貞」祿，享受美好的性生活。
6. 晚年生活品質好，無憂無慮，享受天倫之樂。
7. 子女為福德的共宗六位，遇意外時，容易遇難呈祥。若串連「疾厄、遷移、福德、田宅」呈旺，常禍不臨身。
8. 子女為福德的共宗六位，福厚之人，容易長壽。
9. 子女化祿入福德照財帛，合夥如意順遂、賺錢。
10. 親戚往來熱絡（子女—親戚位）。
11. 「命宮、疾厄、福德」與子女串連呈旺者，子女為婚後的感情，論外遇，也是桃花宮，化「貪狼或廉貞」祿，容易引發外遇、桃花。祿入福德照財帛，桃花得福得財。
12. 「健康相關宮位」串連呈旺者，我的性能力蠻好的，尤其是「貪狼或廉貞」化祿。可促進閨房樂趣。
13. 「事業成就運」串連子女呈旺者，適合從事子女相關產業，或是以子女為客戶對象的業務或生意。
14. 「事業成就運」串連子女呈旺者，子女為合夥緣，找人合夥發展事業，可以賺錢；再串連田宅呈旺者，可以致富，尤其是串連到「破軍、貪狼、廉貞」偏財祿。

子女宮化祿入父母宮－祿出

1. 長子的命宮化祿入父母宮：長輩緣好、脾氣好、開明，親和討喜。
2. 我的小孩帶給我的父母很快樂，相處融洽，祖孫情濃。
3. 我的子女嘴巴很甜，有禮貌，親和力強，人人喜歡。
4. 我的子女蠻會讀書的，成績好，得師長好評，師長緣佳。但可能不夠用心讀書，因為祿是寬容的、不計較的、多元的。
5. 親戚的往來，流於表面。如果「家道沒破且家道興隆」與子女串連呈旺者，就是實質互惠的往來了。
6. 合夥也是重看不重用，如化祿入交友三方。
7. 「命宮、疾厄、福德」與子女串連呈旺者，子女為婚後的感情，論外遇，也是桃花宮，化「貪狼或廉貞」祿，容易引發外遇、桃花。
8. 「健康相關宮位」串連呈旺者，我的性能力蠻好的，尤其是「貪狼或廉貞」化祿。可促進閨房樂趣。
9. 「事業成就運」串連子女呈旺者，適合從事子女相關產業，或是以子女為客戶對象的業務或生意。

10.「事業成就運」串連子女呈旺者，子女為合夥緣，找人合夥發展事業，可以賺錢；再串連田宅呈旺者，可以致富，尤其是串連到「破軍、貪狼、廉貞」偏財祿。

第二節　子女宮化權入十二宮

子女化權入B宮，推理解釋：

子女，幫助或掌控我的B宮，使我生子後在B宮的表現更好或更順遂。

小輩，幫助或掌控我的B宮，使我B宮的表現更好或更順遂。

子女宮化權入命宮

1. 子女的命宮化權入命宮，等同生年權坐子女的命宮：長子個性強勢、主觀、有自信、有主見、有能力。
2. 「家道興隆」串連子女多祿呈旺者，子女化權入命宮，是子女來成就我。
3. 「事業成就運」串連子女多祿呈旺者，子女化權入命宮，成就我，我擁有得力幹將、或得力的助手、或下屬、或下線。
4. 「家道不興」串連子女多忌呈敗者，子女化權入命宮，本是子女來成就我，變成子女難教或忤逆我。
5. 「事業成就運」串連子女多忌呈敗者，會遇到剛愎自用、或自以為是、或好大喜功的助手或下屬或下線，導致我領導不利或失當，事業失敗破財。

6. 論合夥，「事業成就運」串連子女多祿呈旺者，合夥賺錢。

7. 子女化權入命宮，子女屬於交友三方，人的宮位化權，此人能力很強，會造成同行間競爭壓力很大。我的公司變成是老闆補習班，下屬企圖心強，羽翼豐滿後，各自獨立發展，變成競爭對手。

8. 「健康相關宮位」串連子女呈旺者，我的性能力強，尤其是化「貪狼」權，缺點是容易縱慾過度。

9. 「事業成就運」多祿串連子女呈旺者，適合從事子女相關產業，或是以子女為客戶對象的業務或生意。適合出外賺錢。

10. 「事業成就運」串連子女呈旺者，子女為合夥緣，找人合夥發展事業，可以賺錢；再串連田宅呈旺者，可以致富，尤其是串連到「破軍、貪狼、廉貞」偏財祿。

子女宮化權入兄弟宮

1. 子女的命宮化權入兄弟宮：長子、晚輩、下屬、下線有事業發展的企圖心，有領導能力（權沖交友）。

2. 子女、晚輩、下屬、下線來成就我的事業發展。

3. 「家道沒破且家道興隆」串連「子女」多祿呈旺者，長子有能力、企圖心強，善於掌控事業發展，容易成為我的接班人，讓我們的家族事業更為壯大。

4. 子女化權入兄弟，成就我事業發展，我擁有得力幹將、得力的助手、或下屬、或下線。

5. 合夥容易有成，讓我事業發展昌盛。「事業成就運」串連子女呈旺者，子女為合夥緣，找人合夥發展事業，可以賺錢；再串連田宅呈旺者，可以致富，尤其是串連到「破軍、貪狼、廉貞」偏財祿。

6. 子女化權入兄弟，子女屬於交友三方，表示下屬的事業發展能力很強，會造成同行間競爭壓力很大。我的公司變成是老闆補習班，下屬企圖心強，羽翼豐滿後，各自獨立發展，變成競爭對手。

7. 「健康相關宮位」串連子女呈旺者，我的性能力強，尤其是化「貪狼」權，缺點是容易縱慾過度。

8. 「事業成就運」多祿串連子女呈旺者，適合從事子女相關產業，或是以子女為客戶對象的業務或生意。適合出外賺錢。

子女宮化權入夫妻宮－照事業

1. 子女的命宮化權入夫妻宮：長子在夫妻間佔權，且工作表現好，或是容易創業。
2. 子女來成就我的婚姻。「結婚格局」串連多祿呈旺者，有婚前性行為、或奉子成婚、或入門喜。
3. 「結婚格局」串連多祿呈旺者，親戚容易關心或促成我的婚姻。
4. 子女化權入夫妻照事業，助手或下屬幫助我拓展市場，若再串連「事業成就運」呈旺者，事業成就越來越高了。
5. 「事業成就運」串連子女呈旺者，找人合夥發展事業，可以賺錢；再串連田宅呈旺者，可以致富，尤其是串連到「破軍、貪狼、廉貞」偏財祿。
6. 子女化權入夫妻，子女屬於交友三方，表示下屬的工作能力很強，會造成同行間競爭壓力很大。我的公司變成是老闆補習班，下屬企圖心強，羽翼豐滿後，各自獨立發展，變成競爭對手。
7. 「健康相關宮位」串連子女呈旺者，我的性能力強，尤其是化「貪狼」權，缺點是容易縱慾過度。
8. 「事業成就運」多祿串連子女呈旺者，適合從事子女相關產業，或是以子女為客戶對象的業務或生意。適合出外賺錢。

子女宮自化權出

1. 子女的命宮自化權出：長子個性比較自負，但卻少了定見，不自覺地「愛膨風」。好像很積極，但是不夠堅持，容易是雷聲大雨點小、虎頭蛇尾的現象。容易任性、自以為是、見異思遷、反反覆覆。

2. 「家道」多忌串連子女呈敗者，子女難教，子女的個性容易自恃、傲慢、浮誇。

3. 「家道」多忌串連子女呈敗者，尤其是遷移化忌或化忌轉忌入子女或直接串連子女，不擅長教育子女，教育子女容易不得要領。

4. 「事業成就運」串連多忌呈敗者，會遇到下屬或助手，容易自恃、傲慢、浮誇自己的能力。

5. 「家道沒破且家道興隆」，串連「子女的自化權」呈旺者，子女依然有好的表現喔！

子女宮化權入財帛宮

1. 子女的命宮化權入財帛宮：長子金錢掌控能力好，愛賺大錢，比較敢賺敢花，賺錢的能力強。

2. 子女收入好，將來給我的孝養金很多。

3.子女化權入財帛，成就我收入好，我擁有得力幹將、得力的助手、或下屬、或下線。

4.合夥容易有成，讓我事業發展昌盛。「事業成就運」串連子女呈旺者，子女為合夥緣，找人合夥發展事業，可以賺錢；再串連田宅呈旺者，可以致富，尤其是串連到「破軍、貪狼、廉貞」偏財祿。

5.子女化權入財帛，子女屬於交友三方，人的宮位化權，此人能力很強，會造成同行間競爭壓力很大。我的公司變成是老闆補習班，下屬企圖心強，羽翼豐滿後，各自獨立發展，變成競爭對手。

6.「健康相關宮位」串連子女呈旺者，我的性能力強，尤其是化「貪狼」權，缺點是容易縱慾過度。

7.「事業成就運」多祿串連子女呈旺者，適合從事子女相關產業，或是以子女為客戶對象的業務或生意。適合出外賺錢。

子女宮化權入疾厄宮

1.子女的命宮化權入疾厄宮：長子愛運動，健康有活力，肢體動作比較大，因此個性表現給人的感覺會比較粗枝大葉，比較乾脆。

2. 子女與我常相處打打鬧鬧，肢體動作大。逢祿則嘻嘻鬧鬧，逢忌則有可能動粗。

3. 「事業成就運」串連子女呈旺者，子女為合夥緣，找人合夥發展事業，可以賺錢；再串連田宅呈旺者，可以致富，尤其是串連到「破軍、貪狼、廉貞」偏財祿。

4. 「健康相關宮位」串連子女呈旺者，我的性能力強，尤其是化「貪狼」權，缺點是容易縱慾過度。我很有活力。

5. 「事業成就運」多祿串連子女呈旺者，適合從事子女相關產業，或是以子女為客戶對象的業務或生意。適合出外賺錢。

子女宮化權入遷移宮—權出（照命宮）

1. 子女的命宮化權入遷移宮：長子的自信、主見、能力外顯，長子的觀察力敏銳、決斷力強、行動力強、有膽識、有獨當一面的能力。

2. 「家道沒破且家道興隆」串連子女呈旺者，子女化權入遷移照我命宮，將來小孩長大，能力強庇蔭我。

3. 子女化權入遷移照我命宮，下屬能力強庇蔭我。我容易有得力的助手或下屬或下線。

4. 合夥有成，持續發展，庇蔭我。

5. 子女化權入遷移，子女屬於交友三方，人的宮位化權，此人能力很強，會造成同行間競爭壓力很大。我的公司變成是老闆補習班，下屬企圖心強，羽翼豐滿後，各自獨立發展，變成競爭對手，甚至成為社會翹楚，變成我的領導。
6. 「健康相關宮位」串連子女呈旺者，我的性能力強，尤其是化「貪狼」權，缺點是容易縱慾過度。
7. 「事業成就運」多祿串連子女呈旺者，適合從事子女相關產業，或是以子女為客戶對象的業務或生意。適合出外賺錢。
8. 「事業成就運」串連子女呈旺者，子女為合夥緣，找人合夥發展事業，可以賺錢；再串連田宅呈旺者，可以致富，尤其是串連到「破軍、貪狼、廉貞」偏財祿。

子女宮化權入交友宮

1. 子女的命宮化權入交友宮：長子會主動介入人際事務，人際關係的掌控慾比較強。
2. 「家道沒破，且串連家道興隆」者，子女競爭力強，在人際間有份量。
3. 子女化權來成就我的人際交往，我的下屬或下線主動參與我的人際事務，但不見得是好事。
4. 「事業成就運」串連子女多祿呈旺者，子女化權入交友，主動處理人際事務的能力強，在人際間有份量，我擁有得力幹將、或得力的助手、或下屬、或下線。

5. 「事業成就運」串連子女多忌呈敗者，會遇到傲慢、或自以為是的助手或下屬或下線，導致我領導不利或失當，事業失敗破財。

6. 子女化權入交友，子女屬於交友三方，人的宮位化權，此人能力很強、野心大，會造成同行間競爭壓力很大。我的公司變成是老闆補習班，下屬企圖心強，羽翼豐滿後，各自獨立發展，變成競爭對手。

7. 「健康相關宮位」串連子女呈旺者，性功能強，尤其是化「貪狼」權，缺點是容易縱慾過度。

8. 「事業成就運」多祿串連子女呈旺者，適合從事子女相關產業，或是以子女為客戶對象的業務或生意。適合出外賺錢。

9. 雖然合夥緣中看不重用，是成就股東（交友是股東），不是成就我，但「事業成就運」串連子女呈旺者，我還是可以賺錢的；再串連田宅呈旺者，可以致富，尤其是串連到「破軍、貪狼、廉貞」偏財祿。

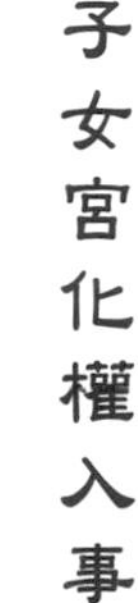

子女宮化權入事業宮

1. 子女的命宮化權入事業宮：長子工作能力強、掌控力強，對工作的企圖心旺盛。
2. 「家道沒破且家道興隆」串連「子女」多祿呈旺者，長子有能力、企圖心強，善於掌控事業發展，容易成為我的接班人，讓我們的家族事業更為壯大。
3. 子女化權入事業，幫助我在工作上的推展，我擁有得力幹將、得力的助手、或下屬、或下線。
4. 「事業成就運」串連子女呈旺者，子女為合夥緣，找人合夥發展事業，可以賺錢；再串連田宅呈旺者，可以致富，尤其是串連到「破軍、貪狼、廉貞」偏財祿。
5. 子女化權入事業宮，子女屬於交友三方，表示下屬的工作能力很強，會造成同行間競爭壓力很大。我的公司變成是老闆補習班，下屬企圖心強，羽翼豐滿後，各自獨立發展，變成競爭對手。
6. 「健康相關宮位」串連子女呈旺者，我的性能力強，尤其是化「貪狼」權，缺點是容易縱慾過度。
7. 「事業成就運」多祿串連子女呈旺者，適合從事子女相關產業，或是以子女為客戶對象的業務或生意。適合出外賺錢。

子女宮化權入田宅宮－直接權出

1. 子女的命宮化權入田宅宮：長子在家佔權。
2. 「家道沒破且家道興隆」串連子女呈旺者，子女成就我的田宅，小孩出生後我的財產會增加，或將來小孩長大後會讓我的財產增加。這表示子女能幹，擴張產業、光宗耀祖。子女成就家庭。子女獨立。
3. 「家道不興呈敗」再串連「子女」，子女是人的宮位，化權表示掌控，容易有子女在家中佔權、爭奪財產、不能和睦相處，逢生年忌或命忌尤其嚴重。
4. 「家道不興呈敗」再串連「子女」，親戚（外戚）容易介入財產紛爭。
5. 「家道沒破且家道興隆」串連「子女」多祿呈旺者，子女化權，長子有能力，企圖心強，善於掌控家業，容易成為祖業的接班人，讓我們的家族事業更為壯大。尤其逢同星曜的生年祿或命祿坐田宅。
6. 「事業成就運」串連子女呈旺者，子女為合夥緣，找人合夥發展事業，可以賺錢致富，尤其是串連到「破軍、貪狼、廉貞」偏財祿。
7. 「健康相關宮位」串連子女呈旺者，我的性能力強，尤其是化「貪狼」權，缺點是容易縱慾過度。

8.「事業成就運」多祿串連子女呈旺者，適合從事子女相關產業，或是以子女為客戶對象的業務或生意。適合出外賺錢。

子女宮化權入福德宮－照財帛

1. 子女的命宮化權入福德宮：好勝心強、不認輸，敢賺敢花，嚴重者奢侈浪費，尤其是貪狼權。

2.「家道沒破且家道興隆」者，子女個性獨立、上進，庇蔭我收入好。晚年生活品質好。

3.「家道不興」串連「子女」多忌呈敗者，子女化權入福德，子女個性很硬，容易自恃、傲慢，難管教。

4.「事業成就運」串連子女多祿呈旺者，子女化權入福德，成就我，我擁有得力幹將、或得力的助手、或下屬、或下線。

5.「事業成就運」串連子女多忌呈敗者，會遇到傲慢、或自以為是的助手或下屬或下線，導致我領導不利或失當，事業失敗破財。

6. 子女化權入福德宮，子女屬於交友三方，人的宮位化權，此人能力很強、野心大，會造成同行間競爭壓力很大。我的公司變成是老闆補習班，下屬企圖心強，羽翼豐滿後，各自獨立發展，變成競爭對手。

7. 「健康相關宮位」串連子女呈旺者，性功能強，尤其是化「貪狼」權，缺點是容易縱慾過度。

8. 「事業成就運」多祿串連子女呈旺者，適合從事子女相關產業，或是以子女為客戶對象的業務或生意。適合出外賺錢。

9. 「事業成就運」串連子女呈旺者，子女為合夥緣，化權入福德，照財帛，找人合夥發展事業，可以賺錢；再串連田宅呈旺者，可以致富，尤其是串連到「破軍、貪狼、廉貞」偏財祿。

子女宮化權入父母宮－權出

1. 子女的命宮化權入父母宮：長子如果修養不好，說話容易得理不饒人，說話總要佔上風。也容易比較傲慢無禮。

2. 如果修養好，是比較會讀書，見多識廣，說話上義正詞嚴。

3. 「家道沒破且家道興隆」者，子女聰明，念書理科容易鑾強的。

4. 「家道不興」串連「子女」多忌呈敗者，容易叛逆、傲慢無禮、不好教。

5. 「事業成就運」串連子女多祿呈旺者，聰明善表達善於處理人際事務，我擁有得力幹將、或得力的助手、或下屬、或下線。

6.「事業成就運」串連子女多忌呈敗者，會遇到傲慢、或自以為是、或好大喜功的助手或下屬或下線，導致我領導不利或失當，事業失敗破財。

7. 子女化權入福德宮，子女屬於交友三方，人的宮位化權，此人能力很強野心大，會造成同行間競爭壓力很大。我的公司變成是老闆補習班，下屬企圖心強，羽翼豐滿後，各自獨立發展，變成競爭對手。

8.「健康相關宮位」串連子女呈旺者，性功能強，尤其是化「貪狼」權，缺點是容易縱慾過度。

9.「事業成就運」多祿串連子女呈旺者，適合從事子女相關產業，或是以子女為客戶對象的業務或生意。適合出外賺錢。

10. 雖然合夥緣中看不重用，是成就股東（交友是股東），不是成就我，但「事業成就運」串連子女呈旺者，我還是可以賺錢的；再串連田宅呈旺者，可以致富，尤其是串連到「破軍、貪狼、廉貞」偏財祿。

第三節　子女宮化科入十二宮

子女化科入B宮，推理解釋：

子女禮教制約於B宮，理智緩行於B宮，子女對B宮的人事物，理智平和、慢條斯理。

子女宮的人事物對我B宮的的人事物，小有幫助。

子女宮化科入命宮

1. 子女的命宮化科入命宮，等同生年科坐子女的命宮：長子的個性溫和、有氣質。
2. 子女對我講話輕聲細語、客客氣氣、動作柔和。

子女宮化科入兄弟宮

1. 子女的命宮化科入兄弟宮：長子會理財、量入為出、經濟平穩。
2. 子女對我的兄弟禮貌性往來、客客氣氣的。
3. 性生活有情趣，但缺少激情，比較平淡。

子女宮化科入夫妻宮－照事業

1. 子女的命宮化科入夫妻宮：

A. 長子對感情慢條斯理，溫溫吞吞，易有第三者介入。

B. 長子對配偶是有禮貌的、客客氣氣的。

2. 子女對我的配偶很有禮貌，總是客客氣氣的。

3. 子女是二婚對象位。再婚的對象仍與元配有所往來。

4. 子女是桃花位、外遇位。外遇對象與配偶認識。

子女宮自化科－科出

1. 子女的命宮自化科出：長子斯文秀氣，容易優柔寡斷。

2. 與子女的情緣較為平淡，若有似無。

3. 小孩文質不會變壞，比較優柔寡斷。

子女宮化科入財帛宮：

1. 子女的命宮化科入財帛宮：長子會理財，記流水帳，量入為出（生活上的花費，如柴米油鹽醬醋茶、食衣住行育樂）。

2. 子女長大後給我的孝養金不多。

3. 可從事小孩的文教用品、事業，收入平穩。

子女宮化科入疾厄宮

1. 子女的命宮化科入疾厄宮：長子不胖不瘦，同星曜逢生年祿或命祿，身形優雅有氣質，個性不疾不徐。

2. 子女與我若即若離。

子女宮化科入遷移宮－科出（照命宮）

1. 子女的命宮化科入遷移宮：長子斯文有氣質。

2. 我的子女科名在外，教養好，對人都很有禮貌很客氣，好名聲。

子女宮化科入交友宮

1. 子女的命宮化科入交友宮：長子與朋友是禮貌性的往來，君子之交，對朋友謙恭有禮。

2. 我的子女與我的朋友禮貌性往來，對我的朋友客客氣氣的。
3. 我的子女朋友不多，往來多文士，多益友。

子女宮化科入事業宮

1. 子女的命宮化科入事業宮：工作平穩，慢工出細活，細緻。
2. 子女對我的工作小有助益，假設我是開店做生意，我的子女會幫點小忙。
3. 可從事小孩的文教用品、事業，事業或工作平穩。

子女宮化科入田宅宮－直接科出

1. 子女的命宮化科入田宅宮：會理家，操持家務有條不紊，把家中環境弄得乾淨舒適，還有書香氣息。我的配偶理財，量入為出。
2. 子女對家人很有禮貌，說話態度總是客客氣氣的。
3. 子女會理財，量入為出，讓我感覺到子女是秀慧、乖巧、少惹麻煩的。

子女宮化科入福德宮－照財帛

1. 子女的命宮化科入福德宮：長子比較重視精神生活，物質生活恬淡。
2. 子女給我的感覺是淡泊名利的，比較重視精神生活。
3. 子女與我心有靈犀。

子女宮化科入父母宮－科出

1. 子女的命宮化科入父母宮：長子斯文秀氣，與人言談輕聲細語、客客氣氣。尤其是對長輩或父母。
2. 子女對祖父母、長輩很有禮貌，很客氣恭敬。
3. 我的子女科名在外，修養好，對人都很有禮貌很客氣，左鄰右舍間好名聲。

第四節 子女宮化忌入十二宮

子女化忌入B宮，推理解釋：

當B宮為「人」的宮位時：

1. 人對人：子女不喜歡我與B宮的人往來，討厭B宮的人，或冷漠的對待B宮的人，或遇人不淑。
2. 事對人：子女的相關事件，帶給我B宮人的困擾。

當B宮為「事」的宮位時：

1. 人對事：子女影響或阻礙我B宮相關事情的發展。
2. 事對事：子女相關事件，阻礙了我在B宮的相關事態發展，產生不良影響。

子女宮化忌入命宮－沖遷移

1. 子女的命宮化忌入命宮，等同子女的命宮坐生年忌：長子有固執難溝通的一面。
2. 欠子女債，凡是忌入命、疾、福為債，債是責任、義務、不得不付出。這件事被命主認為是理所當然，應該做的事。

3.「家道不興」串連子女呈敗者，小時候子女糾纏我，子女的事不能讓我如願，長大後初期子女的事讓我勞心，掛心。接著讓我苦悶，或者難過。再來讓我苦不堪言、感慨萬千！

4.「事業成就運」串連子女呈破者，合夥運衰退或停滯，合夥不賺錢。

5.子女化權串連呈旺時，養老鼠咬布袋，培養助手或下屬或員工成為競爭對手，真心換絕情，讓我感慨萬千。

6.意外（須串連疾厄或遷移）、災厄、病痛、晚運差（福德的共宗六位）。

7.親戚糾纏我，帶給我困擾。

8.子女化「貪狼或廉貞」忌入命，子女是桃花宮，忌入命為債，桃花債、爛桃花。

9.男命性功能障礙，女命婦科疾病（逢貪狼忌尤顯），逢廉貞忌為性病或婦科血病。「健康相關宮位」串連子女呈破者，生殖系統相關的疾病總是困擾著我，讓我苦不堪言。

子女宮化忌入兄弟宮—沖交友

1.子女的命宮化忌入兄弟宮：長子個性沉穩內斂、守成安靜、少社交活動。

2.孩子的出生，帶來的支出很大，導致經濟衰退。

3. 助手或員工或下屬不力，導致事業成就衰退。
4. 「家道不興」串連子女呈破者，子女化忌入兄弟為子女劫財。
5. 「事業成就運」串連子女呈破者，子女化忌入兄弟為下屬或員工劫財，養老鼠咬布袋。
6. 「遷移或父母」串連子女呈破者，子女化忌入兄弟為小輩劫財。
7. 「事業成就運」串連子女呈破者，合夥不賺錢，或合夥事業衰退。
8. 「健康相關宮位」串連子女呈破者，性功能衰退，導致夫妻房事比較少樂趣。
9. 子女化權串連呈旺時，養老鼠咬布袋，培養助手或下屬或員工成為競爭對手，導致我的事業成就衰退。

子女宮化忌入夫妻宮－沖事業

1. 子女的命宮化忌入夫妻宮：長子對感情執著，愛美人不愛江山，適合先成家後立業。
2. 容易先懷孕後結婚。奉子成婚。
3. 小孩喜歡糾纏配偶。忌為斂藏、執著。
4. 子女化忌入夫妻，沖我事業，兒子出生，或小孩多，拖累我的工作表現。
5. 子女化「貪狼或廉貞」忌，容易外遇後，破壞我婚姻。鳩佔鵲巢。

6.「事業成就運」串連子女呈破者，合夥事業難成，或合夥緣不長久。對事業宮而言，為忌出。

7.子女化權串連呈旺時，養老鼠咬布袋，培養助手或下屬或員工成為競爭對手，沖激或阻斷我的工作發展。

8.「健康相關宮位」串連子女呈破者，性功能衰退，配偶感傷。

子女宮自化忌出－沖田宅（力量減半）

1.子女的命宮自化忌出：長子個性大而化之，不能記取經驗教訓，事情過了就算了，心直口快。

2.任何六親的宮位，自化忌出，緣份先扣一半。因此子息緣薄。

3.子女宮也是我對子女的態度、性格表現。自化忌出，表示事情過了就算了，船過水無痕，所以對子女的教育顯然是漫不經心、不夠用心，或是不得要領。

4.對我與子女間的問題是子女容易對我的教導不放在心上，或者是子女與我沒有同心，容易各過各的。所以晚年生活必須安排好退休規劃。

5.「事業成就運」串連入子女呈破者，隨即自化忌出，合夥事業難成，或者合夥緣不長久。

6.「命宮、疾厄、福德」串連子女呈破者，逢桃花星（貪狼或廉貞），容易飢不擇食的爛桃花，

性能力容易早衰。

子女宮化忌入財帛宮－沖福德

1. 子女的命宮化忌入財帛宮：長子愛賺錢、認真賺錢、愛計較錢、賺錢辛苦。
2. 子女長大後給我的孝養金不多，所以晚年要有退修規劃。
3. 有小孩後，讓我的財帛（用錢或收入）縮水了，養小孩辛苦，或小孩出世後收入不增反減。
4. 「事業成就運」串連子女呈破者，合夥虧錢。
5. 子女化權串連呈旺時，養老鼠咬布袋，培養助手或下屬或員工成為競爭對手，惡性競爭，導致獲利大幅下降。
6. 「家道不興」串連子女呈破者，子女化忌入財帛為子女劫財，或給的孝養金很少，導致晚年生活品質較差。
7. 「健康相關宮位」串連子女呈破者，可能有意外（須串連疾厄、遷移三忌呈破），或因果病（沖福德），或生殖系統相關疾病（與疾厄交忌）。

子女宮化忌入疾厄宮－沖父母

1. 子女的命宮化忌入疾厄宮：長子個性勤奮節儉，勞碌命。
2. 欠子女債，必須為子女勞力。
3. 子女愛糾纏我。
4. 子女的事讓我忙碌或難過。
5. 「命宮、疾厄、福德、遷移」串連子女呈破者，且化「貪狼或廉貞」忌，我的性生活品質不佳，或容易縱慾過度。或者是外遇遇到爛桃花，對我糾纏。
6. 「健康相關宮位」串連子女呈破者，有意外（須串連疾厄、遷移3忌呈破），或因果病（子女為福德的共宗六位），或生殖系統相關疾病。
7. 「事業成就運」串連子女呈破者，合夥事業辛苦，或者是不如意。

子女宮化忌入遷移宮－忌出（沖命宮）

1. 子女的命宮化忌入遷移宮：長子有老實正直的一面。
2. 「家道不興」串連子女呈破者，子女化忌入遷移沖命。我與子女緣份較薄，容易小孩不在身邊，忌出為空虛之意。如膝下無子，或子女在遠方，有好像沒有。

3.「家道不興」串連子女呈破者，我的子女憨厚，或子女成就差。若又有子息緣旺的現象，則容易有出息的子女在外面，沒出息的子女在身邊。

4.「家道不興」串連子女呈破者，老運較差，養兒難防老。

5.「事業成就運」串連入子女呈破者，合夥難成事，或者是合夥緣不長久。

6.「健康相關宮位」串連子女呈破者，容易有意外（須串連疾厄、遷移3忌呈破），或因果病（子女為福德的共宗六位），或生殖系統相關疾病。

7.「命宮、疾厄、福德、遷移」串連子女呈破者，我的性生活品質不佳，若桃花星化忌容易性功能早衰。或者是外遇遇到爛桃花。

子女宮化忌入交友宮－沖兄弟

1. 子女的命宮化忌入交友宮：長子個性仗義疏財，對朋友有情有義，會主動照顧朋友。
2. 我有子女後，朋友會比較少。沖兄弟庫位，也會影響事業的發展，或經濟上的損失。
3. 我的子女重情重義，要注意是否交到壞朋友。
4.「健康相關宮位」串連子女呈破者，性功能會早衰，要注意保養，沖兄弟宮（體質位）。

5.「事業成就運」串連入子女呈破者，合夥事業不容易賺錢。

6.「家道不興」串連子女呈破者，老年生活品質不好，沖兄弟庫位，物質生活位。

子女宮化忌入事業宮－沖夫妻

1. 子女的命宮化忌入事業宮：長子的事業心重，敬業認真工作，但是卻容易疏忽感情上的經營。

2. 有了小孩後，會讓我的工作發展不順遂。

3.「事業成就運」串連子女呈破者，合夥事業造成我的事業不順遂。

4. 子女化權串連呈旺時，養老鼠咬布袋，培養助手或下屬或員工成為競爭對手，惡性競爭，直接影響我在工作上的推展。

5.「健康相關宮位」串連子女呈破者，小心意外、災病（福德共宗六位忌入運氣宮）。

子女宮化忌入田宅宮－直接忌出（回沖田宅）

1. 子女的命宮化忌入田宅宮：長子個性沉穩內斂、城府深。

2. 我有了小孩後，家庭經濟生活比較不寬裕了。

3.「家道不興」串連子女呈破者，我的子女私心較重，容易計較，將來容易爭奪財產，所以務必提早妥善處理身後事。

4. 我的子女個性顧家，比較獨立，需要白手起家，自立門戶。
5. 如果家庭產業多，容易有子女覬覦產業。
6. 子女（人際宮位同論）化「太陰或巨門」忌，串連「命宮、福德、遷移」者，要注意門戶，容易有小人入宅被偷、外賊侵內、禍事臨門、是非串戶。尤其是「（太陰或巨門）＋（貪狼或廉貞）」更為嚴重。
7. 「事業成就運」串連入子女呈破者，合夥不當，會破財產（遷移、交友、子女串連三忌或以上）。
8. 「家道不興」串連子女呈破者，老年生活品質不好，田宅是物質生活位。

子女宮化忌入福德宮—沖財帛

1. 子女的命宮化忌入福德宮：長子容易沉迷在興趣嗜好上，重享受捨得花錢。
2. 欠子女債，要為子女操煩，或子女不能盡如我意。
3. 「家道不興」串連子女呈破者，我的子女容易玩物喪志、或者沉迷於壞習慣、或者子女為了興趣嗜好享受而捨得亂花錢、或者子女健康有問題讓我操煩。

4. 「事業成就運」串連入子女呈破者，合夥難如願，或者合夥虧錢。

5. 「家道不興」串連子女呈破者，晚年生活品質不好，須及早做退休規劃。

6. 「健康相關宮位」串連子女呈破者，容易有意外（須串連疾厄、遷移三忌呈破），或因果病（子女為福德的共宗六位）。

7. 「健康相關宮位」串連子女呈破者，性生活不能如願，性能力早衰。尤其是化「貪狼或廉貞」忌。

子女宮化忌入父母宮－忌出（沖疾厄）

1. 子女的命宮化忌入父母宮：長子個性嚴肅、怒形於色、情緒起伏大、不善表達。

2. 「家道不興」串連子女呈破者，小孩不善表達，嘴巴不甜，不討祖父歡心。

3. 我的子女不善表達，嘴巴不甜，不討師長歡心。

4. 「家道興隆」串連子女呈旺者，子息緣好，我的子女孝順但不懂得表達。容易說話直接、怒形於色。有愛讀書的一面。

5. 「家道不興」串連子女呈破者，子息緣差，容易沒有子息，或者子女比較不受教。沖疾厄，讓我難過。

6. 「事業成就運」串連入子女呈破者，合夥事業難成，或合夥緣不長久。

7. 「健康相關宮位」串連子女呈破者，若為女命，不容易受孕著床，或者是容易流產（串連疾厄呈破）。若為男命，很難讓女生懷孕。若串連家道呈破者，太太懷男生，也容易流產。

第七章
財帛宮四化入十二宮
的推理解釋

第七章 財帛宮四化入十二宮的推理解釋

第一節 財帛宮化祿入十二宮

1. 財帛宮是現金緣、金錢價值觀、來財方式（不一定都是自己賺的）、花錢方式、生活用度開銷、婚姻對待位。
2. 直接講「錢」的宮位有三個，由小到大，分別為財帛宮（小，現金）、兄弟宮（中，存款、動產）、田宅宮（大，財產）。
3. 財帛宮是現金位，是小庫，口袋裡的錢。
4. 兄弟宮是財庫位，是存款位、動產位，稱為經濟實力位。保險庫或保險箱，古時候的庫房。
5. 田宅宮，是最大的財庫位，是財產位，是財富的總和位，包括了所有的動產與不動產。
6. 財帛宮是我們對金錢的價值觀，以性格來說，是專講金錢觀方面的性格表現位。
7. 汲營三方：命宮、財帛、事業三宮，為命三方。而財帛宮專講「錢的事」，這個「錢」是現金，是手頭上的錢，現代人因為網路方便，所以處理的形式不同而已。錢，怎麼來、怎麼去，如何得到錢，如何花錢，對待錢的態度、觀念、表現。

8. 講到錢，與錢有直接關係的有三宮，財帛宮講的是現金，是手上的錢，口袋的錢，是如在臺灣的悠遊卡、Line pay、街口支付……等，在大陸的支付寶、微信支付…等，都是財帛宮之一，為小庫。

9. 兄弟宮為中庫，古時候為庫房，存放銀兩，或是動產的地方。今時為保險箱、保險庫、存在銀行的存款，不是銀行位，銀行位是父母宮。

10. 田宅宮為大庫，庫房只是家中的一個房間、空間而已，而田宅卻涵蓋了兄弟宮的中庫，是所有財富（動產＋不動產）的總和宮位。

11. 財帛化祿入「人的宮位」：是我賺錢的能力好，或是收入好，庇蔭到「人的宮位」。我賺錢的能力擅長攀「人的宮位」緣。代表我賺錢的能力好，或是我收入好可以幫助「庇蔭」此人。在金錢上與這個人少計較，因此在金錢上得人和。

12. 財帛宮化祿入「六親宮位」，代表我的收入好，庇蔭六親。

13. 財帛宮化祿入「直系親屬宮位」，代表我的收入好，讓直系親屬寬心、不擔心。

14. 財帛宮化祿入「直系親屬宮位」，代表我在金錢上會給予直系親屬較為寬裕。如對父母的孝養金、給配偶的生活費、給子女的零用錢。

15. 財帛宮化祿入「人的宮位」，代表我在金錢上與此人不會計較。

16. 財帛宮化祿入「人的宮位」，代表我在金錢上信譽良好。

17. 財帛宮化祿入「人的宮位」，代表我在賺錢的領域上，適合接觸人際，所以適合從事與人接觸的行業，如業務、銷售。

18. 對事而言，財帛化祿入「事的宮位」，代表我賺錢的能力，或是收入好，好的一面發揮在哪裡，或是展現在哪裡。我賺錢的能力好，這件事情就會逐漸發展起來，逢我宮同星曜化「權」來會，拓展的力道就會被增強；逢「科」就會穩定成長且持續持久；逢「忌」辛苦多得。

19. 財帛祿出有三：財帛宮自化祿出、財帛宮化祿入福德宮（財帛的對宮）、財帛宮化祿入父母或遷移宮。

20. 祿出有兩個共同的特色：1.藏不住，將好的一面呈現於外。2.變化快速。

21. 簡單歸納：財帛宮是現金緣、金錢價值觀、來財方式（不一定都是自己賺的）、花錢方式、生活用度開銷、婚姻對待位。

財帛宮化祿入命宮

1. 財帛為現金緣，論的是生活開銷、來財方式、行業等。化祿入命宮，表示有一天「財帛的事」會讓我快樂，現金是我福，我與現金有緣，會讓我順心如意。
2. 缺點：賺錢的事讓我順心如意，用錢免煩惱，當然就沒有什麼理財計畫，也不會積極營生，容易安逸知足。
3. 不積極、依賴，撿現成、少了企圖心、胸無大志。
4. 少有理財觀念，少有理財計畫，少有危機意識。花錢多隨緣自在。
5. 凡是化祿入命宮，皆為我福，容易如願，因此表示我有「財」福。賺錢容易順心如意，容易輕鬆獲得，所以適合業績分紅薪水的收入。
6. 對金錢持比較樂觀知足的態度，來財容易，不一定是自己賺來的。但與富有無關，是手頭方便。
7. 現金緣好，帶給我順心如意，容易收入好或高。
8. 現金緣好，適合「業務、銷售」等工作以及「現金生意」。因財為我福。
9. 「同星曜」我宮化權來會，祿權交拱，則機遇好又「積極、拓展」，空間更大。祿科交會，則「財源穩定持久」，祿忌交會，則為「辛苦多得」。

財帛宮化祿入兄弟宮

1. 兄弟為收藏宮（田宅、兄弟、疾厄）。
2. 財帛化祿入兄弟宮，為財帛庇蔭兄弟。表示我的好收入可以幫助兄弟，或是我與兄弟間在金錢上不計較。
3. 財帛宮化祿入收藏宮位，代表收入穩定之象。
4. 兄弟宮為財帛的田宅，財帛化祿入兄弟，代表我的錢花不完變成存款，存款因此而增加，表示一種好收入之象。
5. 適合佣金分紅的收入，也適合創業做現金生意。
6. 有一天我會收入好，賺錢順遂。
7. 兄弟宮是事業的疾厄宮、是財帛的田宅，論事業成就位，因此財帛化祿入兄弟，表示我的收入好，逐漸讓我的事業成就得以成長，我的資金得以逐漸充足甚至豐盈。

財帛宮化祿入夫妻宮—照事業

1. 財帛化祿入夫妻，為財帛庇蔭夫妻。表示我的收入好，有助於婚姻，帶給配偶寬心。
2. 也表示在金錢方面，讓配偶使用方便，讓配偶自由自在花用，不會計較。
3. 祿權坐福德三方，才可以論照，其他九宮位坐祿權，不可以論照。
4. 財帛化祿入夫妻，表示夫妻坐「財帛祿」，可以照事業。表示我賺錢順暢、來財容易。
5. 財帛是夫妻的夫妻，論婚姻對待關係，所以表示夫妻間多和諧，因為不會為了生活上的開銷用度而煩惱或爭執。因此可稱得上是結善緣而來的婚姻。從普羅大眾的角度來思考，貧賤夫妻百事哀，很多夫妻為了柴米油鹽醬醋茶、食衣住行育樂等等生活上的種種花費而煩惱，甚至起爭執，而產生了婚姻上的怨懟。
6. 財帛化祿入夫妻，串連田宅呈旺者，夫妻又是田宅的疾厄，表示結婚後，收入好財務順暢，也會為了安家而置產。
7. 財帛化祿入夫妻，在賺錢上善於攀異性的緣，也可以有助於婚姻的相關人事物，因此從事相關行業是適合的。
8. 財帛化祿入夫妻，照事業，適合業務、銷售。

9. 財帛化祿權入夫妻，適合貴重物品的銷售，如精品、古董、藝品，尤其是貪狼祿。

10. 凡是命三方化祿權入福德三方，串連呈旺者，都適合從事貴重物品的銷售，如精品、古董、藝品。

財帛宮化祿入子女宮

1. 財帛化祿入子女，為財帛庇蔭子女。表示我的收入好可以幫助子女，或是我給子女的零用錢比較充裕寬鬆。

2. 子女為田宅的遷移，對錢而言為祿出，錢財祿出表示手頭寬鬆而多花用，或者方便花用。

3. 子女為田宅的遷移，田宅才是庫位，表示財不入庫，如果又沒有串連田宅呈旺的話，容易虛花一場。

4. 子女為田宅的遷移，論屋外，子女是人際位，所以適合向外求財，及從事業務、銷售方面的工作，不適合在家開店等客人上門。

5. 收入好有助於合夥緣，賺不賺錢，成就會不會好，要看整體飛化結構來看，多祿串連，多忌串連，祿忌合參。

財帛宮自化祿出

1. 財帛自化祿出，也是財帛坐祿，表示我的錢來得容易，因此手頭很寬鬆方便，當然就沒有理財觀念及規劃。
2. 祿出，有變化快速之意，因此很適合做現金生意的日日見財，但須加強財務管理。
3. 祿出，有多花用的現象。
4. 自化祿，本宮仍然有坐祿，只是比較浮誇而已，就是錢財露白。需要注意的是，錢財露白易遭劫。
5. 逢他宮「同星曜」化忌為劫財，表示我的錢露白，被人劫走，或倒貼於人，很容易被賣了還幫人數鈔票。因此容易結怨、生仇。

財帛宮化祿入疾厄宮

1. 疾厄是性格表現宮、情緒表現宮。
2. 財帛為「事」的宮位，化祿入情緒表現宮，代表我賺錢有輕鬆如意的一面。化祿入性格表現宮，在這方面比較安逸，知足常樂。

3. 財帛化祿入疾厄，財入身的愉快。貪狼、廉貞化祿，容易與八大行業有緣。

4. 缺點：不積極、依賴，撿現成、少了企圖心、胸無大志。少有理財觀念，少有理財計畫，少有危機意識。花錢多隨緣自在。

5. 賺錢方式是輕鬆的，不一定是自己賺的。

6. 錢財帶給我快樂，賺錢、用錢都方便，就不會積極的拼命賺錢。所以適合業績分紅薪水，會有較好的收入。

7. 錢財帶給我快樂，賺錢、用錢都方便，當然就沒有什麼理財計畫，也不會積極營生，容易安逸知足。

財帛宮化祿入遷移宮－祿出（照命宮）

1. 財帛化祿遷移，表示我的錢亮麗在外：

A. 我的收入好，經濟活絡，手頭寬鬆方便。

B. 出外好賺錢。

C. 我用的東西或穿著有好的一面。

D. 善理財。

E. 祿出有變動快速之意。

F. 有持續發財之意。

G. 祿入遷移照命宮，如意順遂。

2. 財帛祿入遷移，表示我賺錢容易。

3. 祿出也是花用多。

4. 祿出，也是變化快速，表示現金的進出多、週轉變現快。加上賺錢財容易，很適合現金生意的日日見財。

5. 遷移宮為處世應對的智慧宮，任何宮位化祿入遷移，表示我面對該宮位的人事物，掌握得很好，處理得當而普遍獲得好評。

6. 因此財帛化祿入遷移，表示我在財務上，容易處理得當而收入好，為善理財，可以錢滾錢。

7. 遷移是廣大的社會人際因緣位，主陌生人，因此我適合從事業務、公關、銷售的工作，出外賺錢，或從事時尚行業。

8. 很適合人潮多，尤其是流動客多的地方、變現快、循環投資的現金生意，或口碑取勝的服務業。

9. 格局較差者，重看不重用。也容易是普通銀行行員，或是普通會計人員。

10. 財帛化祿權入遷移，適合貴重物品的銷售，如精品、古董、藝品，尤其是貪狼祿。

11. 凡是命三方化祿權入福德三方，串連呈旺者，都適合從事貴重物品的銷售，如精品、古董、藝品，尤其是貪狼祿。

財帛宮化祿入交友宮

1. 財帛為「事」的宮位，化祿入交友，代表我的錢讓我的朋友使用方便，所以與朋友金錢往來少計較。
2. 財帛為「事」的宮位，化祿入交友三方，代表我花用多。庫位祿出，支出方便，大筆支出，適合批發生意。
3. 我的賺錢方式帶給朋友（客人）快樂，在工作賺錢的領域上，擅長攀緣。
4. 手頭寬鬆方便而多花用，但未必富有，容易缺少理財觀念。
5. 與朋友金錢往來，錢財信用良好、風評佳。
6. 交友為客人，財帛化祿入交友，適合接觸人際的業務、銷售工作。
7. 財帛是金錢，交友是客人，財帛化祿入交友，為庇蔭交友，適合當銀行理專。
8. 很適合人潮多（在地客為主）、變現快、循環投資的現金生意，或口碑取勝的服務業。

9. 財帛化祿入交友，為兄弟祿出，表示我容易整筆支出，信用良好，商譽佳，因此格局佳者，適合現金批發、產地直銷方式的銷售。

財帛宮化祿入事業宮

1. 命宮、財帛、事業，為命三方，為汲營三方。互化祿權，在工作賺錢的領域上，會有經常性的循環性投資。
2. 做生意，容易生意好，資金週轉快速，生意越做越順。財帛為現金，所以適合變現快的現金生意。
3. 上班工作，容易高薪、高職，適合業績分紅薪水較高者。
4. 財運佳，事業宮是運氣位。財路寬廣，賺錢手氣順。容易有心栽花花不開，無心插柳柳成蔭。
5. 「同星曜」我宮化權來會，祿權交拱，則機遇好又「積極、拓展」，空間更大。祿科交會，則「財源穩定持久」，祿忌交會，則為「辛苦多得」。

財帛宮化祿入田宅宮

1. 財帛為「事」的宮位，化祿入六親宮位，代表我的錢讓我的家人使用方便，所以與家人之間在金錢上不計較。

2. 財帛為「事」的宮位，化祿入收藏宮位，代表我的錢花不完，財產因此而增加，表示一種高收入之象。穩定持續增進之象。

3. 表示我的收入好，庇蔭我的家人、家庭。

4. 表示對家人在金錢上少計較，家庭經濟生活優渥。

5. 田宅為最大的財庫位，財帛是現金，為祿入財鄉，表示我的收入好，好到用不完，變成財產。

6. 容易購屋置產，或是房屋增建（現代人較少這個機會）。

7. 容易高薪，適合業績分紅薪水，也適合做生意。

財帛宮化祿入福德宮－直接祿出（回照財帛）

1. 財帛為「事」的宮位，化祿入性格宮，代表我賺錢有輕鬆如意的一面。也容易在這方面比較安逸，知足常樂。

2. 祿入福德回照財帛，金錢如意順遂。有福之人。

3. 缺點：不積極、依賴，撿現成、少了企圖心、胸無大志。少有理財觀念，少有理財計畫，少有危機意識。花錢多隨緣自在。

4. 工作賺錢容易如意順遂，心想事成。
5. 賺錢輕鬆，不一定自己賺的。很容易有意外之財。
6. 賺錢輕鬆如願，來財容易，因此不會積極的拼命賺錢。所以適合業績分紅薪水，會有較高的收入。
7. 福德坐祿，天從人願、心想事成，在合理的範圍或目標，所求皆遂。因次賺錢、用錢免煩惱，當然就沒有什麼理財計畫，也不會積極營生，容易安逸知足。
8. 也是財帛祿出，很適合現金生意的日日見財。
9. 衣食豐足，但不一定富有。
10. 福德為「勞神、操煩、憂慮」的性格宮，坐祿，無危機意識。祿出，花錢多隨興。
11. 適合業務、銷售，也可以從事旅遊、休閒、服飾、珠寶、精品、才藝、心靈、文化等事業。
12. 最好能以熱衷的興趣為業，盡人事則常福至天成。
13. 財帛化祿權入遷移，適合貴重物品的銷售，如精品、古董、藝品，尤其是貪狼祿。
14. 凡是命三方化祿權入福德三方，串連呈旺者，都適合從事貴重物品的銷售，如精品、古董、藝品，尤其是貪狼祿。

財帛宮化祿入父母宮－祿出

1. 我的錢亮麗在外，表示：

A. 我的收入好，經濟活絡，手頭寬鬆方便。

B. 出外好賺錢。

C. 我用的東西或穿著有好的一面。

D. 善理財。

E. 祿出有變動快速之意。

F. 有持續發財之意。

2. 財帛為「事」的宮位，化祿入六親宮位，代表我的錢讓我的父母使用方便，所以給父母的生活費、孝養金不計較，給得充裕。

3. 父母為交友的財帛，論與人金錢往來或與銀行金錢往來。祿是喜悅，所以信用良好。財帛祿出，很適合現金生意的日日見財。

4. 財帛祿出人際位，手頭寬鬆，方便而多花用，但未必富有，容易缺少理財觀念。

5. 與長輩朋友或父母的金錢往來，少計較。

6. 與長輩朋友金錢往來，錢財信用良好、風評佳。
7. 父母為銀髮族的客層，財帛化祿入父母，適合接觸人際（尤其是銀髮族）的業務、銷售工作。
8. 財帛是金錢，父母是客人，財帛化祿入父母，為庇蔭父母，適合當銀行理專。
9. 很適合人潮多（在地客為主）、變現快、循環投資的現金生意，或口碑取勝的服務業。
10. 父母為銀行位，容易與銀行多金錢往來。
11. 格局不高者，容易是普通的銀行行員、代收帳款、會計。

第二節　財帛宮化權入十二宮

化權象推理解釋：壯盛「強大的力量」、掌控「命、福、遷」、成就於「幫助或庇蔭人事物」。以賺錢的立場來看，財帛化權入某宮，是我賺錢的能力，展現在哪裡。吉化串連「兄弟宮」呈旺者，市場拓展能力強而可以獲得升遷或事業有成。一般格局者，有收入不錯的一面。以花錢的立場來看，是我大筆或整筆花用在什麼人事物身上。財帛化權入「人的宮位」，代表我花錢在此人身上是大方的、是闊氣的、是豪氣的。容易為此人大筆花用。花錢是大方的、是闊氣的、是豪氣的，賺錢是大筆的收入。如果逢遷移、父母兩表象宮，同星曜化祿來會，則容易虛華（場面鋪張）浪費。

財帛宮化權入命宮

1. 命宮坐財帛權，我賺錢能力強的一面展現在命宮上，表示我內心強大的力量來源，有一部份是來自我的財帛宮。
2. 在賺錢的領域上，隨著我的收入越來越好，讓我的內心越來越強大，越來越有自信。
3. 在賺錢的領域上，要積極的發展專業技能，以創造更好的收入。

4. 我的賺錢能力強，帶給我自信，如果做生意，會想要做高利潤的。格局好，則越賺越多。格局不好，容易好高騖遠，心氣高能力跟不上，所謂的中看不重用。

5. 如果人際宮位串連呈旺者，適合業務開發、拓展、領導工作。適合分紅、佣金收入的行業。

6. 內心有了自信，有了好收入，自然就會展現積極企圖心，拓展事業版圖，自然有利於升遷或創業。

財帛宮化權入兄弟宮

1. 論人，兄弟宮為我兄弟姊妹們，我賺錢能力強的一面展現在兄弟上，我的收入好，可以幫助手足。

2. 論事，兄弟宮為財庫位，表示我常有大筆的收入，挹注到我的財庫「存款」，使我的經濟實力越來越好。適合分紅、佣金收入的行業。

3. 兄弟宮為我的事業成就位，財帛為汲營三方之一，表示我的賺錢能力得以展現於事業成就上，對於事業成就具有擴張的效果，首先會有收入好的現象，若串連相關宮位呈旺，容易獲得升遷。

4. 如果是串連交友三方呈旺者，我賺錢能力就會展現在拓展市場上，因此得以開創事業。

5. 我賺錢的能力強的一面要展現，配合發展專業技能，容易創造更好的收入。尤其又直接化權入事業成就位的兄弟宮更好。

財帛宮化權入夫妻宮—照事業

1. 論人，夫妻宮是我的配偶或異性朋友，我賺錢、花錢能力強的一面，展現在配偶身上，因此給我配偶的生活費是整筆的、是寬裕的，給配偶的生活開銷用度是大方的。
2. 夫妻宮為我的配偶，表示我的收入好，讓我的配偶有信心。
3. 論人，也是我的異性朋友。表示我賺錢能力好，可以幫助異性朋友。
4. 論事，夫妻宮是我的婚姻之事，表示我的收入好，可以成就婚姻。
5. 表示我婚後收入可以更高、更好，讓我的配偶更有自信。配偶不用為花錢煩惱。
6. 財帛化權入夫妻宮照事業宮，我會主動積極努力地賺錢，讓我的工作表現更好（夫妻為事業的遷移，事業權出）。
7. 財帛化權入夫妻照事業，為事業權出，賺錢順利快速，適合大宗貨物的買賣，過手生意。
8. 如果有串連田宅呈旺者，夫妻為田宅的疾厄，容易置產安家。
9. 夫妻為福德三方，財帛化權入夫妻，適合貴重物品的銷售，如精品、古董、藝品，尤其是貪狼權。

10. 凡是命三方化祿權入福德三方，串連呈旺者，都適合從事貴重物品的銷售，如精品、古董、藝品，尤其是貪狼祿權。

財帛宮化權入子女宮－田宅權出

1. 論人，我賺錢、花錢能力強的一面展現在子女身上。
2. 我用金錢來成就我的子女，對晚輩，我們的成就方式，是用栽培或幫助的。
3. 我給小孩的零用錢充裕，整筆的給予，注意是否給小孩的用度過多。
4. 逢善星「天機、天梁」，又是性格宮或是根器宮同星曜化祿來會，容易大筆捐款給弱勢族群。
5. 財帛權入子女，為田宅權出，庫位權出，容易大筆花用，防浪費。
6. 子女為人際三方，在人際間闊氣的大筆花用。如果會遷移、父母的祿，則容易虛華（場面鋪張）浪費。

財帛宮自化權出

1. 自化權出，自化而出，是一種漫不經心的表現，也是意志不堅定的表現，我們稱為沒有原則的出。就是在不知不覺中、不經意又不分場合的把財帛的權表現出來。

2. 就花錢的角度來說，容易大筆支出，隨意花用，不會用心理財，所以務必養成儲蓄的習慣。

3. 就賺錢的角度而言，容易大筆進帳。

4. 權出，有變動快速之意，所以適合現金生意，如現金切貨、脫手的循環生財，最好發展潮流、時尚等領先市場的產品銷售，就是所謂的「時機財」，好也不會太長久，適合不斷推陳出新的產品變化。

5. 就賺錢的能力而言，適合培養專業技能，才容易獲得高薪或高職位。

6. 財帛自化權出，看似積極、能幹，容易虎頭蛇尾，或沒有長遠的計畫與管理，不能持久，需要加強理財，及養成隨時儲蓄的習慣。

7. 格局不佳者，適合穩定上班領薪水。

財帛宮化權入疾厄宮

1. 我賺錢能力強的一面，展現在疾厄上。

2. 身上常帶著大筆的錢。

3. 賺錢的事讓我積極、充滿活力、有幹勁，又有好收入。

4. 疾厄坐財帛權，賺錢的領域上，主動積極、乾脆、有活力的人。
5. 疾厄坐財帛權，在賺錢的領域上抗壓性高，不怕勞累、耐操。
6. 疾厄坐權，充滿活力幹勁，容易是耗體力的技術性工作者。或是粗重工作者。
7. 適合分紅、佣金收入的行業。
8. 權為壯盛，代表強大的力量，因此財帛化權，表示我在賺錢的領域上有強大的拓展能力，適合發展專業技能，也可以創業。
9. 擁有專業技能，容易創造高薪或高職位。
10. 創業上，疾厄坐財帛權，表示體力支出大，或親力親為，或工作時間長，格局較差的容易是老闆兼夥計。

財帛宮化權入遷移宮—權出（照命宮）

1. 我賺錢、花錢能力強的一面，展現在遷移。
2. 我的錢在社會上是亮麗的，因此錢容易花在可以展現身分地位的象徵上面，比方說穿戴名牌、用高檔的東西、吃高檔食材或進高檔餐廳，這都在在顯示了我的高收入，賺錢能力好，因此我的支出能力強，信用佳。

3. 賺錢能力展現在外，如果是做生意，則拓展市場能力強。

4. 財帛化權遷移，表示我賺錢的能力展現於社會上，適合發展專業技能，擁有專業技能或特殊才能，容易創造高薪或高職，也容易展現我在專業上的敏銳觀察力、決斷力。

5. 另外我的專業技能權出，表示展現於社會，因此有利於專利的申請。有了專利產品，收入更好。

6. 格局好，懂得經營賺錢，容易大筆錢進出。

7. 格局不強者，容易中看不重用，有面子沒有裡子，容易財大氣粗，或者容易是銀行的理財專員。

8. 格局好，代表有拓展能力強，串連兄弟宮呈旺者，易升遷、調薪，甚至創業。

9. 遷移為福德三方，財帛化權入遷移，適合貴重物品的銷售，如精品、古董、藝品，尤其是貪狼權。

10. 凡是命三方化祿權入福德三方，串連呈旺者，都適合從事貴重物品的銷售，如精品、古董、藝品，尤其是貪狼祿權。

財帛宮化權入交友宮－兄弟權出

1. 我賺錢、花錢能力強的一面，展現在交友上。
2. 我用大筆金額幫助朋友、成就朋友。容易是用錢交朋友，在人際間很活躍，但須防金錢露白，招盜引賊。
3. 在人際場合，花錢好面子，敢花錢，容易給人財大氣粗的形象，不見得有裡子。
4. 為兄弟宮「庫位」權出，格局好，表示我容易有大筆進出，信用好。適合大手筆、批發或高價位的生意。
5. 格局不強者，也適合賣場、專櫃的行銷人員，或是銀行行員。
6. 財帛化權入交友，遷移、父母同星曜化祿來會，則容易注重表面，場面虛華，鋪張浪費。

財帛宮化權入事業宮

1. 我賺錢、花錢能力強的一面，展現在工作領域上。
2. 我的錢成就我的工作運，容易用錢投資在工作上，串連兄弟宮呈旺者，事業越做越大。適合將錢投資在事業上。

3. 如果是做現金生意者，容易生意越做越大，資金越滾越多。

4. 會經常性的循環投資於工作或事業上。

5. 財帛化權入事業，表示我賺錢的能力展現在工作上，適合發展專業技能，擁有專業技能，容易創造高薪，或高職位，也適合分紅收入。

6. 串連交友三方呈旺者，從事公關業務行銷方面的工作者，市場展現拓展能力強，適合佣金收入，收入好。

7. 由於市場展現拓展能力強，因此適合市場開發，有適合以此為創業條件。

財帛宮化權入田宅宮

1. 我賺錢、花錢能力強的一面，展現在田宅上。

2. 我的錢成就我的財產，表示我的收入好，使財產增進。所以容易裝潢、增建，或再置產，換更大的房子。

3. 容易用錢滾錢，財產越來越多。適合將錢投資在房地產上。所以慢慢地就學會理財、活用於房地產的經營上，獲得高收益。

4. 我在市場上展現拓展能力強，展現在創造財富上。

5. 我在市場展現拓展能力強，適合發展專業技能，擁有專業技能，容易創造更好的收入，適合分紅收入。
6. 田宅為收藏三方，代表收入好且穩定。

財帛宮化權入福德宮－直接權出（回照財帛）

1. 我賺錢、花錢能力強的一面，展現在福德宮上。
2. 賺錢、花錢的事情上讓我充滿活力、態度非常積極、好勝心強、不認輸。
3. 賺錢花錢的事情讓我好勝，所以我會比較愛體面、愛表現、敢賺敢花。
4. 容易用金錢來滿足我的慾望（福德為個人的興趣嗜好享受位）。
5. 比較重視物質生活，容易奢華浪費。
6. 適合培養專業技能、特殊巧藝（福德為個人的興趣嗜好享受位），容易有更好的收入，適合分紅薪水的收入。串連兄弟宮呈旺者，容易升遷或創業。
7. 財帛化權入福德，適合貴重物品的銷售，如精品、古董、藝品，尤其是貪狼權。
8. 凡是命三方化祿權入福德三方，串連呈旺者，都適合從事貴重物品的銷售，如精品、古董、藝品，尤其是貪狼祿權。

財帛宮化權入父母宮－權出

1. 我賺錢、花錢能力強的一面，展現在父母上。
2. 財帛化權入父母，為財帛權出，容易有大筆花用。
3. 父母為交友財，所以容易與人多金錢往來，且容易是大筆金額的往來，信用良好。
4. 父母為交友財，是銀行位，所以容易與銀行往來，且是大筆金額的往來，信用良好。
5. 財帛權出，且父母為人際三方，花錢時容易愛面子、講排場，因此容易虛華浪費，尤其是會遷移、父母的祿。
6. 格局不佳時，容易是銀行行員。
7. 就賺錢的能力而言，適合培養專業技能，容易獲得高薪或高職位。
8. 就花錢的角度而言，容易大筆花用，出手大方。防奢侈浪費。
9. 就賺錢的角度而言，容易大筆進帳。

第三節　財帛宮化科入十二宮

財帛宮化科入命宮

1. 錢財的進出是細水長流的。
2. 在生活上的用度是量入為出的。

財帛宮化科入兄弟宮

1. 收入不多，儲蓄存款也不多。
2. 收入雖然不多，細水長流，但不無小補。足夠日常生活所需。

財帛宮化科入夫妻宮—照事業

1. 給配偶的錢是理智的，對配偶的零用錢有所節制，是量入為出的。
2. 婚後對日常生活的開銷，是理智的，是計畫性消費的，會互相商量的。

財帛宮化科入子女宮

1. 給小孩的錢是理智的，對小孩的零用錢有所節制。
2. 財帛化科入子女，為田宅科出，代表我對生活的支出大多有計畫，量入為出。

財帛宮自化科出

1. 科雖然理智，但自化科出，表示不用心的理財，因此理財不夠周全。雖然週轉容易，卻增添了不少借貸麻煩（小額款項調度容易）。
2. 適合小生意，不複雜的財務，細水長流的收入，或穩定的上班族為佳。

財帛宮化科入疾厄宮

1. 身上帶的錢剛好夠用。
2. 收入不多，細水長流，剛好夠用。不無小補。量入為出。

財帛宮化科入遷移宮－科出（照命宮）

1. 財帛科出，理財量入為出。

2. 容易現金週轉。

財帛宮化科入交友宮

1. 給朋友小額金錢往來的方便。
2. 財帛科入交友，為兄弟科出，小額金錢的進出，或分期付款。
3. 支出多有計畫，量入為出。往來信用良好。

財帛宮化科入事業宮

1. 錢適度的投資在事業上，事業發展平穩。化科，利潤平平。
2. 財帛可以論行業，化科適合文宣、廣告方面的工作。

財帛宮化科入田宅宮

1. 收入不多，細水長流，不無小補。
2. 生活上量入為出，收支平衡。
3. 我計畫性儲蓄（財帛穩定的入收藏宮）。

財帛宮化科入福德宮－直接科出（回照財帛）

1. 收入不多，量入為出，生活滿足，不會刻意追求物質生活。
2. 生活樸實，沒有什麼慾望。

財帛宮化科入父母宮（科出）

1. 財帛科出，量入為出、理財記帳、收支平衡。
2. 容易分期付款。小額金錢往來。
3. 就賺錢的能力而言，適合文宣、廣告。
4. 就花錢的角度而言，容易小額支出，量入為出。
5. 就賺錢的角度而言，容易小額收入，收入不多，不無小補。

第四節 財帛宮化忌入十二宮

凡所有宮位忌入命宮、疾厄、福德皆為債，何為債？債就是責任、義務，不得不付出。忌入命為勞心、忌入疾厄為勞力、忌入福德為勞神勞煩。皆容易為錢所役使，產生情緒上的苦惱，又不得不為之。

財帛為我手頭上的現金，花用錢，或賺錢的方式、行業。

〔象〕分內外：對內為斂，對外為出。財帛化忌入父母、夫妻、子女等六親宮，對內是六親，對外是他宮的人事，所以解釋上會南轅北轍。財帛化忌入六親宮，收入上會帶給家人擔心，支出上會不足，所以往往家人必須自己另闢財源。財帛化忌入他宮，為支出多，表示對外人大方。

財帛宮化忌入命宮—沖遷移

1. 賺辛苦錢，或做生意則利潤微薄。當然也最適合安定上班「固定薪資」（忌者亦為固定）。
2. 為了生活費而苦惱。
3. 討厭為錢傷腦筋而不愛理財，也沒有金錢概念。
4. 廉貞、貪狼化忌，容易好賭，或花錢在酒色財氣上，易沉迷。

財帛宮化忌入疾厄宮－沖父母

1. 為錢勞碌、為錢辛苦、為錢忙碌。
2. 疾厄為收藏三方，所以個性勤儉儲蓄，賺的都是辛苦錢，所以錢要花在刀口上。容易老闆兼夥計。
3. 個性比較內斂，比較不重視朋友，而少社交活動（沖交友三方）。
4. 適合「現金小生意」（忌，辛苦累積）。

財帛宮化忌入福德宮－直接忌出（回沖財帛）

1. 為了興趣、嗜好、享受上的事情而捨得花錢。是選擇性的花在自己喜歡的事物上。
2. 口袋留不住錢、錢多帶多花用、不善理財、亂花錢、為錢苦急。
3. 容易沉迷所好、玩物喪志而支出大（廉貞、貪狼）。

財帛化忌入「人」的宮位，對六親而言，為收斂。對外人而言為出。

1. 財帛宮化忌入兄弟宮（沖交友）：我的錢讓兄弟使用得不痛快，或不方便，或計較錢。
2. 財帛宮化忌入夫妻宮（沖事業）：我的錢讓配偶使用得不痛快，或不方便，或計較錢。所以彼此的婚姻對待關係並不好，太太必須幫忙賺生活費。對外面的異性朋友卻大方慷慨。

3. 財帛宮化忌入子女宮（沖田宅）：我的錢讓小孩使用得不痛快，或不方便，或計較錢。給小孩的零用錢不夠用，小孩必須幫忙賺生活費。以前叫做「童工」，現在叫「打工」。對別人的小孩反而慷慨。為田宅忌出，所以會支出大。

4. 財帛宮化忌入父母宮為忌出（沖疾厄）：我的錢讓父母使用得不痛快，或不方便，或計較錢。給父母的孝養金不夠用，所以父母會擔心我的收入夠不夠生活開銷。對財帛而言為忌出，所以支出大。

5. 財帛宮化忌入田宅宮（沖子女）：田宅為家人，我的錢讓家人使用得不痛快，或不方便，或計較錢。

6. 財帛宮化忌入交友宮（沖兄弟）：交友為他人、朋友，所以對朋友大方，且為兄弟庫位忌出，所以支出大。

7. 財帛宮化忌入遷移宮為忌出（沖命宮）：遷移為陌生人，且為忌出於命宮，所以支出多。

財帛化忌入「事」的宮位

1. 忌入收藏三方為斂藏，主勤儉儲蓄，個性守成安份。

2. 忌入命、疾厄、福德、事業為辛苦。或者錢花在哪裡。

3. 財帛化忌入兄弟（沖交友）：

A. 為勤儉儲蓄、個性守成安定。

B. 沖交友宮，就會因為個性比較內斂，比較不重視朋友，而少社交活動。

C. 格局好容易儲蓄置產。格局不好，省小錢花大錢。

4. 財帛化忌入夫妻（沖事業）：

A. 婚姻生活常常為了錢的事情煩惱或不愉快，導致婚姻生活無趣。我們也稱為惡緣的婚姻。

B. 錢花在追求異性、婚禮上。

C. 沖事業，容易收入不穩定，因為事業為忌出。

5. 財帛化忌入子女（沖田宅）：

A. 錢花在子女的生活費、教育費。

B. 支出多，生活費容易捉襟見肘。沖田宅。

6. 財帛自化忌出：沖福德（力量減半）

A. 自化忌出為沒有原則的出而不藏、消散之意。

B. 所謂沒有原則，就是漫不經心，在不知不覺中、或不經意不分場合的呈現出來。

C. 代表對錢沒有概念，不善理財，口袋的錢留不住。

D. 錢花到哪裡去不知道。身上最好不要多帶錢。

7. 財帛化忌入遷移（沖命宮）：

A. 為財帛忌出，我的錢在社會上黯淡無光，有可能收入不佳，穿著簡約樸實。

B. 或口袋常常沒錢或不夠用。

C. 遷移又為處世應對的智慧宮位，代表我處理事情的手法，所以財帛化忌入遷移，表示錢的事情讓我的智慧縮水了，處理錢或賺錢的手法笨拙之意。也就是不善汲營。

D. 花錢花在難以預期的事情上，莫名支出甚多。遷移為福運位、際遇位。

8. 財帛化忌入交友（沖兄弟庫位）：

A. 錢花在交友上，容易用錢交朋友，當然是個重情重義捨得花錢的人。

B. 容易大筆支出。兄弟庫位忌出。

9. 財帛化忌入事業（沖夫妻）：

A. 錢花在工作事業上。

B. 或為了工作需要自己掏腰包，但事業坐忌，容易工作不順，因此穩定工作蠻重要的。

C. 不適合資金大、回收慢的生產行業。

D. 適合不囤貨、壓本的小本生意或買賣、仲介、技術、顧問、會計、代書等服務業。

10. 財帛化忌入田宅（沖子女）：

A. 為勤儉儲蓄持家，錢捨不得花。

B. 儲蓄為漸進式的，格局好容易儲蓄置產；格局不好，省小錢花大錢。

C. 個性比較內斂，比較不重視朋友，而少社交活動（沖交友三方）。

11. 財帛化忌入父母為忌出（沖疾厄）：

A. 最好不要與人有金錢往來，往往有去無回。

B. 財帛忌出，表示我本身支出大，若借貸容易還不出來，容易導致信用不佳。

C. 父母宮為交友的財帛宮，為借貸位、銀行位。

第八章

疾厄宮四化入十二宮的推理解釋

第八章 疾厄宮四化入十二宮的推理解釋

第一節 疾厄宮化祿入十二宮

疾厄宮是疾病與災厄、身體健康、疾病、意外、身體習性位、情緒反應位、身體的高矮胖瘦、肢體語言表現出人與人相處的模式與形象、活動力、家運位、工作場、物質生活位、媳婦位。

疾厄宮化祿入B宮，推理解釋：

B宮為「人」的宮位時：我喜歡他（她）時，我會主動靠近他（她）、親近他（她），對他（她）比較熱情，往往會有身體上的接觸，體貼他（她）帶給他（她）快樂；我會給他（她）自由的空間，對他（她）寬容不計較，同時他（她）也會給我正面回應。

疾厄為身體，化祿入「人」的宮位，有四個特點：

A. 我喜歡常親近此人，往往有身體的接觸，身體的界線比較模糊，尤其「貪狼或廉貞」化祿，總是帶著情愫來的。

B. 對此人會比較熱情。

C. 與此人相處愉快。

D. 給此人的印象形象比較好。

B宮為「事」的宮位時：我喜歡主動做這件事，親自做這件事，但做得輕鬆，容易事半功倍，做這件事帶給我快樂，當我去做它時，我會有所收穫而感到快樂。

疾厄宮化祿入命宮

1. 身體是我福，我可以享受到身體所帶來的福和快樂，其象義如同疾厄坐生年祿。
2. 身體有福，所以肢體動作就會比較悠閒自在，就會顯得比較懶散閒散、不愛運動，當然就比較容易發福（胖）了。
3. 身體有福，所以比較少病痛的折磨，有病得良醫，身體的自我療癒能力好，多休息、多喝水，很快恢復健康。
4. 身體有福，身體的狀態好，帶給心情愉快，神清氣爽，情緒也會常保愉快。
5. 疾厄是田宅的事業宮，論家運財產運，若串連田宅呈旺者，家運好，享受家運之福，享受現成的，生活條件優渥。缺點是少了操心和擔當，過於安逸，容易養尊處優，沒有壓力，就少了成長動力。

6. 疾厄是事業的田宅，論工作場域，表示我得以享受工作場所帶來的快樂，因此工作場域會比較舒適。

7. 與交友交祿者，與朋友常相處且熱情、好商量、人緣好。

8. 「家道興隆」串連疾厄呈旺者，疾厄為子女的夫妻宮，媳婦位，所以媳婦緣好。長子也異性緣早來。

9. 「事業成就運」串連疾厄呈旺者，做店面生意，店面越做越大。大店面，生意好。

疾厄宮化祿入兄弟宮

1. 只要牽涉到有血緣關係的男丁，一定要記住，論親情時，家道破要優先論（忌先行），如果家道破敗，家道不興，家道中落，有血緣的男丁間的相處，總是受到家道壓制。

2. 「家道沒敗且家道興隆」串連「疾厄化祿入兄弟」呈旺者，我常常會主動去找兄弟，串串門子，聊天遊玩總是在一起，相處融洽愉快，兄友弟恭。

3. 兄弟是疾厄的事業宮，為身體氣數位、身體運位、體質位，我身體的福入了收藏宮，又福入體質位，串連「健康相關宮位」呈旺者，表示我身體健康狀態有很好的一面。

4. 兄弟是事業的疾厄宮，且是財帛的田宅宮，合稱事業成就位。而疾厄是事業的田宅位，表示我工作場域的福入了事業成就位，工作場域越大越舒適，賺錢越順遂，當然要量力而為。

5. 疾厄也是身體，身體之福入了事業成就位，表示我做生意容易事半功倍，尤其串連「事業成就運」呈旺者，且串連「破軍、貪狼、廉貞」等偏財星呈旺者，輕鬆工作經營，可以獲得高收入。

疾厄宮化祿入夫妻宮－照事業

1. 「家道沒敗且家道興隆」串連「疾厄化祿入夫妻」呈旺者，我對配偶會比較溫柔體貼，耳鬢廝磨的肢體傳達情意，熱情，夫妻間相處融洽。

2. 我對異性也會溫柔體貼，耳鬢廝磨的肢體傳達情意、熱情，相處融洽，容易擦槍走火。尤其是「貪狼或廉貞」化祿，總是帶著情愫來的。

3. 「家道沒敗且家道興隆」串連「疾厄化祿入夫妻」呈旺者，夫妻是田宅的疾厄宮為家運位，是命主專屬的財神爺，所以會對老婆很體貼，家運自然興隆。

4. 夫妻是疾厄的田宅，所以疾厄化祿入夫妻，身體就會發福（胖）。串連「命宮、福德、遷移、父母」多祿呈旺者，容易過胖，減肥不容易，常常會感覺到喝水也會胖。這樣會越來越懶得動。

5. 疾厄祿入夫妻照事業，夫妻為田宅的疾厄，家運會因工作順遂而蒸蒸日上。

6. 做生意的人，疾厄祿入夫妻照事業，對事業而言為祿出，所以門面要大、要顯眼、要亮，生意會更好。

7. 「事業成就運沒有敗或忌出，且事業成就運」串連「疾厄化祿入夫妻」呈旺，星曜串連「破軍、貪狼、廉貞」等偏財星呈旺者，可以從事生產事業，或是重資本事業。

疾厄宮化祿入子女宮

1. 「家道沒敗且家道興隆」串連「疾厄化祿入子女」呈旺者，我常常會主動且喜歡去找兒子親近親近、串串門子、聊聊天喝喝茶，總是在一起，相處融洽愉快。

2. 在小孩或晚輩面前的形象良好，對小孩子熱情，主動跟他們玩在一起。我對小孩或晚輩比較和顏悅色，比較有耐性，很能討小孩的喜歡。

3. 子女由性而來，為性生活、性功能位。子女是疾厄的福德，為身體享受位。子女是夫妻的下一宮，外遇位。我的命、疾、福化「貪狼或廉貞」祿入子女，代表我喜歡子女的事，所以論性生活、論桃花、論外遇，容易多情慾。

4. 疾厄是身體，化祿入子女，子女為田宅的遷移，論屋外，所以我喜歡到外面閒晃。
5. 「健康相關宮位」串連呈旺者，論健康好，性功能好。若是桃花星「貪狼或廉貞」化祿，更好。
6. 「命宮、福德、遷移、子女」串連「疾厄化祿入子女」呈旺者，適合從事教育或與年輕族群互動的相關產業。

疾厄宮化祿入財帛宮

1. 疾厄也是身體，身體之福入了現金位，表示在賺錢上輕鬆愉快，尤其串連「命宮、福德、遷移」呈旺，星曜串連「破軍、貪狼、廉貞」等偏財星呈旺者，輕鬆獲得高收入。適合從事佣金分紅為主的行業。
2. 如果化「貪狼或廉貞」祿，表示身體帶桃花財，有賺風花雪月財的條件。
3. 疾厄化祿入財帛，為福德祿出，不喜歡流汗或辛苦的賺錢方式，有賺錢輕鬆的一面。缺點是來財容易、隨興花用，沒有理財觀念（人性）。
4. 適合做現金生意、賺錢輕鬆的買賣業。
5. 工作場所大或舒適（福德祿出）。如果經營店面越舒適生意越好。
6. 物質生活優渥，悠遊享受（福德祿出）。

7. 串連「命宮、福德、遷移」呈旺，星曜串連「破軍、貪狼、廉貞」等偏財星呈旺者，容易賺到時機財（輕鬆賺、賺軟錢、輕鬆獲得高收入）。

疾厄宮自化祿出

1. 自化祿出，是我的祿，沒有原則的祿出，具有浮誇、漫不經心的特質。在不經意中、又不知不覺展現出好的一面。有快速的現象、不夠用心、漫不經心、忘性、船過水無痕……等特質。
2. 疾厄自化祿出，我個性容易安樂、慵懶、享受生活、隨遇而安。但是缺乏耐性，容易半途而廢，也容易發胖。
3. 雖然好相處，但防漫不經心、原則意志不足，容易被「牽著鼻子」走（他宮同星曜化忌來劫，祿隨忌走）。
4. 串連「命宮、福德、遷移」呈旺者，悠閒散漫、逍遙怠志，機會容易從手邊溜走。

疾厄宮化祿入遷移宮－祿出（照命宮）

1. 只要我願意，我可以很輕鬆地和陌生人交談，相談甚歡、相處融洽。

2. 疾厄是情緒反應位，祿出於遷移宮，表示常將好情緒顯露於社會上，所以給人的感覺就是脾氣好、隨和、好鬥陣（好相處）。

3. 本身個性好相處，也容易多交「隨緣」的朋友。

4. 脾氣好、個性隨和、好相處，尤其串連「命宮、福德、遷移」呈旺者，容易隨遇而安，隨遇而安就不容易積極，個性上就容易安逸、逍遙。

5. 脾氣好、個性隨和、好相處，尤其串連「命宮、福德、遷移」呈旺者，難免會人人好，因此個人意志容易受到環境所左右，為了經營社會關係，容易說好話、阿諛奉承、曲意迎合、巧言令色……等。

6. 肉體祿出，為肉體橫發。容易發胖，但身體好（遷移為福德的事業，為福運位）。

7. 少病痛，身體的好顯象於外，且身體的福入了福運位，生大病時，易得良醫良藥。

8. 疾厄化祿入遷移，照命宮，工作場域適合比較大又舒適。

9. 「事業成就運沒有敗或忌出，且事業成就運」串連「疾厄化祿入遷移」呈旺，星曜串連「破軍、貪狼、廉貞」等偏財星呈旺者，可以從事生產事業或是重資本事業。

疾厄宮化祿入交友宮

1. 我對朋友會比較溫柔、體貼、熱情，給人親切、溫暖的感受，肢體語言豐富，容易有肢體的接觸，因此如果是異性朋友的交往，容易耳鬢廝磨擦槍走火。尤其是桃花星（貪狼或廉貞）化祿更為明顯。
2. 疾厄化祿入交友，為兄弟祿出，體質健康形於外，給人感覺健康爽朗的一面，氣色好，與人好相處。
3. 建立舒適的工作場域，帶給顧客愉快的氛圍。如果經營店面生意，要往人潮多的地方開設，讓顧客可以久坐，享受店內的氛圍，適合經營咖啡、茶藝、餐飲、休閒行業等服務業。

疾厄宮化祿入事業宮

1. 我身體的福入事業宮，表示我在工作上輕鬆完成的一面，不容易遇到挑戰、困難的工作內容，賺錢輕鬆。但防不夠積極、不夠敬業。
2. 工作場域比較大或舒適，對工作表現有利。如果經營店面，越大越舒適，生意越好。
3. 事業為夫妻的遷移，體型的遷移宮，加上賺錢輕鬆，當然物質生活就比較優渥，最容易心寬體胖、過胖。但防很不容易「減肥」（連喝水也會胖）。

4. 「家道興隆」串連「疾厄化祿入事業」呈旺者，家運好，可以經營家族事業。

5. 「事業成就運沒有敗或忌出，且事業成就運」串連「疾厄化祿入事業」呈旺，星曜串連「破軍、貪狼、廉貞」等偏財星呈旺者，可以從事生產事業或是重資本事業。

疾厄宮化祿入田宅宮

1. 「家道沒敗且家道興隆」串連「疾厄化祿入田宅」呈旺者，我常常會主動且喜歡去找宗族的親人親近親近、串串門子、聊聊天喝喝茶，總是在一起相處融洽愉快。

2. 疾厄是田宅的事業宮，論家運、財產運，疾厄又直接化祿入田宅，家運好、財產運好，家庭容易幸福美滿。

3. 在家時間多，與家人相處和顏悅色，家庭和樂。

4. 我喜歡寬敞、明亮的生活環境、空間，享受生活。

5. 身體的福入收藏宮，健康好，易長壽（身體與家有緣），但防運動量不足、發胖。

6. 工作場域，福蔭自家，串連「事業成就運」呈旺者，可以經營家庭事業，或自家開店營利，或在家設工作室。

疾厄宮化祿入福德宮－照財帛

1. 身體的福入了興趣嗜好享受位，所以喜歡享受，懶得動，很容易發胖。容易懶散、逍遙、不積極。懶人有懶福。

2. 身體的福入了享受位，知足常樂。身體帶給我快樂，所以生病容易痊癒，不會有太多的折磨。大病好死。「健康相關宮位」破得不重，又「家道興隆」串連「疾厄化祿入福德」呈旺者，容易無疾而終、壽終正寢。

3. 福德是興趣嗜好享受位，身體喜歡做一些與興趣有關的事，興趣很廣泛、多元，但不持久（祿，是隨緣自在）。

4. 工作場域比較大或舒適，照財帛，對收入有利，如果經營店面，越大越舒適，生意越好。

5. 「事業成就運沒有敗或忌出，且事業成就運」串連「疾厄化祿入福德」呈旺，星曜串連「破軍、貪狼、廉貞」等偏財星呈旺者，可以從事生產事業或是重資本事業。

6. 物質生活好，優渥享受（家運好而物質條件高），但防耽於逸樂而少衝勁。

疾厄宮化祿入父母宮－直接祿出

1. 我喜歡親近長輩或師長或上司老闆，對他們會比較溫柔、體貼、熱情。容易有肢體的接觸，尤其是桃花星「貪狼或廉貞」化祿，容易產生情愫。串連「命宮、福德、遷移」呈旺者，尤顯。
2. 疾厄是情緒反應位，直接祿出於父母宮，表示常將好情緒寫在臉上，所以給人的感覺脾氣好、心情愉快、臉上多笑容、和藹可親、溫和、說好話、幽默、好相處。
3. 脾氣好、個性隨和、好相處，尤其串連「命宮、福德、遷移」呈旺者，難免會人人好，因此個人意志容易受到環境所左右，為了經營社會關係，容易說好話、阿諛奉承、曲意迎合、巧言令色、盡說好聽話……等。
4. 父母宮，是後天學習位，串連「命宮、福德、遷移、事業」呈旺者，表示我喜歡讀書學習，串連「事業宮」可學以致用、考取證照。
5. 父母宮，也是文書宮，串連「命宮、福德、遷移、事業」呈旺者，喜歡文化，可以從事文化工作。
6. 如果串連「事業成就運」呈旺者，可以經營與「父母」相關的產業，或以銀髮族為客戶對象。例如公家機關、銀髮族照護、文化工作……等。

第二節　疾厄宮化權入十二宮

疾厄宮化權入B宮，推理解釋：

疾厄化權，疾厄雖然是性格宮位，但不主思考，沒有掌控慾，或掌控能力。但疾厄是我的身體，所以是我活力的展現，雖然沒有掌控慾，但卻在執行的過程中會展現執行能力、積極和活力。

疾厄化權，肢體語言會大，如果權出，則更大，因此有粗線條的一面，個性爽朗、做事乾脆。

疾厄化權入某宮，代表我身體的活力、積極、熱情展現在某宮上。

疾厄宮化權入命宮

1. 我身體的活力展現在命宮，表示我這個人一生都很有活力，只要氣力還在，就會精力充沛，就像一條活龍。所以天生「耐勞」、「健壯」，「抗壓性」強。這種抗壓性是性格導致內心的強壯，意志力堅韌。當然也會是一個愛運動的人。
2. 愛運動者，且精力充沛，充滿活力，通常體質好。保持持續性的運動，少有病痛，抵抗力強。
3. 疾厄是田宅的事業宮，我們稱為家運位、財產運位，化權入命宮自然家運有強勢的一面，但必須看田宅宮飛化串連結構的整體評估。

4. 愛運動，又耐操，所以有適合「運動量大」的工作的一面。

5. 說到賺錢就有活力（因為命宮也是汲營三方），比較敢操敢享受的重視物質生活（一、為福德權出，叫做敢賺敢花。二、田宅三方，田宅、兄弟、疾厄，皆主物質生活位，三、命三方為汲營三方，命宮、財帛、事業，皆主賺錢的方式或模樣）。

疾厄宮化權入兄弟宮

1. 疾厄化權入兄弟，表示我身體上的活力展現在兄弟宮的事情上，論事業成就（兄弟宮是事業的共宗六位，活盤象義解釋為事業規模位；也是財帛的田宅位，活盤象義解釋為存款位、經濟實力位；兩者合起來活盤象義解釋為事業成就位），所以在事業的表現上充滿活力、積極、熱情。

2. 由於對事業展現活力、積極、熱情，所以我對事業上的耐力與抗壓性也會比較好。

3. 由於對事業展現活力、積極、熱情，兄弟宮為中庫位，所以我是一個肯拼敢賺的人，容易有高收入的條件。「事業成就運」串連呈旺者，高收入。

4. 論體質上（兄弟宮是疾厄的事業宮，活盤象義解釋為身體氣數位、身體運位或體質位），我身體的活力展現在體質位上，因此我運動健身，我容易比較健康。

5. 我愛運動健身，且權沖交友宮的關係，在人際關係上，個性展現容易比較粗獷、乾脆、主動。

疾厄宮化權入夫妻宮－照事業

1. 疾厄化權入夫妻，當有感情時，會把身體的活力、積極、熱情展現在夫妻上，因此會主動追求感情。
2. 若論與異性間的事，疾厄是我的身體，所以代表我的性能力有蠻好的一面。
3. 若是貪狼星，則疾厄己年貪狼化權，遷移必化貪狼祿來會，天生異稟的強，加上異性緣極好，容易一夜情。
4. 疾厄化權入夫妻，表示我身體上的活力展現在夫妻宮的事情上，夫妻宮為疾厄的田宅宮，活盤象義解釋為體型位，因此我的身材容易健壯，男生容易有肌肉線條美；夫妻為疾厄的收藏宮，當然我就容易持續的運動（四化入收藏宮，緣份會拉長），容易是個運動員。

疾厄宮化權入子女宮

1. 疾厄化權入子女，表示我身體上的活力展現在子女宮的事情上，因此我對小孩展現身體的活力，論管教上容易是命令式的，也容易肢體動作大，對小孩就會比較粗魯。嚴重的話會有不當的肢體接觸。

2. 子女是田宅的遷移宮，論屋外或庭院，我的身體活力展現在外，因此在家待不住，好動，老是要往外跑，靜不下來。

3. 子女宮為性功能的位置，因為子女是由「性」而來的，所以疾厄化權入子女，當然我的身體來成就我的性功能，使我的性功能壯盛，稱性功能強。貪狼星之化天生異稟。

4. 性功能強，伴隨的是腎功能強，腎功能強自然健康也會比較好。子女也是論健康與壽元的宮位。

疾厄宮化權入財帛宮

1. 疾厄化權入財帛，表示我身體上的活力展現在財帛宮的事情上，因此講到賺錢，我就活力十足，精力充沛。但身體的活力展現在賺錢上，容易是體力付出很多的行業，賺錢比較辛苦，當然是耐操勞囉！

2. 賣體力的工作，當然就比較容易有職業傷害或運動傷害，也比較會有瘀傷、撞傷、內傷，鐵頭運功散要隨時準備著，袪傷解瘀中氣舒暢。

3. 說到賺錢就有活力，因此容易接受具有挑戰性的工作，所以也比較敢操敢享受的重視物質生活（一、為福德權出，叫做敢賺敢花。二、田宅三方，田宅、兄弟、疾厄，皆主物質生活位，三、命三方為汲營三方，命宮、財帛、事業，皆主賺錢的方式或模樣）。

疾厄宮自化權出

1. 疾厄自化權出，是我不知不覺地就會表現出我身體上的活力，這是一種不會看場面，沒有原則的表現出來，容易是無頭蒼蠅似的亂衝亂撞，稱為莽撞。所以我好動卻不容易靜下來。
2. 因為好動，所以體型也會比較結實。
3. 個性上的活力不自覺地表現出來，所以比較粗線條、大剌剌的。因為不會分場面又不自覺表現出的活力，容易比較衝動、憨膽。
4. 不會分場面又不自覺地表現出身體的活力，最容易撞（跌）傷、瘀（內）傷等運動傷害。

疾厄宮化權入遷移宮－權出（照命宮）

1. 疾厄化權入遷移，表示我身體上的活力展現在遷移宮的事情上，代表我的活力展現在社會上，出門一條龍。
2. 身體的活力展現在外，所以我的身體比較健壯、有活力、抵抗力強，好動、抗壓性強、比較不怕痛。

3. 身體的活力展現在外，肢體動作大，所以個性會比較粗線條、乾脆、憨膽、大方。

4. 疾厄是事業的田宅宮，活盤象義解釋為工作場域，所以工作場域權出（壯盛表現出來），工作場域容易比較大。

疾厄宮化權入交友宮

1. 疾厄權入交友，表示我身體上的活力展現在交友宮的事情上，我身體的活力展現在人際交往上，因此我與朋友間的相處比較主動、大方（疾厄是論身體與身體間，接觸上的相處狀況）。

2. 疾厄化權入交友，為兄弟權出，體質的權表現出來，所以「健康狀況」有蠻好的一面。

疾厄宮化權入事業宮

1. 疾厄化權入事業，表示我身體上的活力展現在事業宮的事情上，我身體上的活力展現在事業上，所以我在工作上會表現出活力、積極、熱情的一面。

2. 事業是我的工作，疾厄化權入事業，身體的活力變成是一種像工作一樣的正常，因此我愛運動，容易成為運動員，當然身材健壯、健美。

3. 身體的活力表現在汲營三方，工作賺錢的個性比較粗線條、活力、乾脆。

4. 疾厄是事業的田宅，論工作場域，工作場域讓我的工作得權，代表讓我的工作能力得以發揮，因此工作場域容易比較大。

5. 說到工作就會很有活力，比較敢操敢享受的重視物質生活（一、為福德權出，叫做敢賺敢花。二、田宅三方，田宅、兄弟、疾厄，皆主物質生活位，三、命三方為汲營三方，命宮、財帛、事業，皆主賺錢的方式或模樣）。

疾厄宮化權入田宅宮

1. 疾厄化權入田宅，表示我身體上的活力展現在田宅宮的事情上，我身體的我活力展現在財產、家庭上。

2. 疾厄是田宅的事業宮，為家運位、財產運位。因此家運容易興旺。「家道興隆」串連呈旺者，家運興隆。

3. 我身體的活力展現在家裡面，因此我喜歡明亮、寬敞的居家生活空間（漂亮或新的用「化祿」）。

4. 田宅是收藏宮，身體的活力可以維持長久的時間，所以我有比較健康、有活力的一面，少生病，也容易持續性地活動或運動。

疾厄宮化權入福德宮－照財帛

1. 疾厄化權入福德，表示我身體上的活力展現在福德宮的事情上，我的身體活力，讓我精神旺盛，好勝不認輸（福德是精神、意志力的天性宮位，得權具有好勝不認輸的一面）。
2. 自然愛運動、好動、多動，所以我健壯、少病、耐勞、充滿幹勁。這是性格使然，成我是如此，敗我亦如此，容易東山再起。「事業成就運」串連呈旺者，才有東山再起的條件。
3. 福德是興趣嗜好享受位，疾厄化權入福德，個性容易比較粗獷豪爽，大口酒肉、痛快、滿足。像金庸小說中的北喬峰的性格、三國的張飛。
4. 防多肉慾、暴飲暴食（貪狼、廉貞，為邪淫曜，邪者不正也，淫者滿溢也，滿溢則是過度之意）。會不會如此，要綜合判斷。

疾厄宮化權入父母宮－直接權出

1. 疾厄化權入父母，表示我身體上的活力展現在父母宮的事情上，我的身體活力，讓我有話直說，且不加以修飾，因此容易粗魯直言、衝動行事，若加上父母坐忌，則容易口不擇言、越說越大聲，甚至惡言相向。

2. 當然若是一位修為好、讀聖賢書的人，則容易仗義直言、不平則鳴。或是培養專業、專技，則可以辯才無礙，滔滔雄辯，何也?疾厄權出有憨膽、比較大方，當學識淵博、見多識廣、對事了然於胸時，又敢於直言，當然辯才無礙了（父母宮為表達宮，也是涵養宮）。「讀書格局」串連呈旺者，才有這個條件。

第三節　疾厄宮化科入十二宮

疾厄宮化科入B宮，推理解釋：

疾厄化科入「人」的宮位：條件是要逢「命宮、疾厄、福德、遷移」化同星曜多祿串連呈旺者，才會有好的狀態跟表現。

1. 與人相處謙恭有禮，斯文、柔和、含蓄。
2. 與人相處，若即若離，保持適當的距離。

疾厄化科入「事」的宮位：條件是要逢「命宮、疾厄、福德、遷移」化同星曜多祿串連呈旺者，才會有好的狀態跟表現。

1. 做事情慢條斯理，不疾不徐。
2. 慢工出細活，做工會比較精緻細膩。

疾厄是「身體、身材」的主體宮位，因此疾厄科出，或坐科，均有身材適中、穠纖合度之象，動作斯文優雅有氣質。條件是要逢「命宮、疾厄、福德、遷移」化同星曜多祿串連呈旺者，才會有好的狀態跟表現。

若是逢多忌串連呈破者，則是拖拖拉拉、拖泥帶水的特質。

疾厄宮化科入命宮

1. 身體的慢條斯理表現在命宮，所以性格的表現會比較柔和。
2. 身材的表現，等同疾厄坐生年科，所以身材比較修長、穠纖合度。
3. 身體的行動比較斯文，給人感覺像文弱書生的現象。

疾厄宮化科入兄弟宮

1. 疾厄化科入疾厄的氣數位，代表對身體的健康是理智的，所以我會有注重養生、保健的一面。
2. 兄弟是事業成就位，疾厄化科入兄弟，身體的習性對事業上的表現會慢條斯理，不太會急就章。

疾厄宮化科入夫妻宮—照事業

1. 疾厄化科入疾厄的田宅，身型的發展是緩慢的，所以身材適中、好看。書生型的。
2. 與異性相處，保持適當距離。

3. 與配偶相處，若即若離。

疾厄宮化科入子女宮

1. 與小孩相處，若即若離。
2. 對小孩的肢體語言很理性，容易表現出和顏悅色、輕聲細語的樣子，所以身教好。

疾厄宮化科入財帛宮

1. 賺錢的動作慢條斯理、不疾不徐。
2. 不需要花很多體力的賺錢行業。

疾厄宮自化科出

1. 身體的習性有科，在不自覺不經意中，又不分場合的把科浮誇表現出來，所以給人感覺女生是有氣質的，男生斯文，但有點矯揉造作。
2. 身材也有適中的一面。

疾厄宮化科入遷移宮－科出（照命宮）

1. 身體的習性表現在外，社會對我的評價好，科主名聲。代表我的行為舉止蠻優雅、有氣質的，慢條斯理的展現於社會上，獲得好的評價。
2. 形象好。男生：謙恭有禮的形象。女生：溫柔婉約。
3. 若生病容易得良醫、良藥。
4. 保養得宜，身材可以婀娜多姿，但不是艷麗型的，屬於氣質型的。

疾厄宮化科入交友宮

1. 與人相處謙恭有禮，斯文、柔和、含蓄。

疾厄宮化科入事業宮

1. 身體的習性慢條斯理行於工作中，容易慢工出細活，或工作態度慢條斯理、不疾不徐。
2. 夫妻是疾厄的田宅，論體型。而事業又是夫妻的遷移，論體型的形於表的宮位。因此疾厄化科入事業，體型看起來比較文弱（非必多病）或動作溫文。書生型的。
3. 工作場域不大、適中。疾厄為事業的田宅，論工作的地方。

疾厄宮化科入田宅宮

1. 身體習性的慢條斯理行於田宅，我在家中的行為慢條斯理，對家人謙恭有禮。
2. 與家人相處，若即若離。
3. 生活恬淡、淡中有味。田宅與疾厄均為收藏三方，也都是講物質生活，科在物質生活的表現為恬淡自適。

疾厄宮化科入福德宮－照財帛

1. 我身體的習性慢條斯理行於福德，我對物質生活恬淡。
2. 生活簡約惜福。

疾厄宮化科入父母宮－直接科出

1. 身體的習性表現在外，科主名聲。代表我的行為舉止蠻優雅、有氣質的、慢條斯理的，展現於外，獲得好的評價。
2. 形象好。男生：謙恭有禮的形象。女生：溫柔婉約。
3. 文雅有禮，舉止平和。

第四節　疾厄宮化忌入十二宮

疾厄宮化忌入B宮，推理解釋：

疾厄化忌入「人」的宮位，有以下的特質：

1. 我會為此人忙碌。
2. 我的態度比較冷淡、不熱絡。
3. 我與此人會有一段時間常在一起，但因為態度較冷漠，久而久之，對方會覺得討厭我，會覺得我很煩。
4. 路遙知馬力，日久見人心，好酒沉甕底。
5. 我在此人面前形象不佳。

疾厄化忌入「事」的宮位，有以下特質：

1. 為此事親力親為，容易事必躬親。
2. 容易為此事過勞，嚴重者積勞成疾。
3. 為此事戮力而為、全力以赴。
4. 為此事付出諸多體力，或時間很長。

疾厄宮化忌入命宮－沖遷移

1. 凡所有宮位化忌入命，皆為債，表示這個宮位的事我必須不斷地付出心力（勞心、掛心）、會對我產生壓力、時間會久。
2. 凡所有宮位忌入命宮、疾厄、福德，皆為債。疾厄忌入命，為欠身體債，代表我是一個忙碌不得閒的個性，逢生年權，格外勞碌。事情會主動來找我，讓我閒不下來。若真的閒下來，則身體的病痛就會找上門來。有此象之人，切記退休前一定要規劃好退休後的生活，避免閒沒事做，否則容易生病，一生病也容易久病不起，甚至病榻纏綿、苦不堪言（串連其他健康宮位3忌以上）。
3. 凡任何宮位化忌入命宮、疾厄、福德，皆為債。債是一種責任，是一種義務，不得不做，不得不付出，不得不承擔，命主往往視為應該做的、理所當然的。
4. 既然疾厄忌入命為債，為欠身體債，所以勞碌就是我的責任、義務，推不開，所以也容易過勞，身不由己，進而產生諸多壓力、勞心，三忌以上就會痛苦，或苦不堪言，或感慨萬千。
5. 在習性的表現上，事情來了就得做，沒得拖，養成即說即做，不喜歡拖拖拉拉的個性，個性顯得有點急，若性格宮彙集多忌就像急驚風，絕不可能是慢郎中，說是風就下雨了，說做就做，絕不拖泥帶水。事情來了就不容易放鬆，容易起煩惱心。

6. 疾厄忌入命，冲遷移，單忌個性上比較獨立，比較沉穩內斂，有點孤獨感。越多忌越急，則容易情緒化的惱火、煩心，不能放下（鬆），不能隨遇而安。

7. 勞碌的性格，就不容易發胖了，胖了就是生病的徵兆了。

8. 疾厄是田宅的事業宮，為家運位、財產運位。表示家運較蹇滯。容易生於憂患，勞忙而病於安樂（業力之纏）。

9. 疾厄是事業的田宅宮，論工作場域。工作場域會帶給我苦惱心煩。做生意，店面不宜貪大，店面大反而不聚財。

10. 疾厄化忌而出，可以分成幾方面來想

A. 身體或情緒的執著展現在哪一個宮位的人事物上？

B. 我的體力會花在哪裡？

C. 我在身體上的相處對哪一個人比較冷淡？

疾厄宮化忌入兄弟宮－冲交友宮

1. 疾厄化忌入任何宮位，都有為其忙碌之意，但對「人的宮位」時，論身體上相處，肢體語言

是忌，代表不多或不豐富，越多忌越冷淡無趣、木訥，久處令人生厭，嚴重的就是冷漠了。

2. 與兄弟相處冷淡無趣，但是當兄弟有事，我會主動努力去做。

3. 我會努力工作，容易事必躬親，校長兼撞鐘。兄弟為事業的成就位。

4. 我的體質並不好，兄弟為收藏宮，容易有宿疾，需要多注意養生、多運動。

5. 凡田宅三方多坐忌者，沖交友三方，就個性來說，自我意識較濃，多具私心而少重情。沖交友，所以比較少社交活動。

6. 疾厄忌入兄弟，兄弟忌入田宅，田宅忌入疾厄為勤快、儉約而日有所增。

7. 反之，疾厄忌入田宅，田宅忌入兄弟，兄弟忌入疾厄，為退散、暗耗而逐漸蕭條。縱令格局佳，也在所難免的勞忙庸碌、六親少助。

疾厄宮忌入夫妻宮－沖事業宮

1. 當感情緣發生時，我會像跟屁蟲一樣，出現在異性對象或配偶的身邊，這也是一種感情執著。但態度和肢體語言不是熱情的，也不是像蜜糖一般黏呼呼的，是一種默默地黏著、跟著，像根木頭一樣，木訥無趣。

2. 身材容易比較瘦或弱，因為夫妻為疾厄的田宅，會讓體型收斂、縮水。

3. 疾厄忌入夫妻，沖事業，容易忙於配偶或婚姻的事，而影響工作進度或順暢，或者工作不順不穩。

4. 疾厄是事業的田宅宮，論工作場域。工作場域沖事業宮，工作場域容易變動，就像遊牧式的工作環境。

5. 身體讓夫妻難過，可能性能力不足，或者婚姻生活刻板、公式化、少情趣，或不懂得體貼。

疾厄宮化忌入子女宮－沖田宅

1. 有小孩之前，與配偶的房事頻繁或公式化、少了情趣，或傷了身。

2. 有了小孩之後，為小孩忙碌，但對小孩身教不佳，或不耐煩（沖田宅安定位）。

3. 沖田宅，我的身體沖家庭，所以靜不下來，會比較沒有耐性，在家待不住，愛在外閒晃。

4. 個性不穩定，沖收藏宮安定位。坐立難安。人生比較多的起伏。

5. 「健康相關宮位」串連呈敗時，身體沖田宅，表示我與家庭的緣份比較薄、妨壽。容易早衰，運限差時容易死亡。

6. 疾厄沖田宅，串連「家道」呈破者，最好破祖離家。

疾厄宮化忌入財帛宮－沖福德

1. 我的體力花在賺錢上，容易是耗體力的工作。
2. 親力親為的去賺錢，或過勞的賺錢，或具危險性的賺錢方式（沖福德）。
3. 或是狗急跳牆式的撈錢：當經濟困難時，什麼賺錢的工作都做，或是貪做。辛苦的賺錢。
4. 為了身體花錢，如生病花費高，或長時間的醫藥費，或是不良習性花錢，或是亂無章法的花錢。
5. 適合親力親為的賺錢模式，最好是擁有專業專技的獨立自由工作者，從事「不囤貨、不壓本」的技術、仲介、顧問、會計、代書等服務業。
6. 串連「家道」呈破者，家運弱，家人的病痛、暗耗、乖違等等的花錢。

疾厄宮自化忌出－沖父母（力量減半）

1. 自化忌出：我們稱為沒有原則的表現出來，漫不經心、不知不覺、不經意又不自覺的表現出來，所以有出而不藏、消散、變化快速的現象。
2. 疾厄自化忌出，就是無頭蒼蠅的亂忙一通，容易過勞，或少意志的空勞忙，效率差。

3. 疾厄忌出，毛躁、沒耐性。

4. 疾厄忌出，容易有三象：

A. 破相延生（殘傷或缺陷）。

B. 器官摘除。

C. 快速死亡。

5. 田宅三方多得「祿、權」者，格局高則「興家旺宅」；格局差也可以自家「開店營利」、「安家活口」。

6. 田宅三方而多得「忌」者，只宜「保守而為」或「上班安穩」。

疾厄宮化忌入遷移宮－忌出（沖命宮）

1. 忌出有三：自化忌出，忌入對宮的忌出，忌入父母、遷移。

2. 疾厄忌出，關於健康容易有三種現象：破相延生、器官摘除、快速死亡。

3. 疾厄化忌入遷移，也是疾厄忌出，遷移為形於表的宮位，也是智慧宮位，因此疾厄的忌出：以個性而言，代表耐性不足。以忙碌而言，表示忙得讓智慧縮水了，是一種瞎忙、空轉的忙，或是盲目的忙、亂無章法、自亂陣腳。

4. 疾厄是事業的田宅宮，表示工作環境差（疾厄忌入遷移，表示在社會上難看）或遊牧式的工作地點（疾厄忌入遷移，有變動快速的意思）。

5. 疾厄忌出，身材容易瘦、不容易發胖，胖則生病了（疾厄忌出，肉體容易流失）。

6. 「健康相關宮位」串連呈破者，破相延生、器官摘除、快速死亡。

7. 串連「子女宮」呈破者，不容易受孕，或是容易流產。

疾厄宮化忌入交友宮－沖兄弟

1. 疾厄化忌入人的宮位，都有為其忙碌之意，但論身體上相處時，肢體語言是忌，代表不多或不豐富，甚至是一種冷淡現象。

2. 與人相處時比較冷淡木訥，多忌者比較冷漠，也不善肢體語言，不懂得體貼。

3. 疾厄化忌入交友，沖兄弟宮，沖體質位，當串連「健康相關宮位」多忌呈破時，在相應的時間點健康容易迅速下滑。

4. 疾厄化忌入交友，串連「夫妻宮」呈破時，夫妻間容易聚少離多，或是久處生厭，漸漸地就同床異夢，造成閨房空虛，若有離婚格，則容易分床或分房。

5. 疾厄化「太陰或巨門」忌，容易有讓人不舒服的壞習慣，尤其是再串連「廉貞或貪狼」，令人不悅，造成人際的困擾。

疾厄宮化忌入事業宮－沖夫妻

1. 疾厄化忌入與工作有關的宮位上，都有為工作付出較多體力的現象，且多親力親為，少有替代人手。
2. 疾厄化忌入事業，在工作上必須親力親為，時間長或是耗體力，少有替代人手，容易積勞成疾。
3. 疾厄是事業的田宅宮，工作場域窄小、惡劣，工作環境差。
4. 事業宮是九位，是運氣位，疾厄化忌入事業，要注意職業災害、過勞，或工作常不稱心、不堪負荷。如煤礦工人，容易得矽肺病。
5. 「事業成就運」串連不旺者，但父母宮沒有化忌來破者，適合上班安定。
6. 「事業成就運」串連呈旺者，適合親力親為的工作模式，最好是擁有專業專技的獨立自由工作者，從事「不囤貨、不壓本」的技術、仲介、顧問、會計、代書等服務業。
7. 疾厄化忌入事業沖夫妻宮，夫妻為疾厄的田宅，為體型位，沖體型位，則體型容易瘦弱，不容易胖。

8. 田宅三方為守成宮，單忌坐守則可辛勞而安穩。雙忌以上於本宮或兩對宮沖激則動盪、破敗，防金錢、事業兩不順，甚或退財、敗產。

疾厄宮化忌入田宅宮－沖子女

1. 田宅為收藏宮，疾厄化忌入田宅，若論身體的疾病，容易有長久的疾病，故稱為宿疾。容易有宿疾、久病，情緒不開朗。
2. 田宅為收藏宮，疾厄化忌入田宅，我的身體斂藏在家裡。沖交友三方。個性容易足不出戶，少社交。
3. 要常走進大自然，曬曬太陽、散散步、做做運動，讓身體的活力增加，陽氣上升。疾厄、田宅都是陰宮，身體長時間收斂在陰宮，容易陰氣過盛、陽氣衰退，產生長久的疾病。
4. 疾厄為田宅的事業宮，稱為家運位，化忌回原太極宮，主窒礙、家運停滯或衰退。
5. 疾厄化忌入田宅，沖子女，比較少跟小孩相處在一起，與小孩相處時間短。

疾厄宮化忌入福德宮－沖財帛

1. 疾厄忌入福德為欠身體債，生活上的壓力會比較大，容易緊張焦慮，尤其是化「天機、文昌、文曲」忌，身體容易緊繃，常常是自尋煩惱的壓力。

2. 疾厄忌入福德為欠身體債，身體的病痛糾纏著我，容易有長久的病痛帶來痛苦煩惱，或稱為沉疴。三忌以上容易身心憔悴（業力糾纏）。

3. 命、疾厄、福德，都是情緒反應位，所以疾厄化忌入福德，容易因為情緒或病痛產生情緒不開朗的現象，煩惱象。

4. 為病痛花錢（沖財帛）。

5. 容易沉迷於興趣嗜好享受中。

6. 疾厄化「太陰或巨門」忌，容易有讓人不舒服的壞習慣，尤其是再串連「廉貞或貪狼」，容易是惡習。

疾厄宮化忌入父母宮—直接忌出（回沖疾厄）

1. 疾厄化忌入父母，也是疾厄忌出，是一瀉千里的忌出，因此疾厄的忌出：

 A. 以個性而言，代表耐性就更不足了，因此脾氣很急，容易來得快、去得快，怒形於色。

 B. 以忙碌而言，父母是IQ的宮位，所以也是一種瞎忙、空轉的忙，或是盲目的忙。

2. 疾厄化忌入「人」的宮位，都有為其忙碌之意，但論身體上相處時，肢體語言是忌，代表不多或不豐富，甚至是一種冷淡現象。

3. 脾氣快直、怒形於色、修養欠佳（加「權」則「衝動易怒」）。

4. 「性格宮」串連呈破者，再串連表象宮父母或遷移，疾厄化「太陰或巨門」忌忌出，容易有讓人不舒服的壞習慣，尤其是說話特別難聽。少耐性、不耐靜。人生多不討好、起伏多失、不易守成。

5. 疾厄忌出，關於健康容易有三種現象：破相延生、器官摘除、快速死亡。

6. 疾厄忌出，若減肥比較容易。

7. 容易小時候會比較黏爸爸，比較愛哭。

8. 疾厄化「太陰或巨門」忌，容易有讓人不舒服的壞習慣，尤其是再串連「廉貞或貪狼」，令人不悅，造成人際的困擾。

9. 忌出，容易有不好的體味。串連「文曲」忌，有汗臭味或狐臭。串連「文昌」忌，有呼吸的異味。串連「天同」忌，有消化系統的異味。串連「武曲」忌，容易有牙齒相關的異味。串連「巨門」忌，容易有口腔異味，或是胃酸逆流。

10. 疾厄化「太陰或巨門＋廉貞或貪狼」忌，再串連「子女」，容易有生殖系統的異味。

第九章

遷移宮四化入十二宮的推理解釋

第九章 遷移宮四化入十二宮的推理解釋

第一節 遷移宮化祿入十二宮

遷移宮的象義：驛馬緣「出外緣」、廣大的社會因緣、陌生人為主、社交能力、處世（事）應對能力、歷練位、判斷能力、應變能力、人生價值觀、智慧、視野、人生舞臺、社會資源、行於表（出）、表象宮、名聲、身分、地位、意外、災難、業力病。福運位、時空環境背景因素、天份、才華、根器、取之於社會用之於社會的人間最大庫藏位。

遷移宮：是我的福運位、社會際遇、社交手腕、社會資源、出外緣。遷移為形於表的宮位，也是世人對我的評價。

遷移宮化祿入哪一宮，是我的福運、社會際遇、社交手腕、社會資源、出外緣等，讓我的那一宮產生生發、善緣、喜悅的現象。

遷移化祿入B宮的推理解釋：

遷移化祿入「人」的宮位（兄弟、夫妻、子女、交友、父母、田宅＝家人）：

1. 我擅長攀B宮人的緣，與B宮相關的人緣好。
2. 態度是主動的，處理相關的人事時，手法是圓融的、面面俱到的。
3. 具有快速建立交情，感情緣迅速增溫、熱絡。在相關人士的面前，形象良好。
4. 跟B宮的人士相處時，常常是語帶幽默，逗得他們樂呵呵，尤其是串連「貪狼或廉貞」才華星。
5. 對B宮的人觀察入微，掌握與其相處的要領技巧，相處融洽。
6. 理性的處理或面對B宮的人。

遷移化祿入「事」的宮位：

1. 我擅長處理該宮的相關事務。
2. 處理該宮的相關事務時，態度是主動的、手法是圓融的、面面俱到的。
3. 處理該宮的相關事務時，容易觀察入微、掌握要領技巧。
4. 理性的處理B宮的事。
5. 具有快速增進的現象，際遇之下的橫發。如遷移化祿入田宅，為快速橫發之象。

遷移宮化祿入命宮─直接祿出

1. 我的福運、社會際遇、社交手腕、社會資源、出外緣等，帶給我喜悅。所以我的福報好，容易心想事成，社會際遇好，機會多、容易與人攀緣、容易受到禮遇的對待，社會資源好，出外容易發達。
2. 聰穎又有才華，人緣好受歡迎，適合從事公關、業務、行銷方面的執業發展。條件是不能「父母或遷移」坐忌串連「性格宮」呈破，尤其是坐命忌。
3. 串連田宅呈旺者，家道興隆，際遇好。
4. 「事業成就運」串連呈旺者，容易受到拔擢，升官發財，或是事業有成。
5. 遷移是驛馬宮，化祿入命，代表驛馬得樂且機會多，離家越遠機會越多。
6. 「健康相關宮位」串連呈旺者，福報好、貴人旺、遇難呈祥。老運好、不會寂寞。擅長自我調適。
7. 缺點是喜歡人家奉承。串連「疾厄、福德」呈旺者，容易逍遙怠志。
8. 逢偏財星「貪狼或廉貞」化祿，有中獎、意外財（遷移─福運位）的機會，或是發財甚速（會「權」尤佳）。論命時，不可主動建議偏門、偏財，只能當事後諸葛印證喔！

9. 如果是宗教星「天梁、天機、貪狼」之化，根器高，天份好，悟性高。

遷移宮化祿入兄弟宮

1. 我擅長攀兄弟的緣，如果串連家道興隆，表示我與兄弟和媽媽有善緣的一面，容易兄弟多。我會主動帶給兄弟和媽媽快樂。如果家道敗，而吉化串連不旺，小時候可能還有，長大後就沒有此象了。
2. 「事業成就運」串連呈旺者，社會際遇好，賺錢機會多。我善攀緣牟利，適合業務性的推展工作。或者社團運作，運用各種社會關係與資源幫助我事業有成或升遷。
3. 擅長運作社會關係、社會資源，幫助我的事業發展（遷移為社會，人生舞臺位）。
4. 福運位化祿入事業成就位，天降鴻福，心想事成，容易無心插柳柳成蔭。逢偏財星，發財甚速（會權尤佳）。
5. 遷移，代表陌生人，所以做生意，可以八方來財，財源廣進，適合經營外地客、流動客。
6. 「健康相關宮位」串連呈旺者，「體質」受到福報的庇蔭，健康良好，生病時容易得到好醫生，用到好的醫藥，得貴人相助。
7. 逢偏財星「貪狼或廉貞」化祿，有中獎、意外財（遷移—福運位）的機會，或是發財甚速（會

「權」尤佳）。論命時，不可主動建議偏門、偏財，只能當事後諸葛印證喔！

遷移宮化祿入夫妻宮—照事業

1. 我擅長攀異性緣，異性緣佳，往來的朋友中，容易異性多過於同性。
2. 遷移為驛馬宮，容易驛馬情緣，旅途邂逅。串連「性格宮」多祿呈旺者，一夜情機會多。尤其是化「廉貞或貪狼」化祿，主動追求異性，見獵心喜，風花雪月。
3. 夫妻坐祿照事業宮，際遇好而事業順遂。若為「廉貞或貪狼」化祿，有條件可以經營八大行業或娛樂事業。
4. 遷移為形於表的宮位，是世人對我的評價，因此遷移化「廉貞或貪狼」祿，或我的長相美麗或帥氣迷人，或有桃花魅力，或擅長桃花攀緣的一面。因此也形象好，容易獲得異性的青睞。
5. 凡是生年或命宮化「廉貞或貪狼」化祿坐遷移、父母—形於外之宮者，長相必然美麗迷人。
6. 逢偏財星「貪狼或廉貞」化祿，有中獎、意外財（遷移—福運位）的機會，或是發財甚速（會「權」尤佳）。論命時，不可主動建議偏門、偏財，只能當事後諸葛印證喔！
7. 夫妻是遷移的事業宮，是出外運氣位，出外運氣好，容易遇到異性的幫助，讓工作推展順暢（照事業宮）。

遷移宮化祿入子女宮

1. 我擅長攀子女緣，觀察入微，掌握與其相處的要領技巧，相處融洽。子女涵蓋面很廣，如我的小孩、小輩、下屬、員工、下游包商、寵物、弱勢族群、家禽家畜、養殖的魚蝦……等。
2. 我擅長教育我的子女，也運用社會資源庇蔭我的子女。
3. 我善攀小輩的緣，因此往來人際多小輩。我在小輩的面前形象好、親和、幽默，老來有忘年之交。
4. 常常出外，來來回回，短程、不安定驛馬。出外時間多，在家時間少。容易非定點的來去驛馬。
5. 宗教星之化，遷移、子女、福德為根器宮位，因此具有善根、善緣。
6. 化「廉貞或貪狼」祿，容易有飛來豔福的一夜情、驛馬桃花、旅途邂逅。子女為婚姻之後的感情，為外遇位。子女由性而來，且是疾厄的福德宮，身體的享受位。
7. 串連「田宅、疾厄」呈旺者，老運好。老來不孤寂，容易兒孫相伴（孫子祿入兒子），也容易發達於子孫象。

遷移宮化祿入財帛宮

1. 我擅長賺錢，很容易嗅到錢的味道，知道往哪裡賺錢，擅長掌握商機。

2. 我擅長處理金錢事務，所以我很會理財，理財有道。

3. 我的際遇好、賺錢機會多、賺錢容易、容易攀緣得利、不缺花用錢、出外好賺錢。

4. 遷移為形於表的宮位，是世人對我的評價，因此我會善運用社會資源、廣告宣傳（形象好），很能開創財路與收入，尤其個人魅力。

5. 天降橫福（財、壽）、大事化小、遇難呈祥（福德祿出）。

6. 適合分紅薪水、業務工作。格局好，應該創業做生意。

7. 適合旅遊、休閒產業，流行時尚。福德祿出，快樂。

8. 也可從事於精神、心靈、宗教、才華、文化等工作（福德祿出）（遷移是福德的事業宮，也是精神訴求宮）。

9. 也適合進出口貿易。遷移出外運。

10. 遷移祿入財帛或事業者，從事任何行業都能得天獨厚，適應良好。

11. 逢偏財星「貪狼或廉貞」化祿，有中獎、意外財（遷移—福運位）的機會，或是發財甚速（會「權」尤佳）。論命時，不可主動建議偏門、偏財，只能當事後諸葛印證喔！

遷移宮化祿入疾厄宮

1. 遷移為驛馬位，化祿入疾厄宮，疾厄為身體，可以享受出外帶來的快樂，所以我喜歡旅行。個性逍遙、閒情逸致。
2. 串連「性格宮」多祿呈旺者，喜歡新鮮感受、流連美好情境。容易放鬆，忘志、少了積極責任。愛自由。
3. 「健康相關宮位」串連呈旺者，福報庇蔭我的身體，福厚少災殃、容易好事臨身。一生少久病折磨，有病也容易得貴人。
4. 缺點喜歡人家（奉承、巴結、侍候），但也擅長自我調適、隨遇而安。
5. 化「天梁、天機、貪狼」化祿呈旺者，成就修行人的（放下、自在）。

遷移宮自化祿出－照命宮，力量減半

1. 想像一下，生年祿坐遷移，又沒有原則的把（祿）表現出來。遷移有祿，就會喜歡新鮮事物、圓融、親和、機伶、幽默、開朗，外緣好、受歡迎等的特質，只是沒有真正坐生年祿來得紮實。
2. 自化祿出，是漫不經心的（坐在遷移的祿）表現出來，呈現獨自歡欣的樣子。獨自歡欣，就像是自High，自己想得很美好。

3. 串連「命宮、疾厄、福德」呈旺者，就會沉醉其中、隨緣生境、渾然忘我，進而忘了人生目標、志向。

4. 因此容易受人左右、受人擺佈、被人利用，尤其是他宮同星曜化忌來劫，就更為嚴重了，祿忌成雙忌，產生怨或恨。

5. 串連「命宮、疾厄、福德」呈旺者，容易把事情想得很美好，沉醉其中，

6. 遷移是處世應對的智慧宮，自化祿出，為不穩定，會飄移變化快速，處世沒有自己的定見想法、缺乏獨立思考的判斷能力，容易人云亦云、附和曲直，少了自我意志（或少了用心）。

遷移宮化祿入交友宮

1. 我擅長攀人際緣，串連「命宮、疾厄、福德」呈旺者，人際緣寬廣，五湖四海的朋友，現今交通方便，已形成地球村，若串連「疾厄」呈旺者，驛馬機會多，容易有多國籍的人際關係。見多識廣、圓融和善，善察顏觀色、圓滿處世。

2. 只要我願意，我會主動去建立人際關係，且手法是圓融的、細膩的、周到的，可以快速建立交情，感情緣迅速增溫、熱絡。所以我具有廣交際、善攀緣、八面玲瓏、長袖善舞的人格魅力，

很容易融入陌生團體。

3. 交友宮，泛指有接觸的男女老少，當我願意與人際交往時，會展現圓融、親和的特質，具有老少咸宜、群眾魅力，很能融入別人的生活圈。

4. 到處都有朋友，也擅長攀親帶故，善於借力使力，順水人情多。

5. 缺點是容易虛偽讚嘆、阿諛諂媚、鄉愿討好。喜歡奉承人家，拍人家馬屁，說好聽話。

6. 遷移為形於表的宮位，是世人對我的評價，因此遷移化「廉貞或貪狼」祿，我的長相美麗迷人，有桃花魅力。因此我在人際間的形象好，容易獲得異性的青睞。

7. 擅長處理人際事務，廣受歡迎。適合政治、演藝、公關、業務、行銷工作。

8. 遷移為形於表的宮位，是世人對我的評價，因此遷移化「廉貞或貪狼」祿，或我的長相美麗或帥氣迷人，或有桃花魅力，或擅長桃花攀緣的一面。因此也形象好，容易獲得異性朋友的青睞。

9. 遷移化「廉貞或貪狼」祿入交友者，再串連「命宮、疾厄、福德」呈旺者，容易有飛來豔福的一夜情、驛馬桃花、旅途邂逅。

10. 遷移化「廉貞或貪狼」祿，轉忌後，先串連「交友」再串連「命宮、疾厄、福德」呈旺者，為泛水桃花格。

11. 遷移化「廉貞或貪狼」祿，轉忌後，先串連「夫妻」再串連「命宮、疾厄、福德」呈旺者，為招手成婚格。

遷移宮化祿入事業宮

1. 我擅長處理工作相關事務，手法是圓融的、細膩的、周到的。帶給我工作上如意順遂。
2. 工作上容易際遇好、攀緣得益、得人和。工作機會多，做生意接單順遂如意。設定工作目標容易達成，心想事成。
3. 遷移為形於表的宮位，是世人對我的評價，遷移化祿，我的形象好，建立好口碑、好信譽。
4. 出外好賺錢。容易逢貴人，最能大事化小、遇難呈祥。
5. 八方有財，適合公關、業務、行銷、貿易往來、運輸業。也可從事於休閒、旅遊、流行時尚等工作
6. 遷移化「廉貞或貪狼」祿，串連「事業成就運」呈旺者，具有經營八大行業、娛樂事業的條件。
7. 遷移化「廉貞或貪狼」祿，串連「事業成就運」呈旺者，具有經營生產事業、重資本生意的條件。

遷移宮化祿入田宅宮

1. 我擅長攀家人的緣，主動帶給家人開心快樂。
2. 我擅長處理家庭事務，擅長操持家務。
3. 驛馬緣旺我田宅，外地機緣好、出外機遇多，離開出生地可發跡，越遠越好。容易他鄉變故鄉，異鄉發達、置產，也能夠衣錦還鄉。
4. 際遇位旺家蔭宅，好的際遇機會，讓我橫發財產，得以輕鬆置產，尤其是化「破軍或貪狼或廉貞」祿。
5. 緣善福厚、旺家蔭宅、五福臨門、天降橫福、得助置產。常無心插柳柳成蔭。化「破軍或貪狼或廉貞」祿，發財發富。
6. 五福臨門：長壽、富貴、康寧、好德、善終。命理五福：妻、財、子、祿、壽。
7. 開店做生意，選擇地段好、人氣旺、生活機能好的店面，生意好做，八方來財，陌生客、流動客人多的地方，生意興隆。
8. 遷移是孫子位，旺家蔭宅，表示老來不用操心子孫，老運亨通、子孫發達。
9. 遷移是福運位，也是廣大的社會際遇位，旺家蔭宅，表示鄰里和睦、家安宅吉、祖德流芳，祖上或有過發達者。

10. 逢偏財星「貪狼或廉貞」化祿，有中獎、意外財（遷移—福運位）的機會，或是發財甚速（會「權」尤佳）。論命時，不可主動建議偏門、偏財，只能當事後諸葛印證喔！

遷移宮化祿入福德宮—照財帛

1. 我的福運、社會際遇、社交手腕、社會資源、出外緣等，帶給我精神上的喜悅，所以我是個有福之人，隨緣自在、開朗，很容易忘掉憂愁、煩惱。擅長自我調適，保持好情緒。
2. 遷移是福德的事業宮，福運好，照財帛，經濟寬裕。
3. 遷移為驛馬出外緣，我享受出外的樂趣。比較有機會多旅遊，尤其是串連「太陰祿」，出外是一條活龍。
4. 出外緣等，帶給我精神上的喜悅，串連「命宮、疾厄、福德」呈旺者，容易流連惑境，沉醉美好的感覺。愛好出外流連，防逍遙少責任心。容易得意忘形，也會自我編織美夢。容易養成船到橋頭自然直的懶散個性。主要是「太順了」。
5. 容易好事臨門、天降橫福（財或壽），遇難呈祥、大事化小。福至心靈、福自天成、享受現成。福德坐祿照財帛。

6. 遷移是孫子位，串連「家道興隆」，具壽相、老運好。含飴弄孫。

7. 化「天梁、天機、貪狼」祿，修行很有根器，善緣、智慧，氣量大、天份高。化「廉貞或貪狼」祿，才華洋溢。

8. 缺點是喜歡人家的奉承、愛聽好聽的話。

9. 逢偏財星「貪狼或廉貞」化祿，有中獎、意外財（遷移—福運位）的機會，或是發財甚速（會「權」尤佳）。論命時，不可主動建議偏門、偏財，只能當事後諸葛印證喔！

遷移宮化祿入父母宮

1. 我擅長攀父母緣、我擅長攀長輩緣、我擅長攀師長緣、我擅長攀上司緣、我擅長攀公家機關的緣、我擅長攀社會上層人士的緣，所以我容易見多識廣、圓融和善，善察顏觀色、圓滿處世。

2. 我擅長處理學習相關事務，所以我學習快，容易掌握要領、學習反應佳、悟性高、現買現賣、八面玲瓏。

3. 缺點是容易逢迎附和、虛偽讚嘆、表面功夫、喜歡奉承或巧言吝色，會說好聽的表面話，防金玉其外、虛有其表。

4. 串連「讀書運」成旺者，考運好、手氣佳、學習機緣好、學習能力強、善轉圜。

5. 串連「根器宮、根器星」呈旺者，再串連才華曜者，根器高，智慧圓融。

第二節　遷移宮化權入十二宮

遷移化權入B宮的推理解釋：

遷移化權入「人」的宮位，代表我擅長處理人際事務，調解人事，或組織運作。逢「性格宮」同星曜化祿來會，效果才會顯著，有權有能力，要能夠發揮，必須有祿來帶動，祿是機會機緣舞臺發揮空間。

遷移化權入「事」的宮位，代表我擅長處理某宮的事務，我擅長運用社會資源來成就我某宮的事務，行動力強、決斷力強的一面。逢「性格宮或相關宮位」同星曜化祿來會，效果才會顯著，有權有能力，要能夠發揮，必須有祿來帶動，祿是機會機緣舞臺發揮空間。

祿喜權拱，權喜祿會，有機會加上能力的配合，或有能力加上天時地利人和，則相得益彰。

遷移化權B宮，串連多祿呈旺者，善於處理B宮的相關人事物，擁專業、專技或專利，可以精藝創局、獨到營造。擅長應變，懂得權謀，理性處理人事物的這一面。

遷移化權入B宮，同星曜化祿來會的宮位，決定了他的發展方向。

遷移甲破軍化權，交友、田宅癸破軍化祿。

遷移乙天梁化權，田宅、父母壬天梁化祿。

遷移丙天機化權，交友、田宅乙天機化祿。
遷移丁天同化權，交友、疾厄丙天同化祿。
遷移戊太陰化權，交友、田宅丁太陰化祿。
遷移己貪狼化權，交友、疾厄戊貪狼化祿。
遷移庚武曲化權，交友、田宅己武曲化祿。
遷移辛太陽化權，交友、疾厄庚太陽化祿。
遷移壬紫微化權，孤掌難鳴。
遷移癸巨門化權，事業、福德辛巨門化祿。

由上述的結構來看，遷移化權，大多數是逢交友化祿來會，其次為田宅，再其次為疾厄、事業、福德、父母。格局的高低，取決於吉化結構式的長度和強度。

格局，有各式各樣的主題，辨明體用宮，觀察其串連的長度與強度，長度越長，表示其資源越多，助緣越多。強度越強，表示其宮位化象的強度強。例如，祿權入財帛、或兄弟、或田宅，論錢，當然是田宅強過兄弟，兄弟強過財帛了。

遷移宮化權入命宮－直接權出

1. 「命宮、疾厄、福德、交友」串連呈旺者，命宮就是我，懂得善用社會資源成就我個人，因此我懂得創造機會、時勢，建立個人的領導魅力，來幫助自己成就自己。具智慧、膽識、積極、謀略、領導統御的能力，行動力強。

2. 「事業成就運」串連呈旺者，我善用社會資源來成就我在事業上的發展，因此我的事業成就越好，社會地位也隨之水漲船高。

3. 「事業成就運、家運」串連呈旺者，我善用社會資源來成就我在家族的地位，因此我的事業成就越好，家族地位也隨之水漲船高。

4. 修身齊家治國平天下，就是遷移化權，逢交友同星曜化祿來會，同時串連「事業成就運、家運」呈旺，且串連「破軍、貪狼、廉貞」祿呈旺。有財有勢，汲營得利，領導有方。

5. 「命宮、疾厄、福德、交友」串連呈旺者，命三方為汲營三方，所以我容易汲營得勢、創造機會、獨當大局、領導群倫。

6. 遷移化權是我處世應對強勢、觀察力敏銳、行動力強、決斷力強的一面，因此我具有獨當一面的能力。這個獨當一面的能力，要看吉化結構，表現在哪些層面上。

7.「命宮、疾厄、福德、交友」串連呈旺者，隨著我在社會上展現得越好，內心越來越強大、主觀、自信、有主見、有能力，進而讓我在個性的表現上越積極、越有膽識、越有謀略、越來越具有領導統御的能力。

8.既然我懂得運用社會資源來成就我，所以我的社會際遇會越來越好，能力越來越強，際遇好當然有利於「出外」汲營，也容易汲營獲致成就，因此適合向外發展。

9.任何我宮化權入我宮，如果擁有專業技能會發展得更好，會交友的祿，常傲視群倫。

10.「事業成就運」串連呈旺者，善用社會資源，利於升遷或創業。

11.缺點是容易趨炎附勢、高傲、自大。

遷移宮化權入兄弟宮

1.我擅長運用社會資源，來幫助我在事業上的發展。

2.我擅長處理我在事業上發展的相關事務，容易事業有成就。

3.我容易際遇好，有利於升遷或創業。

4.權沖交友，我具有領導統御的能力，若會「交友」同星曜的祿，則有利我競爭、競賽、選舉。

5.我的社會地位容易水漲船高，隨著我的事業有所成就，社會地位越來越高，在社會上積極活躍。社會地位越高，事業越興旺。

6. 我的果報宮化權成就我的體質位，所以我的體質強健。

7. 權的發揮，都有賴於「祿」所給予的舞臺，因此哪一宮以「同星曜」化祿來會，至關重要，且要看「吉化」串連結構式來論述。

遷移宮化權入夫妻宮－照事業

1. 我擅長處理感情、婚姻上的相關事務。

2. 遷移化權入夫妻照事業，我善用社會資源，幫助我在工作上的發展。

3. 「事業成就運」串連呈旺者，我擅長運作我工作的拓展能力，容易事業有成。

4. 夫妻為遷移的事業，夫妻論出外運。化權入夫妻又照事業，因此出外發展更好。

遷移宮化權入子女宮

1. 我擅長處理子女的事務，所以我教育小孩有一套，遷移也是形於表的宮位，所以我會運用我在社會的作為當作身教。

2. 遷移化權，處理事情會比較強勢，所以比較會採用高姿態、出口訓誡的方式來教育小孩。

3. 我善用社會資源成就我的子女。

4. 遷移是福運位，也是精神相關宮位，化權成就子女，所以會有望子成龍、望女成鳳、希望子女將來出人頭地的期望。

5. 「健康相關宮位」串連呈旺者，性功能好，腎元佳、腎氣足。

6. 「交友」同星曜化祿來會，再串連「命宮、疾厄、福德」呈旺者，擅長調解人事，尤其是串連「天同星」，天同星有公道伯之稱。

遷移宮化權入財帛宮

1. 我擅長處理金錢的事務。所以我賺錢能力強。

2. 我擅長運用社會資源成就我的收入，我的收入容易好。

3. 「事業成就運」串連呈旺者，容易掌控時機，創造利潤，發展事業。

4. 社會地位越高，收入越興旺。

5. 遷移為驛馬位，出外發展收入更好。

6. 任何我宮的權化入我宮，如果擁有專業技能會發展得更好。

7. 「事業成就運」串連呈旺者，汲營得勢、借力使力。容易高職、高薪、高收入。善用社會資源，利於升遷、創業，可以位居要津。善廣告、創風潮。

8. 格局較差者，容易眼高手低、虛張聲勢。社會上常見局面差者，反而大張旗鼓、壯其門面以利週轉使力。

遷移宮化權入疾厄宮

1. 「我宮」串連呈旺者，我擅長運用社會資源來成就我自己。
2. 遷移是外在的時空環境，疾厄是身體。遷移化權入疾厄，表示外在環境的壓迫或促使身體多勞多動，耗體力的。
3. 「健康相關宮位」串連呈旺者，身體有活力、朝氣，身體強健，抗壓性足，耐操。
4. 「健康相關宮位」串連多忌呈破者，容易癆、內傷，意外的瘀傷。
5. 「田宅、兄弟、財帛」串連呈旺，且串連「破軍、貪狼、廉貞」呈旺者，掌握發財機會，發財甚速。
6. 「兄弟」串連呈旺，且串連「破軍、貪狼、廉貞」呈旺者，除了掌握事業成就發展外，越賺錢越有活力。

遷移宮自化權出－照命宮，力量減半

1. 不知不覺中又不分場合的表現出我有能力的樣子，容易讓人覺得我愛表現、自我膨脹或吹噓。逢祿容易好虛榮愛面子。
2. 自化權出，有變動快速的現象，因此容易虎頭蛇尾，或五分鐘熱度，不易堅持到底。讓人有種做表面功夫的感覺。
3. 不知不覺中又不分場合的表現出我有能力的樣子，代表一種沒有原則的能力展現，讓人覺得我有點事過境遷的小聰明，或裝腔作勢。

遷移宮化權入交友宮

1. 「事業成就運」串連呈旺者，我擅長處理人際事務，組織運作，有助於管理公司、管理或掌握客戶。
2. 「事業成就運」串連呈旺者，我擅長運用人脈資源，發展我的事業。
3. 遷移化權入交友，為我主動，因此人際間我會很活躍，當然也就讓人感覺我愛出風頭，喜歡凸顯自己。
4. 「事業成就運」串連呈旺者，可從事創意、開發、專業、引領風騷、領導流行等工作或產品。

遷移宮化權入事業宮

1. 我善用社會資源成就我的工作、事業。所以我容易是社會地位較高者，我也容易攀緣得勢。
2. 我擅長處理工作相關事務，所以我容易獨當一面、應變能力強。「事業成就運處」串連呈旺者，利於升遷或創業。
3. 當能力展現在工作領域上時，擁有專業、專技或專利，可以精藝創局、獨到營造。容易攀緣創造局勢，在工作發展上的執行力強。
4. 社會際遇幫助我工作相關事務的發展，串連多祿呈旺者，八方有財，出外發展更好。
5. 串連多祿呈旺者，社會地位越高，工作相關事務的發展就越興旺。
6. 「事業成就運」串連呈旺者，擅長運用社會資源，抬高身價，八方有財，也容易位居要津。同星曜化祿來會的宮位，決定了他的發展方向。
7. 社會地位愈高，工作相關事務的推展愈順。

遷移宮化權入田宅宮

1. 遷移化「破軍或貪狼」權，幾乎都是交友化祿來會，我善用社會資源，成就我的家庭、財產。
2. 遷移化「破軍或貪狼」權，幾乎都是交友化祿來會，所以容易做生意人氣旺，導致橫發。

3. 出外發達，可以衣錦還鄉，外地置產。

4. 遷移化「破軍或貪狼」權，幾乎都是交友化祿來會，果報興家串連人氣旺，我的不動產容易地段好、熱鬧，或者黃金店面。

5. 遷移化「破軍或貪狼」權，幾乎都是交友化祿來會，有利創業從商，或是生產事業。

遷移宮化權入福德宮－照財帛

1. 遷移為我的智慧，化權入福德，使我的福德坐權，福德坐權，表示我好勝不認輸，是智慧讓我好勝不認輸，而大部份的結構是交友同星曜化祿來會，當串連（性格宮）多祿呈旺時，有「人來瘋」的特質，不畏懼人多的場面，反而人越多越強，心臟很大顆，心理素質夠強大。

2. 可以說「藝高人膽大」，但若串連「性格宮」多忌呈破者，須防「自信太過」。

3. 遷移為形於表的宮位，讓福德坐權，為財帛權出，所以我的花錢方式是大筆的支出，因此我容易愛面子、講排場、氣派、好大喜功，防「奢華、浪費」。

4. 遷移化權入福德，逢宗教星，又有根器宮化祿來會，則我在修行上好勝不認輸，所以論勇猛精進。

5. 藝高人膽大、聰明機靈、容易自信傲骨、自恃甚高。還防只是浪得虛名，看高不看低，不自量力。格局佳，主動積極，行動力強。

遷移宮化權入父母宮

1. 我擅長處理父母宮的相關人事物，手法的態度是強勢的。
2. 對父母、長官，不懼其威嚴，尤其疾厄或福德化祿來會串連呈旺者，處理得恰到好處，不卑不亢。
3. 對學習效果，學習速度快、反應佳，見多識廣，見聞廣博，尤其交友化祿來會串連呈旺者，掌握讀書考試的技巧，利於考試競爭。
4. 際遇位成就後天學習位，因此學習機緣好，也適合在職進修、邊做邊學。學習機緣好。也容易現學現賣、學為所用。
5. 我擅長處理長輩或上層社會的人際關係運作。善攀緣造勢，上層社會關係好。
6. 遷移化權入父母，尤其疾厄或福德化祿來會串連呈旺者，或是遷移化權，逢父母化祿來會，懂得揣摩上意，若沒有正直的性格，容易趨炎附勢、倚勢傲慢、為虎作倀。
7. 遷移化權為強勢的作風，表現在表達上。格局不佳者，愛說佔上風的話、虛榮愛現，難免喜歡說大話，個性臭屁。

第三節　遷移宮化科入十二宮

遷移化科入「人」的宮位，處理人際問題態度溫和、溫文儒雅、慢條斯理、謙恭有禮。

遷移化科入「事」的宮位，處理事情平穩妥貼、謹慎小心、謹小慎微。

遷移宮化科入命宮－直接科出

1. 遷移是社會，當我外出時，外人對我是客客氣氣的、有禮貌的。
2. 遷移是我的處世應對的手腕，表示我處世溫文儒雅、做事謹慎、慢條斯理。
3. 社會對我的評價是有修養的，是有品味的，名聲漸漸被社會所認同與接受。
4. 遷移為福運位、際遇位，出外得遇貴人。

遷移宮化科入兄弟宮

1. 我對兄弟的態度是溫文儒雅、客客氣氣的。所以在兄弟姊妹中形象佳、名聲好。
2. 我在處理事業發展的事務上是謹慎的、平穩的。臨危易逢凶化吉、絕處逢生。
3. 我在處理經濟事務上是謹慎的、平穩的。臨危易逢凶化吉、絕處逢生。

4. 我的體質是平妥舒適的。

遷移宮化科入夫妻宮－照事業

1. 對配偶或異性的態度是溫文儒雅、客客氣氣的，所以在異性間或配偶面前形象佳、名聲好。
2. 處理感情是謹慎的、平穩的。逢命祿、生年祿坐夫妻宮，同星曜，容易有迴腸盪氣的一段感情。
3. 遷移是驛馬位，容易兩地相思。科有緩和綿長之意。舊情也綿綿、舊情悠悠，或相思兩地愁。
4. 遷移化科入夫妻照事業。力量溫文，常不論述。可論事業科出，要注重產品或事業包裝行銷。

遷移宮化科入子女宮

1. 我對子女（親戚、妯娌、二婚對象、小輩）的態度是溫文儒雅、客客氣氣的，所以在子女面前形象佳、名聲好。
2. 處理合夥事業謹慎、平穩。
3. 生殖系統平妥舒適。
4. 我對親戚的態度是溫文儒雅、客客氣氣的。

5. 若為女命，我對妯娌的態度是溫文儒雅、客客氣氣的。

遷移宮化科入財帛宮

1. 我在處理金錢態度上是謹慎平穩的。
2. 以收入來論，際遇上的收入是涓涓滴流，不無小補，比方有小額的獎金，或是做生意四方來財，卻是不多。主要收入來源，看吉化串連結構式。

遷移宮化科入疾厄宮

1. 身體平妥舒適。
2. 出外容易逢凶化吉。
3. 為人處事小心謹慎。

遷移宮自化科出－照命宮，力量減半

1. 遷移宮本來就是行於表的宮位，為社會對我的評價，坐科，也是科出，科名在外。但自化科出，是不知不覺中、不經意又不分場合的表現我的科出，所以往往給人的印象有刻意營造斯文的感覺，矯揉造作。

2. 處理事情的手法是溫和中，有拖泥帶水的現象。

遷移宮化科入交友宮

1. 我對朋友的態度是溫文儒雅、客客氣氣的，所以外在形象佳、名聲好。
2. 我會謹慎小心處理人際關係。
3. 際遇上科入交友，科有悠遠綿長之意，容易有朋友失聯已久仍搭上線，他鄉遇故知，悠悠故人情。
4. 若想要維繫名聲，容易陷入沽名釣譽、偽善矯飾。

遷移宮化科入事業宮

1. 謹慎處理工作事務。
2. 在際遇上，我的工作容易遇到貴人相助，科主貴人。但這種貴人往往只能小有幫助而已，比方是車禍已經發生，有路人協助送醫，撿回一命；又或者是我被查稅，但出現貴人協助，減少損失，或經貴人協調分期繳清罰款。但是如果是化祿，則容易禍不臨身，所以遷移或福德化祿才是真貴人。

遷移宮化科入田宅宮

1. 我會謹慎小心處理田宅相關的事務。
2. 我對家人的態度是溫文儒雅、客客氣氣的，所以在家人面前形象佳、名聲好。
3. 遷移是社會，化科入田宅，科主文質，所以居家環境容易是安靜雅適的。
4. 社會對我的家庭、家族的評價是科，所以我的祖上容易有仕紳聞人。

遷移宮化科入福德宮－照財帛

1. 我會謹慎處理我的精神生活及天性思維，所以在性格的表現上會有比較平和、細膩、行事謹慎的一面。
2. 福德是精神層面的宮位，如果是宗教星化科「天梁、天機」，可以接觸宗教、哲學、靈性的工作，但是有祿才會渾然天成，科的力量有限。

遷移宮化科入父母宮

1. 我對父母、長輩的態度是溫文儒雅、客客氣氣的，所以在父母和長輩間的形象佳、名聲好。
2. 父母是表達宮，我說話謹慎小心、輕聲細語。
3. 父母宮是涵養宮、修養宮，所以我的修養、涵養好，名聲好。
4. 父母宮是相品宮、樣貌宮，所以我給人的感覺是文質彬彬的。
5. 我對學習的態度是謹慎的。科又有悠遠綿長之意，容易活到老，學到老。
6. 我對朋友財務的往來，態度是謹慎的。
7. 我對契約、支票等等文書方面的事，會謹慎小心的處理。
8. 若想要維繫名聲，容易陷入沽名釣譽、偽善矯飾。

第四節　遷移宮化忌入十二宮

遷移化忌入某宮，以盡人事的立場來說，是代表我處理某宮的手法笨拙、不得要領、被動。以無形的來說，是代表我的際遇阻礙了我對某宮的發展。

粗略的論述：遷移化忌入性格宮（命宮、疾厄、福德），表示際遇對我不利，容易遇到阻礙，常常會有天不從人願、事與願違、心想事不成的無奈。本身個性也比較不能隨遇而安。

遷移化忌入交友三方（交友、父母、子女），代表我不善人際攀緣，或不會主動人際攀緣。

遷移化忌入田宅三方（田宅、兄弟、疾厄），代表我不擅長將努力的成果累積下來。沖交友三方，表示我少社交活動，帶有孤獨、孤僻的個性傾向。

遷移化忌入命三方（命宮、財帛、事業），代表我不善汲營，不懂鑽營及賺錢之道。在此人面前形象較差。

遷移化忌入B宮的推理解釋：

我拙於攀B宮的緣，態度是被動的、拙於應對的。

我拙於處理B宮的相關事務，態度是被動的、拙於處理，總是有疏漏的。

遷移化忌入「人」的宮位：不擅長攀此宮位的人緣、與人交際或相處不得要領、遇到錯誤的對象、天不從人願的交往對象、在此人面前形象不佳。招災惹禍、是非入身。

遷移化忌入「事」的宮位：不擅長處理這個宮位的事、手法笨拙、不得要領、天不從人願。招災惹禍、是非入身。

1. 我不擅長攀B宮的緣。
2. 我不擅長處理B宮的事。
3. 在B宮人的面前形象沒有很好。
4. B宮的事，總是不能如願。
5. 對B宮的看法或器量狹隘，如以管窺天、以蠡測海。

遷移宮化忌入命宮—直接忌出（回沖遷移）

1. 我不擅長攀命宮的緣。
2. 我不擅長處理命宮的事。
3. 命宮的事，總是不能如願。
4. 我不擅長自我調適，導致內心思維僵化了，帶來了諸多困擾和壓力，內心苦楚。
5. 我的社會際遇、資源、社交手腕、驛馬緣讓我不痛快、讓我辛苦，所以我的際遇不如意、我的社會資源較差、我的社交手腕笨拙、我出外辛苦。

6. 串連「性格宮」多忌呈破者，遷移化忌入命宮，又回沖遷移，沖者離也：

A. 沖遷移，沖者離也，有漸行漸遠之意，因此容易遺世獨立，與社會漸漸脫節，逐漸地變成孤獨的個性傾向，喜歡一個人獨處、好靜，當然也就朋友越來越少，知己好友就更少了。

B. 容易因過多的挫敗而故步自封、器量變狹隘。

C. 容易先預設立場，不喜歡欠人情債，或特殊癖性等。不能隨遇而安。

D. 不善攀緣、不喜迎逢、少交遊、人氣寒而知己稀。

E. 不受歡迎，社會資源差。

7. 串連多忌呈破者，尤其是化「（太陰或巨門）＋（廉貞或貪狼）」忌，際遇不佳，容易遇到小人、莫須有的招災惹禍、莫須有的罪名、是非、誣陷、不名譽事、惹麻煩、引發被議論的事等等。破財、傳染病。天不從人願。防一籌莫展。須謹言慎行，還防懷璧其罪。

8. 「健康相關宮位」串連呈破者，遷移為果報位，容易有業力病糾纏。

9. 串連「子女、疾厄」多忌呈破者，傳染病、意外。

10. 遷移化忌入命者，天不從人願，沒有投機和賭的本錢，不要妄想不勞而獲。

11. 「家道不興」串連呈破者：

A. 容易無奈地離鄉背井，成不成要看吉化結構。就算成，也必然是辛苦的。

B. 老運防孤、寡、子孫無力（業力）。做好晚年規劃。

C. 人生挫折、壓力、自閉等諸多苦趣臨身，此皆業力使然。

D. 如果「家道興隆」串連同星曜呈旺者，得福德、夫妻、子女飛祿（因果之善）入命來會，可轉成福厚困自解。

12. 凡任何宮之忌入命成苦趣煩心者，皆愛福德、遷移、夫妻、子女飛祿入命來會；譬如為財帛忌入命之困財而苦，逢夫妻祿入命即得解，獲得遷移、福德祿入命亦可緩厄。此皆以因果之福解禍之以然，乃福德三方為因果位，子女亦為其共宗六位故也。

遷移宮化忌入兄弟宮—沖交友

1. 我不擅長攀兄弟宮的緣。
2. 我不擅長處理兄弟宮的事。
3. 兄弟間的形象沒有很好。
4. 兄弟宮的事，總是不能如願。
5. 對兄弟宮的看法或器量狹隘，如以管窺天、以蠡測海。

6. 兄弟關係較疏離。遷移也是形於表的宮位，所以在兄弟間的形象沒有很好。

7. 我不擅長處理事業發展相關事務。

8. 我的社會際遇、我的社會資源、我的社交手腕讓我事業成就的發展受到阻礙，因此我的際遇比較差，社會資源差，影響到事業發展。

9. 經營事業，不得投機、好高鶩遠、冒風險，天上不會掉下禮物。人算不如天算。

10. 兄弟坐遷移忌，沖交友宮，少社交活動，不善人際攀緣，當然人際關係就有較差的一面。

11. 兄弟是財帛的田宅宮，是我的經濟實力位、存款位、公司的資產、現金部位，因此我的理財笨拙，常常處理不當而損財。

12. 兄弟是財帛的田宅宮，是我的經濟實力位、存款位、公司的資產、現金部位，我出外或出差的耗費大，或意外造成的支出多。

13. 兄弟是疾厄的事業宮，是身體氣數位、身體運位、體質位，遷移化忌入兄弟，容易際遇不佳的遇到如流行疾病、或意外傷身、或因果病業等，造成體質的變異或下滑。

遷移宮化忌入夫妻宮－沖事業

1. 我不擅長攀夫妻宮的緣，被動。

2. 我不擅長處理夫妻宮的事，被動。
3. 在夫妻間的形象沒有很好。
4. 夫妻宮的事，總是不能如願。
5. 對夫妻宮的看法或器量狹隘，如以管窺天、以蠡測海。
6. 我不擅長異性的攀緣，被動，異性朋友少，對工作發展形成阻礙（沖事業）。
7. 我不擅長處理異性關係，異性朋友少，對工作發展形成阻礙（沖事業）。
8. 我在異性的面前形象比較不好，對工作發展形成阻礙（沖事業）。
9. 我不擅長處理男女間感情，因此比較不會談情說愛、甜言蜜語，尤其是廉貞、貪狼忌更嚴重。
10. 我不擅長處理婚姻關係，被動處理婚姻上的事，對婚姻經營不得要領，導致婚姻關係出現阻礙，進而影響工作的發展（沖事業）。
11. 我在配偶的面前形象比較不好，影響婚姻的品質，進而影響工作的發展（沖事業）。
12. 我的社會際遇、我的社會資源、我的社交手腕，讓我在感情路上或婚姻發展上受到阻礙。
13. 我的際遇不好，感情莫名其妙地破壞，或阻礙婚姻，或者被第三者介入（通常是不認識的）。
14. 遷移化忌入夫妻沖事業，容易工作不順暢。
15. 遷移化忌入夫妻沖事業，事業是運氣位，所以容易有意外、災病、橫禍。運氣差。

16. 夫妻是福份財，沒有意外之財，忌賭或投機，尤其廉貞、貪狼忌。
17. 夫妻是遷移的事業宮，是出外運氣位，出外運氣不好。

遷移宮化忌入子女宮－沖田宅

1. 我不擅長攀子女緣。
2. 我不擅長處理子女的事。
3. 子女宮的事，總是不能如願。
4. 對子女宮的看法或器量狹隘，如以管窺天、以蠡測海。
5. 在晚輩面前形象不佳，對子女「管教不當或不得要領」。
6. 子女也是合夥位，所以會阻礙合夥事業的發展，我在經營合夥事業時不得要領，或外力阻礙。
7. 沖田宅，庫破不蓄。出外奔波消耗大，常常徒勞無功。
8. 容易迷路（尤其是天機忌）、容易「意外災傷、是非橫禍」。
9. 容易搬家。沖田宅，沖安定位。
10. 「家道不興」串連呈破者，為孤寡之隔，子女為晚景、晚年生活品質、福德的共宗六位，所以晚年比較孤單。

遷移宮化忌入財帛宮－沖福德

1. 我不擅長攀財帛的緣。
2. 我不擅長處理財帛的事。
3. 財帛的事，總是不能如願。
4. 對財帛宮的看法或器量狹隘，如以管窺天、以蠡測海。
5. 遷移化忌入財帛宮，是我的社會際遇、我的社會資源、我的社交手腕讓我賺錢不順遂，因為我不善鑽營。社會際遇幫不了我賺錢，社會資源無法助我賺錢，而我又對賺錢的手腕笨拙，不得要領，因此賺錢辛苦，有時會賺不到錢，或找不到門路賺錢。
6. 命三方為交友三方的共宗六位，因此遷移化忌入命三方，也是不善人際攀緣，尤其與賺錢有關的事務上，因為我也不喜歡逢迎拍馬。
7. 容易意外破財、罰單、犯小人、遭設計、小人擋財路、惡性競爭、人算不如天算。
8. 容易有意外、業力病、流行疾病（沖福德）。
9. 天不從人願，千萬勿賭、投機。
10. 唯廉貞、貪狼見忌者，易染賭、酒、色、毒等不良習慣。以入命則難戒，入遷移（忌出）易戒。

通常也是遷移坐忌者，不良嗜好較少。

遷移宮化忌入疾厄宮－沖父母

1. 我不擅長攀疾厄宮的緣，被動。
2. 我不擅長處理疾厄宮的事，被動。
3. 疾厄宮的事，總是不能如願。
4. 對疾厄宮的看法或器量狹隘，如以管窺天、以蠡測海。
5. 遷移化忌入疾厄宮，是我的社會際遇、我的社會資源、我的社交手腕影響我的身體、性格、與人相處。
6. 疾厄坐忌代表我會忙碌，哪一宮化忌入疾厄，就表示我會為哪一宮的事而忙碌，所以遷移化忌入疾厄，是代表我會受到社會的牽動而忙碌，或者出外而忙碌，當然這種忙碌是辛苦的、不順遂的，或被迫的。
7. 如果從自己的角度來思考，就是自己在處理事情的手法笨拙不得要領，導致忙得團團轉，當然也容易把自己搞得生活緊張，臨事容易焦躁不安，本身個性也比較不能隨遇而安。
8. 遷移化忌入疾厄，容易是際遇上造成我身體的傷害，因此容易遇到危險性的工作、或者職業傷害、或者流行疾病、或者意外傷害、或者過勞、或者業力病。

9. 遷移化忌入命宮，我的際遇不如意，我容易遇到小人、是非、誣陷、莫須有的罪名、引發被議論的事纏身等等。

10. 遷移化忌入疾厄，不愛玩，甚至足不出戶。

遷移宮自化忌出－沖命宮（力量減半）

1. 我不擅長攀遷移宮的緣。
2. 我不擅長處理遷移宮的事。
3. 在遷移宮人的面前形象沒有很好。
4. 遷移宮的事，總是不能如願。
5. 對遷移宮的看法或器量狹隘，如以管窺天、以蠡測海。
6. 自化忌出：漫不經心、不經意不知不覺中，又不分場合把不好的處世應對表現出來。
7. 自化忌出：沒有原則的出而不藏、消失、變化快速。
8. 遷移宮，是我的社會際遇、我的社會資源、我的社交手腕笨拙不得要領沒有原則的表現出來，這一種不知不覺且不分場合的表現出來，是亂無章法的。耿直而少智、無自主意識的亂無章法。

9. 對處世應對的表現來說，是耿直有餘，缺少智慧（忌出）。容易說錯話，或粗枝大葉，忘性不敏、少有防人之心，或不能記取經驗、前車之鑑。

10. 自化忌出有消散之意，因此我的社會資源有不知不覺中就散掉了的現象。

11. 遷移是社交能力的表現宮位，也是廣泛的社會人際，因此遷移宮自化忌出，有不愛人際交往、不喜歡逢迎拍馬的現象。

12. 「性格宮」串連呈破者，孤僻冷漠得不好相處、少智慧的不愛用心、不辨是非、不能隨遇而安、無章法的行為法則。

13. 凡命盤十二宮多見自化者，容易個性不夠沉穩，精神、意志不夠斂守，容易影響成就。尤以見4－6宮得自化祿、忌者，顯然格局已損，起伏離常。

遷移宮化忌入交友宮－沖兄弟

1. 我不擅長攀交友宮的緣，被動。
2. 我不擅長處理交友宮的事，被動。
3. 在朋友間的形象沒有很好。

4. 交友宮的事，總是不能如願。
5. 對交友宮的看法或器量狹隘，如以管窺天、以蠡測海。
6. 遷移化忌入交友宮，是我的社會際遇、我的社會資源、我的社交手腕笨拙不得要領，成為我人際交往的阻礙。
7. 我不愛熱鬧、不善交際、不喜歡逢迎攀緣。串連二忌以上就有孤僻的現象。
8. 容易遇到小人，或者人際是非。
9. 在人際交往上狹隘小器量，不善轉圜。
10. 沖兄弟，庫有破，財易流失。沖安定位，易變動。
11. 不喜歡結交朋友，不喜歡糾纏於人，容易遺世獨立、享受清靜。格局差，還防憤世嫉俗、臨急少貴人。

遷移宮化忌入事業宮－沖夫妻

1. 我不擅長攀事業宮的緣，被動。
2. 我不擅長處理事業宮的事，被動。
3. 事業宮的事，總是不能如願。

4. 對事業宮的看法或器量狹隘，如以管窺天、以蠡測海。

5. 遷移化忌入事業宮，是我的社會際遇、我的社會資源、我的社交手腕笨拙不得要領，阻礙我工作發展。

6. 時空環境或外力介入，干擾我的工作，讓我的工作不順遂，或工作遇到棘手的問題。

7. 事業宮也是運氣位，又是汲營三方，容易有小人、意外、阻撓、倒楣、不名譽等情事，也容易人事紛擾、橫生枝節、吃力不討好、天不從人願。

8. 命三方為交友三方的共宗六位，因此遷移化忌入命三方，也是不善人際攀緣，尤其與工作有關的事務上，因為我也不喜歡逢迎拍馬。狹隘小器量。

9. 運輸業、司機、遊牧式的工作環境。

10. 「社會資源差」，常助力少的孤軍奮鬥。際遇不佳，容易人事紛擾、橫生枝節、吃力不討好。宜謹言慎行、勿強出頭。

11. 逢廉貞化忌，防官非、血光。不可冒風險，絕不能賭、投機。

12. 沖夫妻，容易感情貌合神離。

13. 命三方「化祿」入福德三方，屬樂觀、圓巧、討好而容易獲利的作為，故適合公關、銷售等業務工作。

14. 而命三方「化權」入福德三方，則屬企圖、應變、開創的求功作為，故適合領導、執行等拓展工作。苟能祿得權擁，權得祿拱，則錦上添花、相得益彰矣。

遷移宮化忌入田宅宮－沖子女

1. 我不擅長攀田宅宮的緣，被動。
2. 我不擅長處理田宅宮的事，被動。
3. 在家人或家族間的形象沒有很好。
4. 田宅宮的事，總是不能如願。
5. 對田宅宮的看法或器量狹隘，如以管窺天、以蠡測海。
6. 遷移化忌入田宅宮，是我的社會際遇、我的社會資源、我的社交手腕笨拙不得要領，導致家運不佳。
7. 容易離鄉背井、不守祖業、他鄉做故鄉。
8. 容易因不善經營導致財產流失、不善理財導致無名支出甚多、際遇不佳，容易有外力來劫財，如賊盜、天災、人禍。暗漏、無名支出多、外鬼通內神。
9. 遷移是果報宮，化忌劫我財產，所以不能賭、投機，容易敗產。

10. 家族社會關係不佳，還防家道中落。離鄉背井、不守祖業、他鄉做故鄉。

11. 沖子女，傷合夥。

12. 沖子女，晚年易孤獨。「家道不興」串連呈破者，老來形單影隻（子息少或子孫各奔東西），或有老來淒冷病疾（福德九沖六位）。終究須防門前冷落車馬稀、世事難料人氣寒。

13. 不擅長操持家務。

遷移宮化忌入福德宮—沖財帛

1. 我不擅長攀福德宮的緣，被動。

2. 我不擅長處理福德宮的事，被動。

3. 福德宮的事，總是不能如願。

4. 對福德宮的看法或器量狹隘，如以管窺天、以蠡測海。

5. 遷移化忌入福德宮，是我的社會際遇、我的社會資源、我的社交手腕笨拙不得要領，讓我天不從人願、事與願違、心想事不成而心情煩躁。沖財帛，影響收入。

6. 福德是果報位，也是精神靈性位，是性格宮，當諸事不順時，容易憤世嫉俗而不得自在、孤僻冷漠而不能隨遇而安。狹隘偏激的好惡。

7. 福德是果報位，千萬勿賭、投機。福不厚，最宜修心養性。
8. 福德是果報位，容易有意外、乖違、孤僻、災病、損壽。
9. 福德是興趣、嗜好、享受位，遷移化忌入福德，不能如願，也有引人非議的偏離常態之癖嗜、癖好，容易作繭自縛、招災惹禍。串連家道不興則孤寡。
10. 根器宮化根器星「天機或貪狼」化祿，串連呈旺者，修行人的儉約惜福、安貧樂道；遺世獨立、閉關苦行；明心見性、妙有真空。
11. 要腳踏實地，靠山山倒，靠人人倒，靠自己最好。

遷移宮化忌入父母宮－沖疾厄

1. 我不擅長攀父母宮的緣，被動。
2. 我不擅長處理父母宮的事，被動。
3. 在父母宮代表的人物面前，形象沒有很好。
4. 父母宮的人事，總是不能如願。
5. 對父母宮的看法或器量狹隘，如以管窺天、以蠡測海。
6. 遷移化忌入父母宮，是我的社會際遇、我的社會資源、我的智慧笨拙不得要領，影響我父母宮的相關事態。

7. 我不擅長與我父母或長輩相處，在我父母或長輩面前形象不佳。

8. 我不擅長學習，導致孤陋寡聞或個性靦腆害羞、封閉、木訥。

9. 我不擅長人際攀緣，尤其是長輩。

10. 我不擅長表達，父母為表達宮。

11. 父母宮是處世應對宮，因此容易出現處理事情不夠周全，也對人事的理解、反應能力較差，容易人云亦云，容易盲從、瞎猜。迷迷糊糊、渾渾噩噩之象，越多忌越嚴重。後知後覺，不善轉圜。冷漠孤僻，社會關係差。

12. 串連「性格宮」多忌呈破者，行為乖僻、涵養不足、離經叛道、不受教。

13. 出外防意外（沖疾厄）、罰單（廉貞忌），也容易糾纏文書問題。

14. 阻礙或不利於念書學習，學習不得要領，不利於考試競爭。

15. 忌沖疾厄，情緒容易受外在環境干擾而波動。沖安定位，易變動。個性冷漠而不易親近，狹隘小氣量。

第十章

交友宮四化入十二宮的推理解釋

第十章 交友宮四化入十二宮的推理解釋

第一節 交友宮化祿入十二宮

交友宮：泛指有緣接觸的男女老少、交友態度、交友品質、交友狀況、交友的情與義。競爭位、客戶、人氣位。正緣感情的指標位、積德位、祖墳。

交友四化入十二宮，分別代表著不同面向、不同時期出現的人際狀況，要依串連結構來論述。

交友化祿入B宮的推理解釋：

交友化祿入「人」的宮位（兄弟、夫妻、子女、交友、父母、田宅＝家人）：

1. 把B宮的人當朋友。
2. 朋友主動對我B宮的人表示友好，相處融洽。

交友化祿入「事」的宮位：

1. 交友為我福，朋友或客戶庇蔭我、主動幫助我，不求自得。

2. 朋友或客戶對我在B宮的事務上，主動來幫助我，帶給我順心如意快樂。

交友宮化祿入命宮

1. 交友為我福，朋友或客戶庇蔭我、主動幫助我，不求自得。
2. 串連「命宮、疾厄、福德、遷移」呈旺者，我容易結交到對我有幫助的朋友，或志趣相投的朋友。
3. 對我來說，我的朋友大多是通情達理的，但不代表他在別人面前是如此的。
4. 串連「遷移宮或父母宮」呈旺者，我的人際關係好，朋友與我相處融洽，適合從事公關、業務、行銷方面的工作。
5. 串連「事業宮」呈旺者，職場上人緣和諧、常受人幫助。
6. 如果有合夥，交友為合夥的股東，表示股東對我好、對我有情的一面。
7. 串連「與競爭主題的相關宮位」呈旺者，競爭容易如願，因此對我有利。

交友宮化祿入兄弟宮－直接祿出

1. 朋友主動和我的兄弟表示友好，相處融洽。

2. 交友宮代表我對交友的態度，化祿入兄弟，表示我把兄弟當朋友看待。
3. 交友如我兄弟，知心朋友容易在我身邊，好像兄弟一般。
4. 交友常在我的生活周遭，身邊好友親近，不見得是非常熟悉的。
5. 串連「事業成就運」呈旺者，兄弟是事業成就位，也是財庫位，且為收藏宮，表示四方來財，近悅遠來，客源穩定，容易有老主顧，適合從事以老主顧為主的生意，也適合旅遊、旅館、民宿、休閒等行業。
6. 串連「事業成就運」呈旺者，四方來財，客源穩定，適合口碑生意，也適合咖啡、茶藝、餐飲事業。
7. 我交友的命宮化祿入兄弟，我的朋友大多經濟寬裕。

交友宮化祿入夫妻宮－照事業

1. 朋友主動與我的配偶表示友好，相處融洽，也顯現我的朋友頗得異性緣。
2. 交友宮代表我對交友的態度，化祿入夫妻，表示我把配偶當朋友看待。
3. 我的婚姻容易得到交友的祝福。
4. 交友化祿入夫妻照事業，朋友蔭我的事業或工作，我得到朋友的幫助。

5. 朋友大多婚姻美滿，或多情的。

6. 交友化祿入夫妻，照事業，我朋友事業或工作多順遂。

交友宮化祿入子女宮

1. 朋友主動與我的子女表示友好，相處融洽，也顯現我的朋友頗得小輩緣。

2. 交友主論我的同輩，化祿入子女，代表我的子女容易遇到好老師。

3. 交友宮代表我對交友的態度，化祿入子女，表示我容易結識小輩，與小輩交好，因此容易有忘年之交。

4. 我交友的命宮化祿入子女，我的朋友大多喜歡小孩、或寵物、或對弱小者有愛心，表示有仁慈良善之心。

5. 交友為夫妻的疾厄，配偶常親近小孩，對小孩和顏悅色、有耐性，很能討小孩的喜歡。喜歡在外蹓躂。

交友宮化祿入財帛宮

1. 交友帶給我收入好，或用錢（手頭）方便，所以如果我開店做生意，客人來自四面八方，稱為四方來財。容易是做生意的人。串連父母或遷移流量才會大，尤其是遷移宮。

2. 財帛為汲營三方，是現金緣位，交友化祿而來，代表我在賺錢上的人緣很好，客源多，適合做現金生意。

3. 同業或同行間，容易競爭得利。

4. 容易與朋友有頻繁金錢往來，或朋友對金錢比較不會計較。

5. 我交友的命宮化祿入財帛，我容易結交到手頭很方便的朋友，也容易多交做生意的朋友。

6. 交友宮與財帛宮互化祿者，多屬於金錢往來頻繁的現金生意格。

交友宮化祿入疾厄宮

1. 交友化祿入疾厄，我有人際之福，不求自得。

2. 朋友常常主動來親近我，喜歡跟我相處在一起，也表示我與人相處親和、人緣好。

3. 如果是異性，容易有肢體的接觸，容易擦槍走火，尤其是交友化貪狼或廉貞祿。

4. 容易交往個性溫和、好相處的朋友。

5. 疾厄為收藏三方之一，表示穩定。疾厄也是我的身體，表示客人會主動來找我泡茶聊天……等，很喜歡跟我親近，所以可從事與人接觸的服飾、精品及咖啡、茶藝、餐飲、休閒、娛樂等服務業。串連「事業成就運」呈旺者，更好。

交友宮化祿入遷移宮－祿出（照命宮）

1. 交友祿入遷移照命宮，我的社交圈很廣，容易得到朋友的庇蔭（幫助），多得貴人相助。
2. 交友宮也是我對人際交往的態度，交友祿入遷移，因友而樂、而親和，所以我比較喜歡熱熱鬧鬧的，與朋友相處很快樂的表現在臉上。
3. 交友宮代表我對交友的態度，化祿入遷移，表示我容易結識陌生人，與陌生人交好，這顯示人際圈的廣大，人際交往的態度是大方、開明的，包容性大。串連「命宮、疾厄、福德、遷移」呈旺者，尤為明顯。
4. 但是這樣特質的人，難免會遇到奉承巴結、虛偽言好之人，而我自己要慎防金玉其外，敗絮其中的好人際，喜歡聽奉承好話，盡是虛歡、少存至性的人際往來。
5. 朋友大多親和開朗大方、外緣好。
6. 朋友大多在社會上有身分、有地位。
7. 我的社會關係好、人脈佳。

交友宮自化祿出

1. 交友自化祿出，表示我在交友過程中沒有原則，人人都好，或者比較隨興的交朋友，沒有選擇性，當然就缺乏理性的擇友條件了，容易什麼人都好。
2. 串連「命宮、疾厄、福德」呈旺者，愛熱鬧。
3. 看似廣結善緣，但容易是信口開河、附和曲直、阿諛奉承的朋友。
4. 看似和諧，但防少存至性、盡是虛歡。
5. 串連「遷移」呈旺者，人緣廣而人際和諧。
6. 交友自化祿出，在人際交往上，具有不穩定、不和諧、浮誇的特質，所以常有「相識滿天下、知心能幾人」之憾。

交友宮化祿入事業宮

1. 交友庇蔭我的工作順遂，容易遇到好的同事、夥伴、客人。
2. 在工作發展上，人氣很旺，人緣好，對我在工作上的發展幫助很大，利於組織工作團隊。
3. 利於同行、同業的競爭。

4. 利於合夥事業發展。

5. 串連「事業成就運」呈旺者，利於廣告、宣傳與口碑生意。

6. 朋友大多工作如意順遂。

交友宮化祿入田宅宮

1. 朋友喜歡來我家，家庭人氣旺，好客、人緣好。尤其是串連「命宮、疾厄、福德、遷移」呈旺者。

2. 串連「命宮、疾厄、福德、遷移」呈旺者，田宅為我的生活居家環境，容易有從小到大一起長大的朋友。

3. 交友宮代表我對交友的態度，化祿入田宅，表示我把家人當朋友看待。

4. 我若開店做生意，我的生意有很多老顧客，四方來財，生意興隆。

5. 串連「命宮、疾厄、福德、遷移」呈旺者，親戚、朋友、鄰居多往來和睦且熱絡。

6. 串連「事業成就運」呈旺者，有利於與朋友合夥，共同經營事業。

7. 朋友大多家庭經濟蠻好的，或者我容易與富者比鄰而居。串連「命宮、疾厄、福德、遷移」呈旺者，尤其明顯。

8. 串連「事業成就運」呈旺者，可從事餐飲、飯店、旅館、咖啡、茶藝、休閒產業。

9. 串連「事業成就運」呈旺者，從事不動產行業，偏財星「破軍、貪狼、廉貞」化祿，更好。

交友宮化祿入福德宮－照財帛

1. 交友化祿入福德，我有人際之福，不求自得。

2. 朋友對我很好，朋友很懂我，常常會帶給我意外的驚喜，讓我覺得很快樂、窩心。

3. 朋友容易一見如故，跟我是善緣的。

4. 福德是興趣嗜好享受位，朋友很多都是我的同好。

5. 朋友大多數是屬於樂天派的、樂觀的，隨緣自在好相處。

6. 我的人緣好，我喜歡熱鬧快樂的交朋友。多氣味相投、少用心機的朋友。人情味濃。

7. 我喜歡與朋友打屁聊天、泡茶、到處吃喝玩樂（不要求山珍海味，隨緣自在）。串連「命宮、疾厄、福德、遷移」呈旺者，容易我醉君復樂，陶然共忘機。過去的「竹林七賢」，就是類似的情況。

8. 福德為死後的歸宿，表示我死後有很多朋友送我最後一程。

交友宮化祿入父母宮－祿出

1. 朋友主動與我的父母表示友好，相處融洽。也顯現我的朋友頗得長輩緣。
2. 交友宮代表我對交友的態度，化祿入父母，表示我把父母當朋友看待。
3. 我交的朋友父母比較容易放心。
4. 我的人際關係大多是讓人覺得很好的，與朋友相處和氣愉悅。
5. 朋友大多是有禮貌的、溫和的、幽默的、見多識廣的、長輩緣好的、會讀書的或學問好的。
6. 交友宮代表我對交友的態度，化祿入父母，表示我容易結識長輩，與長輩交好，因此容易有忘年之交。
7. 串連「讀書運」呈旺者，考運好。

第二節　交友宮化權入十二宮

交友化權入B宮的推理解釋：

交友化權入B宮，是朋友個性或能力強（化權：主壯盛、掌控、成就於）的一面，展現在B宮。

交友化權的缺點，是要看朋友的臉色，因為朋友的能力強。如果交友化忌，串連「命宮、福德、遷移、父母」多忌呈破者，則不可依賴朋友之助。

交友宮化權入命宮

1. 朋友來成就我。
2. 格局好，多交有能力、有成就的朋友。
3. 格局差，容易被朋友牽著鼻子走。
4. 交友為父母的事業，權入命，表示我容易遇上能力好的上司或老闆。
5. 朋友容易是有能力者，或有成就者。
6. 在競爭、考試、升遷的過程中，容易遇到強的對手（棋逢敵手）。
7. 如果我的能力不夠，容易被人掌控，因此被牽著鼻子走。如果我的實力夠強，容易棋逢敵手。

8. 缺點是要看朋友的臉色，如果交友化忌，串連「命宮、福德、遷移、父母」多忌呈破者，則不可依賴朋友之助。

交友宮化權入兄弟宮－直接權出

1. 我的實力夠強，朋友成就我的事業，讓我賺錢。
2. 我的實力不夠，則容易外強中乾，容易被朋友或股東操控。只要自己可以掌控的範圍內，不要貪做貪大則無憂。
3. 朋友容易事業有成。
4. 我容易得到這些有成就的朋友的幫助，或我容易得到很多客戶的幫助而獲得事業成就或好的收入，可從事精品、貴重物品、高價位商品買賣。
5. 缺點是要看朋友的臉色，如果交友化忌，串連「命宮、福德、遷移、父母」多忌呈破者，則不可依賴朋友之助。

交友宮化權入夫妻宮－照事業

1. 交友化權夫妻，照事業，串連多祿呈旺者，朋友幫助我在工作上的發展。

2. 交友化權夫妻，照事業，朋友的工作能力強。

3. 缺點是要看朋友的臉色，如果交友化忌，串連「命宮、福德、遷移、父母」多忌呈破者，則不可依賴朋友之助。

4. 如果我的配偶比較沒有定見，容易被人牽著鼻子走。

5. 串連「結婚格局」呈旺者，朋友挺我，我的婚禮容易場面比較大。

交友宮化權入子女宮

1. 如果我的小孩比較沒有定見，容易被人牽著鼻子走。防小孩結黨變壞。

2. 格局佳，小孩容易遇上嚴格的師長。

3. 朋友很會管束、或訓斥小孩。

4. 交友為夫妻的疾厄，配偶對小孩的管教比較粗魯。

5. 如果有合夥，容易是股東掌控合夥事業，容易合夥事業有成，但是如果交友化忌，串連「事業成就運」多忌呈破者，則不可合夥，會被股東操控。

交友宮化權入財帛宮

1. 朋友或客戶成就我賺錢。
2. 我適合從事高價位的生意。
3. 適合大筆金錢往來的批發生意（財帛化權入交友亦同）。
4. 多交會賺錢、敢花錢或做生意的朋友，或手頭闊綽的朋友。
5. 我容易引來同行的競爭。
6. 交友宮與財帛宮互化權者，多屬金錢大筆往來的批發或高價位的生意。
7. 以財帛宮化祿、權入交友宮者，縱然生意場上風光，畢竟祿、權不入庫，還得防終究是一場生活有餘、重看不重用的繁華空夢。
8. 兄弟、田宅，為庫位的三方，交祿權，或祿權以入坐為實，否則終究屬虛。

交友宮化權入疾厄宮

1. 我會因朋友而多運動，和朋友一起運動。
2. 朋友容易是愛運動、有健康、有活力的。

3. 朋友對我比較主動、大方。

4. 格局差，容易遇到粗魯的朋友。

交友宮化權入遷移宮－權出（照命宮）

1. 容易交到有身分地位、有成就的朋友。格局好的，容易往來政商名流。交友得力。

2. 朋友容易是能力顯於外的。格局好的，朋友做事的決斷力強，果斷、有膽識，觀察力敏銳。格局差的，朋友比較會吹噓、誇大不實。

3. 朋友化權沖我，表示我是被領導的。防不自量力、有面子沒裡子的趨炎附勢為虎作倀、眼睛看高不看低。

交友宮自化權出

1. 自化權出，不經意中、不知不覺又不分場合的浮誇自己的能力，且容易意志不堅定、虎頭蛇尾、頭熱尾冷、朝令夕改。

2. 我容易結交個性愛現、愛膨風的朋友。如果交到益友，容易是位熱情主動的朋友。

3. 朋友容易是個愛現、愛膨風的性格。

4. 我和朋友的相處容易是虛花一場，會祿容易交友虛榮。

交友宮化權入事業宮

1. 朋友或客戶，在我的工作領域上，會主動幫助我。
2. 朋友或客戶，工作能力表現很強。
3. 我的競爭對手很強，棋逢敵手。
4. 串連「讀書運」呈旺者，利於讀書、考試。
5. 串連「事業成就運」呈旺者，利於合夥。

交友宮化權入田宅宮

1. 朋友或客戶，幫助我成家立業。
2. 朋友或客戶，容易家庭、財產興旺。
3. 我交往的朋友或客戶，容易幫助我置產。我容易住在富人區，或鄰居都蠻富有的。
4. 串連「事業成就運」呈旺者，可從事不動產、高貴物品的行業，尤其是串連「破軍、貪狼」呈旺者。

交友宮化權入福德宮－照財帛

1. 我容易因朋友而奢華浪費，結交敢賺敢花的朋友。格居差，眼高手低、自不量力，但防趨炎附勢、庸俗的上流美、朱門酒肉臭。
2. 我適合從事高品味、高價位物品的銷售（權照財帛，交友讓我高收入）。
3. 容易結交一些豪氣、海派、愛現、不服輸的朋友。

交友宮化權入父母宮－權出

1. 朋友如果是會讀書的，就會見多識廣。
2. 如果是不大會讀書的，容易是比較說話得理不饒人，或比較傲慢無禮，或修養比較差的。
3. 格局差者，交友素質不佳，人際有趨炎附勢、為虎作倀者。

第三節 交友宮化科入十二宮

交友化科入B宮的推理解釋：

交友化科入B宮，是朋友個性斯文客氣（化科：文質、理智、緩和）的一面，展現在B宮。

交友宮化科入命宮

1. 朋友或客戶對我謙恭有禮，客客氣氣的，與我的感情細水長流，所以友情綿長。
2. 朋友的長相斯文，性格謙和，謙恭有禮。
3. 我和朋友的關係像君子之交淡如水。重視精神上的交流，少不良嗜好、多文質謙和的朋友。

交友宮化科入兄弟宮—直接科出

1. 朋友或客戶帶給我的經濟效益是細水長流型的、平穩的，對我而言不無小補。
2. 朋友經濟事業平穩，生活上量入為出。

交友宮化科入夫妻宮－照事業

1. 朋友對我的配偶謙和有禮、客客氣氣的。
2. 朋友對待感情或其配偶，溫和謙恭，或浪漫有禮。
3. 交友為夫妻的疾厄，論感情甜蜜度。化科是一種溫吞緩慢的行為態度，在感情表現上總是慢慢來慢慢磨，沒有激情，感情或性格相關宮位同星曜化祿來會時，感情的發展過程是浪漫優雅、羅曼蒂克，瓊瑤式的浪漫愛情。
4. 交友為夫妻的疾厄。化科是一種溫吞緩慢的動作行為，配偶在感情動作行為表現上總是慢慢來，沒有激情，會祿則容易浪漫優雅、羅曼蒂克。
5. 我對感情的態度比較重視精神層面，容易有心靈相通的恬淡婚姻生活。福德三方皆主靈性或精神層面的。
6. 交友化科入夫妻，表示我配偶在感情上容易拖泥帶水，會祿時舊情也綿綿，因此配偶容易有「藕斷絲連」的感情。

交友宮化科入子女宮

1. 我的小孩容易遇到良師益友。
2. 朋友對小孩的教育，容易是民主式的教育方式。
3. 朋友對我的小孩謙和客氣。

交友宮化科入財帛宮

1. 朋友只能在我生活花費上給我些微的助力。
2. 朋友會理財，量入為出，逢祿，會記流水帳。
3. 我的朋友理智地與我通財，救急不救窮。
4. 借錢給朋友，朋友容易分期的「小額攤還」。

交友宮化科入疾厄宮

1. 我多結交身形優雅有氣質的朋友。
2. 朋友身形優雅有氣質。
3. 朋友跟我相處上容易是若即若離（既不是很親密熱情，但又常常在身邊），對我講話輕聲細語、客客氣氣，動作優雅、慢條斯理，近似含情脈脈，但沒有激情。

交友宮化科入遷移宮－科出（照命宮）

1. 我容易結交有文質氣息的朋友，在古時候，往來皆文士，逢迎盡風雅。
2. 我的朋友科名在外，有氣質。男的文質彬彬，女的秀氣。
3. 交友也是夫妻的疾厄，表示配偶動作優雅有氣質。

交友宮自化科出

1. 我容易結交有文質氣息的朋友。
2. 朋友的文質氣息表現在性格上。
3. 交友也是夫妻的疾厄，表示配偶身形動作優雅有氣質。
4. 容易是君子之交，只是交情不夠長久。

交友化科入事業

1. 朋友對我的工作小有助力。

2. 朋友在工作上是理智的，所以對工作的態度是按部就班的、慢工出細活的、做工精緻。
3. 我與同事在工作上理智的互相幫助，點到為止。

交友宮化科入田宅宮

1. 朋友或客戶對我財產帶來的經濟效益是細水長流型的，不無小補。
2. 朋友喜歡把家裡佈置得有書香氣息。我的朋友會理財，量入為出，重視精神生活，不重視物質享受。
3. 我家往來的朋友容易是有文質氣息的朋友。

交友宮化科入福德宮—照財帛

1. 多結交性格恬淡、追求靈性生活的朋友。
2. 朋友性格恬淡，追求靈性生活。
3. 我與朋友的相處心靈容易相通，精神契合。
4. 交友化科入福德，與朋友相聚，喜歡喝咖啡、泡茶，聊知性方面的多。
5. 交友化權入福德，與朋友相聚，多喝酒吃肉，比較偏重物質享受。

6. 交友化祿入福德，與朋友相聚喜歡是好的興趣嗜好方面的聚會。

7. 交友化忌入福德，喜歡癖好相同的朋友聚在一起。

交友宮化科入父母宮

1. 朋友對我父母有禮貌。
2. 朋友科名在外，有氣質，修養好。男的文質彬彬，女的秀氣。
3. 配偶動作優雅有氣質。
4. 朋友對長輩有禮貌。
5. 我和朋友相處平和，客客氣氣，不會大聲喧嘩，吵吵鬧鬧。

第四節 交友宮化忌入十二宮

交友化忌入B宮的推理解釋：

交友化忌入「人」的宮位（兄弟、夫妻、子女、交友、父母、田宅＝家人）：朋友帶給B宮人不悅，或是壓力，或是破壞情誼，或是介入，而無法獲得B宮人的認同。

交友化忌入「事」的宮位：交友帶給我在B宮相關事務的發展上形成阻礙，或造成不順，或是來破壞……。

交友宮化忌入命宮－沖遷移

1. 我欠交友債。容易遇小人糾纏，但初期卻是小人之交甜如蜜。
2. 我容易交上固執、或是非多、或倒楣、或遇困境、或苦惱的朋友。
3. 朋友造成我的痛苦，交錯朋友、或朋友無義、或我重情義卻傷害到自己。
4. 串連「命宮、福德、遷移」多忌呈破者，更需要慎選朋友，否則惜情傷己。小心被算計，務必小心惹禍上身。
5. 交友化「太陰或巨門」忌，串連「命宮、福德、遷移」多忌呈破者，朋友不好溝通，久了容易疑心生暗鬼，橫生是非，因熟生仇。

6. 串連「命宮、福德、遷移」多忌呈破者，容易競爭失利，或事與願違。

7. 串連「父母」＋「命宮、福德、遷移」多忌呈破者，考試競爭失利，或事與願違。

8. 串連「兄弟、事業」＋「命宮、福德、遷移」多忌呈破者，選舉失利，或事與願違。

9. 串連「兄弟、事業」＋「命宮、福德、遷移」多忌呈破者，同行同業競爭失利，我容易吃虧，或事與願違。

10. 串連「子女」＋「兄弟、事業」＋「命宮、福德、遷移」多忌呈破者，合夥破局，或失敗，或事與願違。子女是交友的事業宮論合夥緣，交友宮為股東。

11. 串連「命宮、福德、遷移」多忌呈破者，禁止和朋友金錢往來，有借無還，容易吃虧，或遭設計，或被騙、被坑。

12. 凡交友三方坐多忌者，除不善理財外，亦多不善汲營，少了競爭能力。以其惜情重義，故不善私心利己故也。

13. 交友三方「忌」過多者，則必然是無智的濫情交遊，損己之後還常樹倒猢猻散的無義之交，也應少做仰賴於人的合夥投資。

交友宮化忌入兄弟宮－直接忌出（回沖交友）

1. 交友忌出，朋友情緣不長久。
2. 交友讓我的兄弟不痛快，表示我的交友沒有得到我兄弟的認同。
3. 交友為夫妻的疾厄，忌入兄弟，容易閨房空虛，或者婚姻生活比較刻板，或閨房樂趣較少。
4. 交友劫財，兄弟為財帛的田宅，論存款。
5. 交友忌入兄弟，我的朋友容易有經濟不寬裕的、或城府比較深的，對錢比較計較，比較有私心，對我而言容易劫我的財。
6. 在人際交往的過程，注意財不露白，否則容易引狼入室，小人近身，外鬼通內神，糾纏損耗錢財。
7. 不利於合夥，股東容易營私舞弊。

交友宮化忌入夫妻宮－沖事業

1. 交友造成我的配偶不痛快，表示我的交友沒有得到我配偶的認同。
2. 交友劫我婚姻，或介入我的婚姻，容易有第三者介入。

3. 我的婚姻得不到朋友的祝福。
4. 婚姻生活造成配偶的不痛快，乏味無趣刻板，所以婚姻生活越來越不甜蜜。
5. 交友為夫妻的疾厄，配偶身體容易瘦弱。
6. 沖事業，工作上得不到同事的幫忙。

交友宮化忌入子女宮－沖田宅

1. 交友造成我子女的困擾，表示我的子女可能會被朋友帶壞，或是交到壞朋友。
2. 交友造成我子女的困擾，容易因為自己交友不慎，帶給子女壞榜樣。
3. 我老是交一些常在外趴趴走的朋友，子女是田宅的遷移。
4. 如果是化「貪狼或廉貞」忌，朋友容易性好漁色。
5. 交友化忌入子女，沖田宅安定位，交友不長久，或知己少相聚，或朋友不多，或朋友「理財欠佳」、不守成。
6. 我的配偶不常親近子女或冷淡，或在小孩面前形象比較差，或態度比較冷淡。
7. 我配偶的性慾過多，性功能下滑或較差。
8. 子女為合夥位，交友為股東，股東造成合夥事業不順遂或阻礙合夥事業的發展，或合夥營私。

9. 梁師言：福德之「德」者，乃後天之「德行」。以「交友」三方為「德之收藏」宮，故約可言：凡祿、忌入「交友」者，重「情、義」；祿、忌入「父母」者，多「禮、孝」；祿、忌入「子女」者，屬「慈、愛」。

交友宮化忌入財帛宮－沖福德

1. 忌坐財帛，表示我破財、財務或現金縮水，沖福德，造成我難過。忌從何來，從交友宮來，表示我「破財、財務或現金縮水，沖福德，造成我難過」之事，乃因「交友宮」之故。
2. 表示交友劫財，或是競爭失利，或是合夥營私，或是朋友有借不還……等。
3. 朋友的命宮化忌入財帛，表示容易結交愛錢、計較錢的朋友。
4. 對我而言，朋友愛錢、計較錢，容易有借不還，或遇到缺錢手頭緊的朋友，尤其串連「命福遷」呈破者，容易遇到窮困潦倒的朋友拖累我，或「人為財死，鳥為食亡」的不仁不義之友。
5. 不利於同行同業的削價競爭，尤其串連「命福遷」呈破者，容易犯小人，或遭人算計，被蠶食鯨吞或斷我財路，也容易被倒帳。
6. 若論合夥，交友代表股東，股東可能會營私舞弊，中飽私囊，造成我的收入減少。串連「兄弟」＋「命福遷」呈破者，容易遇到窮困潦倒的股東拖累我，或「人為財死，鳥為食亡」的不仁不義之股東，拖垮我事業。

交友宮化忌入疾厄宮－沖父母

1. 忌坐疾厄，表示我忙碌不得閒。忌從何而來，從交友宮來，表示人際帶給我忙碌不得閒，為欠交友債。債，是責任、義務、不得不付出，命主往往視為理所當然的、應該的，所以也是一種重情義的性格表現。
2. 不管他宮化忌入我宮，還是他宮化忌入他宮沖我宮，對我而言，必損。
3. 當串連「命福遷」呈破者，尤其是有「太陰或巨門＋廉貞或貪狼」的串連，表示容易小人纏身，這種小人糾纏，剛開始的時候是小人之交甜如蜜，無端端的對我好，然後等到我沒有利用價值的時候，就一腳把我踹開（交友忌入疾厄沖父母，父母為相品宮也是社會道德規範位，因此我的朋友容易少了仁義道德）。
4. 交友是夫妻的疾厄，化忌入我的疾厄，就會常常跟在我身邊，像跟屁蟲一樣。
5. 人都有慣性，疾厄坐忌為忙碌不得閒，因友之故，所以當友不來時，會備感寂寞，甚至覺得無聊，就會找去朋友。串連「命福遷」呈破者，變成容易沒有選擇性的濫交朋友，如果有「太陰或巨門＋廉貞或貪狼」的串連，容易結交不良習性的狐群狗黨。

6. 梁師云：父母者，社會道德規範位。凡多「沖」交友三方者，少仁義道德。

交友宮化忌入遷移宮—交友忌出（沖命宮）

1. 忌坐遷移，樸實無華、少心機、應變能力差。忌從何而來，從交友宮來，表示我在人際上樸實無華、少心機、應變能力差，所以我不喜歡逢迎拍馬，不喜歡熱鬧，朋友間的往來或互動較少，朋友就漸漸地少了。
2. 忌出，消散，不久遠，表示我的友情不長久，一段一段的。交友忌出。
3. 交友化忌入遷移沖命，沖者離也，好朋友跟我沒緣，知己在遠方。
4. 往來的朋友多樸實無華、少心機、應變能力差，表示朋友的個性往往是直來直往、耿直善良的人。
5. 交友夫妻的疾厄，我的配偶個性容易毛毛躁躁。
6. 不利於競爭、考試、升遷。
7. 不利於合夥。交友為股東，化忌入遷移，個性不善鑽營，沖我命，對我沒有助力，串連「命福遷」呈破者，會拖累我。
8. 在人際交往上不得要領、拙於應對，往往聽不懂朋友在講什麼，尤其串連「性格宮：命疾福」

＋「遷移」呈破者，幾乎沒有朋友，孤僻。

9. 梁師云：形於外之兩宮「父母及遷移」化權入交友、子女者，容易高姿態或訓誡晚輩之潛在意識、習性，而福德、遷移化權入交友三方者亦約類此。

交友宮自化忌出－沖兄弟（力量減半）

1. 交友自化忌出，表示漫不經心，不知不覺中、不經意不自覺的忘了朋友的存在，緣份就斷了。

2. 所以在交朋友的過程中，往往不夠用心，或我對待朋友不誠懇、用心，疏忽了人際交往應有的分際或禮數，最終導致朋友的心涼了，緣份也就散失了、淡薄了。

3. 所結交的朋友，友情往往不長久，或者友情禁不起考驗，或交友無義。

4. 忌出為消散，所以朋友情緣容易是一段一段的，不是長久的。例如本在A公司的朋友，因為換工作而到B公司，A公司的朋友也就慢慢疏遠了，最後沒有聯絡了。

5. 命宮自化忌出的人，個性上耿直，不喜歡逢迎拍馬，真性情，直接了當，直爽。交友自化忌出，我對朋友的態度也是不喜歡逢迎拍馬，往來時真情至性，但缺乏了交友的心機，而交友自化忌出，朋友容易失義。勸君交友需謹慎，千萬莫交無義郎。

6. 命疾福化忌入交友（對朋友重情義），逢交友自化忌出者，終究知己難得或知心凋零。
7. 命疾福化忌入兄弟者（城府較深、私心較重且少社交活動），沖交友，串連交友自化忌出，或有己身孤僻、敷衍應事、人緣不厚。
8. 遷移或父母化忌來破（處世應對不得要領），閒事少管，防公親變事主，也防知己不得力。
9. 梁師云：凡事不能只怨他人，也應內省於己。事多出於相對的物以類聚、兩個巴掌才能打得響。交友之失，也必應自省於人際的交友態度。

交友宮化忌入事業宮－沖夫妻

1. 忌坐事業，工作忙碌或壓力重、工作時間長。忌從何而來，從交友宮來，表示我「工作忙碌或壓力重、工作時間長」因友而來。
2. 表示我在工作上有小人作梗，阻礙我的發展，或是遇到同行競爭，造成我的工作不順或阻礙，或是朋友對我的工作沒有幫助，或是合夥的股東阻礙工作進展或是不得力。
3. 朋友多事業心重，或是敬業，或是工作忙碌的人。
4. 不利於競爭、考證照、升遷。
5. 交友為父母的事業，我容易幫父母或上司分攤工作，或是承接「父母或上司」的爛攤子。

6. 合夥阻礙我的事業發展，所以容易有股東營私舞弊。

交友宮化忌入田宅宮—沖子女

1. 忌坐田宅，財產縮水。忌從何而來，從交友宮來，表示我「財產縮水」因友而來。
2. 交友劫我財產，容易有小人或盜賊或小偷入侵我家門戶，劫我財產，這個小人或盜賊或小偷入侵為我曾接觸過的人，或外鬼通內神。
3. 容易有不好的鄰居來我家串門子、搬弄是非，尤其是「太陰或巨門」忌。
4. 少與人金錢借貸往來，串連「命宮、福德、遷移、父母」呈破者，容易被倒帳，或是借錢不還。
5. 交友為客戶，客戶會長時間坐在我家，所以適合從事休閒產業、咖啡、茶藝（消磨時間）、食品、雜貨、零售業、消耗品、日用品等「現金生意」（生活必需品）。
6. 梁師著作《專論四化》94頁有云：交友化忌入兄弟或田宅，本為交友劫財，然做現金生意，且固守「不賒欠」原則，反而門庭若市。
7. 交友為夫妻的疾厄位，串連婚姻凶化結構呈破者，夫妻間的家庭生活刻板、無趣、公式化。
8. 梁師云：田宅三方除了涵蓋財富外，亦可代表物質生活與生活環境。

交友宮化忌入福德宮－沖財帛

1. 忌坐福德，心煩意亂、操煩、勞神。忌從何而來，從交友宮來，表示我「心煩意亂、操煩、勞神」因友而來。
2. 凡任何宮位化忌入命疾福，皆為債，同時具有糾纏於我的困擾，造成我的壓力或不愉快。債者，責任、義務、不得不付出，命主往往視為理所當然。忌入命者，勞心。忌入疾厄者，勞力。忌入福德者，勞煩（神）。
3. 欠交友債。我容易交到「帶給我困擾煩心」的朋友。串連「命宮、福德、遷移、父母」多忌呈破者，我容易交到惡緣的朋友。
4. 小人糾纏，剛開始的時候，是小人之交甜如蜜，無端端的對我好，然後等到我沒有利用價值的時候，就一腳把我踹開，友情不長久，甚至反目成仇。
5. 福德，是興趣嗜好享受位，表示我喜歡交往與我嗜好相同或臭味相投的朋友，個性上偏執孤僻。
6. 我的朋友容易是重享受、捨得花錢的人。
7. 交友化忌入福德，在人際交往上，往往天不從人願。串連「命宮、福德、遷移」呈破者，知己容易不得志，得意非知己。知心能幾人？終究是「孤獨」！

交友宮化忌入父母宮—忌出，沖疾厄

1. 忌坐父母沖疾厄，情緒起伏不定，怒形於色。忌從何而來，從交友宮來，表示我「情緒起伏不定，怒形於色」因友而來。
2. 受到朋友拖累、或是朋友說實話刺傷我，或是朋友無理的言語刺傷我，造成情緒起伏不定，怒形於色。
3. 我結交的朋友素質不佳，讓父母擔心。
4. 交友為夫妻的疾厄，表示我的配偶與父母相處比較冷淡，不親近。
5. 不利於考試競爭。串連「命宮、福德、遷移、父母」呈破者，容易大考失利，考運欠佳。
6. 交友忌出，朋友不多，或一段一段。
7. 格局好，朋友容易是愛讀書、孝順、說實話的人。
8. 格局不好，朋友容易是喜怒形於色的偏激言語或態度，或無禮的，或修養差的，或不學無術者。

9. 串連「命宮、疾厄、福德、遷移、父母」多忌呈破者，人際間的口舌是非多，小人七嘴八舌的，尤其串連「太陰或巨門」忌。

第十一章

事業宮四化入十二宮的推理解釋

第十一章 事業宮四化入十二宮的推理解釋

第一節 事業宮化祿入十二宮

事業宮的基本象義：運氣位、工作的態度、能力、行業、外遇位、執業位（把某項事情當工作模式來執行）。

事業宮，是我對工作的價值觀，是專屬於對工作方面的性格表現位。講述的是工作的態度、能力、適合的行業等；事業宮也是運氣位、外遇位、執業位（把某項事情當工作模式來執行）。

事業宮化祿「化祿象的推理解釋：生發、有緣、喜悅」，用一句簡單的話來形容，對人而言：我在工作表現上，庇蔭到誰。我在工作表現上擅長攀誰的緣。

對事而言：我在工作表現上，好的一面發揮在哪裡，或是展現在哪裡。

事業化祿入「人的宮位」：代表我的事業或工作可以幫助「庇蔭」此人。在工作上與這個人少計較，因此在工作上得人和。

事業化祿入「事的宮位」：代表我把這件事情「當工作的方式」來做，是一種幾乎是每天要做的，或常態性的，或例行性的作為，或以此為業，就是「執業」，這件事情就會逐漸發展起來，逢我宮同星曜化「權」來會，拓展的力道就會被增強；逢「科」就會穩定成長且持續持久；逢「忌」辛苦多得。

事業祿出有三：事業宮自化祿出、事業宮化祿入夫妻宮（事業的對宮）、事業化祿入父母或遷移。

祿出有兩個共同的特色：1.藏不住：將好的一面呈現於外。2.變化快速：要根據主題來下形容詞，如推陳出新、創新、新創產業、領先潮流、時尚、消耗品……。

自化祿出：具有漫不經心、浮誇、變動快、不穩定等特質。所以我常常會說，在不經意中，或不知不覺又不分場合的把好的一面表現出來。容易老王賣瓜，自賣自誇，所以適合會員直銷。

事業宮化祿入夫妻宮的祿出，是一種穩定的祿出，它沒有浮誇、不穩定或漫不經心的特質，但它具有將好的一面呈現出來，適合發展變動快速、推陳出新的產品或領先業界、領先潮流的行業。

事業宮化祿入父母或遷移，是宮位象義上的祿出，是我在處理工作相關的事務上，掌握得住要領，運用自如，得以發揮，而將這美好的一面呈現於外，讓人看到或知道，這種亮麗呈現於外的現象會有持續力。遷移宮是廣大的社會因緣，它的力量，遠勝於父母宮（父母是交友三方，泛指有緣接觸的人際，非必熟識）。

事業宮化祿入命宮

1. 凡是任何宮位化祿入命疾福，都是我福，也就是該宮位的任何象義，都有主動帶給我快樂的一面。我們稱為不求自得，不請自來，這時候我們該建立的是特色、專業、內涵、實力，讓自己聲名遠播，遠近馳名。
2. 任何人際宮位化祿入我宮，都是此宮位上的人會主動帶給我什麼樣的幫助或者庇蔭，塑造自己的人格魅力或特色，建立信譽或商譽，留給人探聽，當有一天，對方這個人聽到了，時間也到了，他就會主動找過來，成為我的顧客或是好友。
3. 事業宮化祿入命宮，表示我在工作表現上，能庇蔭幫助到我自己，帶給我心情愉快，順遂如意。星曜看細節。
4. 事業宮化祿入命宮，工作容易上手，工作容易順自己的心，工作上的表現如意順遂，工作上的際遇恰逢時機（所學剛好派上用場），或者進入對我有利的行業，得以適性發展。
5. 事業宮化祿入命宮，串連兄弟宮呈旺的話，工作上的升遷或是市場的拓展，大多能比較如願，

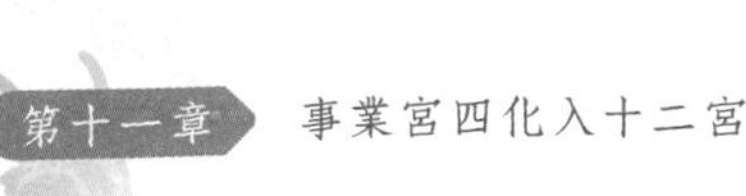

比較順風順水。

6. 事業宮是運氣位，事業宮化祿入我的命宮，帶給我好運氣，好工作運。手氣好，機會多，適合從事佣金高、業績分紅薪水的相關工作。

7. 如果擁有專業技能，或是專業知識，格局又夠好，可以發展「技術服務」為本的創業。

8. 如果格局好，可以做買賣的生意，接單會比較順利。如果是資本重、回收慢的生意，條件必須是田宅、兄弟沒有破才適合，否則人生起伏大、不恆常，常常需要為了資金而煩惱。

9. 如果擁有專業專技，可以從事自己有興趣的工作。

10. 祿權交拱，祿喜權拱，紮實穩固、相得益彰、積極成就。化祿喜歡「同星曜」我宮化權來拱，就能掌握住好機會，或者拓展市場。

11. 祿科交會，祿喜科會，悠遠綿長、慢條斯理、細膩精緻。化祿也喜歡「同星曜」我宮化科來會，則工作的發展上會比較平穩妥貼。

12. 祿忌交會，祿隨忌走，祿忌成雙，重複其事。相關宮位的我宮「同星曜」化忌來會時，表示我的努力辛苦獲得好的工作機會或是發展，讓我樂此不疲、努力不懈。

13. 工作上帶給我順心如意，缺點是容易在工作或事業上比較安逸，對工作或事業比較沒有企圖心。真正的企圖心必須參酌命宮、福德宮「同星曜化權」能否交會。

事業宮化祿入兄弟宮

1. 兄弟是我的手足情緣，所以代表我的工作是可以庇蔭我的兄弟，但條件是「家道」沒有破兄弟緣。論男丁的親情時，一定要先看「家道」，當家道衰敗時，六親的男丁之間最好不要合夥發展事業，或一起工作，或有金錢往來。
2. 兄弟宮為收藏三方之一，我宮四化入收藏三方，都有穩定、長久之意。
3. 事業宮化祿入兄弟宮，代表我的工作穩定、長久，不會隨意輕易更換工作。
4. 當然工作就是為了賺錢，且兄弟宮是經濟實力位、存款位，所以也代表收入穩定，有持續成長的現象。
5. 存款可以直接領出來用，是現金部份，所以適合佣金或分紅的收入，可以高收入。
6. 當然講到工作，除了賺錢之外，也想要有升遷，這樣才會更有成就感。兄弟是事業的疾厄宮，論事業的規模位，所以事業化祿入兄弟，是我的工作表現好、穩定，有利於我的升遷。

事業宮化祿入夫妻宮－直接祿出（回照事業）

對人而言：

1. 事業化祿入夫妻，回照事業宮。我在工作表現上庇蔭我的配偶，還會帶給我工作上的順遂如

意，條件是家道沒有破婚姻。

2. 事業化祿入夫妻宮，表示我在工作表現上，收入好，讓配偶開心喜悅。

3. 事業化祿入夫妻宮，表示我在工作表現上，有擅長於異性攀緣的一面，可以帶給異性快樂喜悅，所以適合從事或服務異性顧客為主的行業，或者以「婚姻相關」為標的的工作或事業發展。如婚友社、喜餅店、婚姻顧問業、新娘祕書、專辦喜宴的酒店、婚紗業……。

對事而言：

1. 事業化祿入夫妻宮，表示我在工作表現上，收入好，庇蔭我的婚姻。

2. 「事業祿出」於夫妻宮，稱事業祿出，代表我的工作能力、表現、狀態、樣子都蠻好的，大家都看得到。

3. 「事業祿出」於夫妻宮，回照事業宮，工作順遂。

4. 「事業祿出」，祿出有變化快速之意，因此在產品上，要懂得從事產品推陳出新，或引領潮流時尚的行業，適合創新。

5. 「事業祿出」，做生意，適合快速變現或產品變化快速的買賣業。

6. 「事業祿出」，如果要創業，適合領先業界的創新開發事業，要注意格局忌破的狀況。格局高者，適合創新領先潮流、時尚業。目前很夯的「新創產業」，就是事業祿出的特質。

7. 「事業祿出」，我的工作或事業的信用良好，信譽或商譽佳，所以適合貿易、買賣的行業，多樣化的產品線會更好。若是單一產品，要快速地推陳出新、汰舊換新，產品週期越短越好。

8. 「事業祿出」，適合公關、行銷、業務、廣告等相關工作或事業發展。祿出有升揚於外之象義，因此要懂得包裝。

9. 夫妻宮是福份財，事業化祿入夫妻，表示福份財旺，容易賺到錢，收入好。

10. 如果是化「廉貞或貪狼」化祿，也有機會從事特種行業、娛樂事業。

11. 夫妻宮為田宅的疾厄宮，可以從事家電業、家具業、家飾業、燈具業等與家庭相關用品的行業。

12. 事業是夫妻的遷移，為外遇位，如果是化「廉貞或貪狼」化祿，再串連命疾福子田呈旺，要注意自己容易發生外遇的現象。

13. 命宮、財帛、事業三宮為汲營三方，化祿權入福德三方，適合精品、藝品、古董及貴重物品的銷售，最好有串連偏財祿「破軍、貪狼、廉貞」呈旺，尤其是貪狼星。

14. 星曜論細節，詳情請參酌「星性象義」，簡述如下：

A. 廉貞星：小家電相關、水果（解毒）、特種行業、法律相關、娛樂有關的行業。

B. 天機星：與小機器（帶有軸承）相關、企劃相關、園藝相關行業……。

C. 天同星：美食相關、醫療相關、服務相關行業……。

D. 太陰星：美的行業（如美容美體、服飾）、或帶給人快樂的行業、租賃業、旅館、旅遊……，化學品。

E. 貪狼星：基礎相關（如教育、建材、原料……）、專業技能、才藝相關、特種行業、娛樂相關行業……。

F. 武曲星：金融相關、五金相關、金屬相關行業……。武曲七殺同宮，重型五金或是重工業的煉鋼廠之類的。

G. 太陽星：能源相關、網路通訊相關、貿易相關、政治相關行業……。

H. 巨門星：零食、動嘴巴的行業或外國來的行業（旁門左道）……。

I. 天梁星：中草藥或高格調的、有品味的行業、大型園藝造景……，保險證券股票（屬於長線穩健的投資）。

J. 破軍星：水產、海產、或海運、航運、建築相關行業、消耗品、熱鬧或髒亂的地方……。

15. 行業多如牛毛，需要「宮象星及吉凶的結構式」來合參。

16. 特殊用法：桃花星化祿，容易有婚外情（事業為夫妻之外的感情）。桃花星化忌為爛桃花，路邊野花不要採。

事業宮化祿入子女宮

對人而言：

1. 事業化祿入子女，就是我在工作表現上，或是我的工作經驗，能庇蔭子女。
2. 我在工作表現上，讓子女寬心，或是可以傳承給小孩。
3. 我在工作表現上，擅長攀小孩子的緣，適合從事以子女為客戶對象的業務工作，適合從事幼教、托嬰、兒童用品事業……。
4. 子女也是寵物，可以從事與寵物買賣，或寵物用品，或寵物相關的行業。
5. 子女也是弱勢族群，也可從事與弱勢族群相關的工作，例如在慈善機構工作。
6. 我的工作經驗庇蔭子女，適合以自己實際工作經驗為教育導向的演講或教育訓練。

對事而言：

1. 子女為交友的事業，論合夥緣。我的工作能力庇蔭我的合夥緣。是否能賺錢，要看財宮（財帛、兄弟、田宅）是否串連呈旺。
2. 不適合在家工作，不適合當 SOHO 族。子女是田宅的遷移，適合離家，往外發展。

事業宮化祿入財帛宮

1. 我的工作表現好，帶來收入好，現金緣佳，所以適合從事「佣金或分紅」佳的工作。
2. 如果是做生意，適合投資「回收快、利潤好或銷路大」的生意，這樣生意會比較好。汲營三方互化祿權，有賺錢比較快速的象義，因此從事「回收快、利潤好或銷路大」的生意或行業蠻適合的。
3. 我的工作表現好，除了帶來了高收入外，當然也就有利於職務上的升遷。
4. 適合變現快的現金生意，或業績分紅薪水。
5. 祿喜權會，逢我宮「同星曜」化權來會，則掌握機會得以發揮、發揮的空間更大；逢我宮化科來會，容易穩定持續的發展；如果我宮「同星曜」化忌來會，則表示辛勤努力下而有好的收穫。

事業宮化祿入疾厄宮

1. 疾厄是我的身體，也是我的情緒反應位，表示我工作表現好的一面，會帶給我身體上的愉快。代表工作上「輕鬆寫意、應付自如、順遂如意、事半功倍、容易上手、越做越順手」。

2. 疾厄是我的身體，也是情緒反應位，所以適合從事與「休閒、養生、娛樂、美容、服務」等相關行業。

3. 疾厄是我的身體，也是情緒反應位，代表我的工作性質是輕鬆不累人的行業。

4. 也代表我的工作態度是輕鬆的，不是專注敬業的個性特質。

5. 疾厄是事業的田宅，表示我的工作環境清幽舒適。

6. 疾厄是收藏三方之一，代表我有工作穩定的一面。

7. 串連「事業成就」的格局高者，收入高，也適合「分紅薪水」，若再串連人際宮位呈旺者，則適合做生意。

8. 事業宮是夫妻之外的感情，論外遇，如果化「廉貞或貪狼」化祿入疾厄者，容易有外遇的機會。

事業宮化祿入遷移宮－祿出（照命宮）

1. 凡是任何宮位化祿入遷移宮、照命宮，表示這個宮位的人事物來的時候，我容易「得要領」，能體會或感覺這個宮位的人事物，要表達的或要處理的相關事情，讓我能夠處理得很好。照我的命宮，表示庇蔭我、幫助我，帶給我順心如意快樂。

2. 人的宮位化祿入遷移宮，表示此人為我的貴人，引領我開拓視野，讓我見多識廣，開啟我人生的智慧，更懂得處理社會事。

3. 遷移宮是表象宮「形於外」，也是社會。為事業祿出，表示我的工作表現「升揚於外」，顯像我的工作表現、狀態或樣子很好，呈現於社會上，人人豎起大拇指說：好！

4. 事業宮是我的工作能力，遷移是廣大的社會因緣際遇位，因此代表我在工作方面對外攀緣的能力是好的，尤其是與陌生人的接觸，因此在工作的表現上人際關係很好。

5. 遷移是社會際遇，事業化祿入遷移，是我主動在工作上展現親和力，去經營社會的資源人脈，進而創造很多的機會，和建立很多的工作資源，所以我適合與公關、業務、行銷相關的工作。

6. 遷移是福德的事業，稱為「福運位」，當事業化祿入遷移時，表示我的工作運很好，得遇貴人相助，但這些都是我主動經營來的。

7. 遷移是福德三方，坐祿權照命宮，所以表示我的工作會很容易入手。福德三方坐祿權，照命三方，可以用一種概念來想，叫做「刀切豆腐兩面光」。遷移坐祿，命宮得祿照也等同坐祿的意思。

8. 遷移是表象宮「形於外」，事業化祿入遷移，為事業祿出，適合向外發展的工作，運氣會更暢旺。適合發展運輸業、旅遊（尤其是太陰祿）、休閒產業、貿易（尤其是太陽祿）往來。

9. 遷移是表象宮「形於外」，事業化祿入遷移，為事業祿出，表示我的工作或產品，適合包裝行銷，善用廣告、文宣，對市場或業務拓展很有幫助。

10. 遷移是表象宮「形於外」，事業化祿入遷移，為事業祿出，要建立自己的專業，做出特色來，做到「遠近馳名」，讓「口碑、信譽」聲名遠播，廣受歡迎，所以適合經營外地客。

11. 遷移是表象宮「形於外」，事業化祿入遷移，為事業祿出，適合發展創新或領先潮流、時尚、推陳出新的商品與事業。

12. 汲營三方化祿、權入福德三方者，適合精品、藝品、古董及貴重物品的銷售，尤其是貪狼星。

13. 事業宮祿出者，串連「善說」的星曜「天梁、天機、巨門」，父母、遷移沒有坐忌者，可以發展專業講師，格局高者甚至成為演講家。

對人而言：

1. 就對人而言，遷移是陌生人，廣大的人際位，事業宮為汲營三方之一，所以代表在工作上我的人緣很好，容易得到人和，機會自然就會比較多了。

2. 若是做生意，適合往人堆裡面鑽，因為我的事業人氣旺，所以適合夜市、市場、百貨公司、人潮多的地方。

3. 我的工作或事業得人和，要靠口碑取勝，適合大賣場、直銷、超商、售後服務等服務業。
4. 做生意適合以「外地客、陌生客、流動客」為主。

對事而言：

1. 事業祿出，事業的聲名顯揚於社會，所以適合口碑行銷，商譽、信用好廣受歡迎。
2. 遷移為驛馬位，出外得利，所以工作向外發展好，運氣會順暢。
3. 事業祿出（形於外）：所以要善用廣告、文宣，對業績成長有正面幫助。
4. 事業祿出（形於外）：祿出有變動快速之意，適合推陳出新、創新、時尚、領導潮流的產品，或是貿易、買賣業，比較不適合單一產品的生產行業。
5. 事業祿出（形於外）：我的工作或事業在社會是亮麗的、順遂的、有名的、外緣好的（適合接觸陌生人），所以適合業務、公關工作，也適合運輸業，旅遊（太陰祿）、休閒產業、貿易（太陽祿）往來。
6. 汲營三方（命宮、財帛、事業），化祿權入福德三方（福德、夫妻、遷移），適合精品、藝品、古董及貴重物品的銷售。

對人而言：

1. 事業化祿入交友，表示我在工作表現上，能夠庇蔭、幫助交友「有接觸不一定要熟識的男女老少」。

2. 事業化祿入交友，代表我在工作表現上擅長人際關係的攀緣。

3. 我在工作表現上，常常幫助同事或朋友，對同事或朋友不計較，也常常會給予同事或朋友方便，因此我在工作上人緣好，得人和，也因此在工作上容易有團隊，比較不會孤軍奮戰。

4. 我在工作表現上擅長與人攀緣，在工作領域上與人相處融洽快樂，所以我在工作上適合直接面對人、接觸人。適合從事公關、業務、行銷等相關工作。

5. 交友是我的顧客，表示我在工作能力表現上，是對客戶很有幫助的。適合發展直接面對客戶的行業，如批發、直銷、超商、售後服務。

6. 也適合到人氣熱絡的地方做生意，往人堆裡鑽，如夜市、賣場、百貨公司等人潮多的地方做生意，或是建立口碑、樹立特色的服務業。交友宮是泛指所有可以接觸的男女老少，不一定要熟識，因此適合經營「在地客、熟客、老顧客、老主顧、主顧客」。

7. 我在工作上得人和，適合靠口碑取勝，樹立特色風格。做生意適合以「在地客、熟客、老顧客、老主顧、主顧客」為主。

對事而言：

1. 交友是父母的事業宮，表示工作能力或狀態，對老闆的事業發展很有幫助，是老闆的好幫手，或是好夥伴，或是好幕僚。
2. 如果我是做生意的，能夠庇蔭上游廠商的事業發展。
3. 事業講的是工作表現，有利於升遷，但未必利於創業。升遷要串連兄弟宮呈旺，同時必須吉凶合參，評估升遷的狀況。創業就更複雜了，除了兄弟宮外，還要評估我宮化權的力量。

事業宮自化祿出

1. 自化祿出，為漫不經心，在不知不覺中不經意且不分場合的表現出我的事業宮的好，我們學理上稱為「沒有原則的祿出」，這種表現還有兩個特質：A.浮誇。B.變動快速：對工作或事業來說，是推陳出新或消耗品；以投資而言，適合短期回收，重複需求的消耗品的銷售業。
2. 格局高者，適合發展走在時代前端，領先業界，或是領先潮流的創新產品銷售業「潮牌商品行銷」，或是可以短期回收、重複需求的消耗品的銷售業。
3. 不可以投資在回收慢的生產行業，或資本重、耗時間、單一產品，或單向財路的投資（例如水泥廠……），尤其是田宅、兄弟串連呈破，又有忌出者更為嚴重。

4. 最適合多點子、時尚創意的產品（如文創產業），會員直銷產業（自化祿出，有自我膨脹的現象，賣瓜的說瓜甜），或速戰速決、機動化的賺錢方式（速食餐飲），也很適合廣告業或廣告行銷我的商品（自我膨脹）。

5. 適合短期回收、重複需求的消耗品，或符合潮流創新下產品推陳出新的銷售，以及開發相關性的附屬產品，增廣財路。

6. 逢他宮「人際宮位」同星曜化忌以入事業宮，挾事業宮的自化祿「同星曜，祿隨忌走，祿忌成雙忌」，容易被人牽著走，或是被人利用，或是倒貼於人的現象，因而發生爭執、糾紛。

事業宮化祿入田宅宮

對人而言：

1. 我在工作表現上，庇蔭家人（田宅代表家人）。格局好，事業成就發展好，庇蔭家族的人。
2. 我在工作表現好，讓家人寬心。

對事而言：

1. 我在工作表現上，庇蔭家庭，如果事業有成（事業成就格局高者），容易是家族事業。

2. 我在工作表現上穩定，且持續成長，收入好，財富會穩定持續成長。格局高者，有利於升遷。
3. 田宅為最大的收藏宮，事業化祿入收藏宮，且是最大的財庫位，所以適合佣金收入高或業績分紅的薪水。
4. 田宅為最大的收藏宮，事業化祿入收藏宮，工作發展順遂穩定。
5. 如果格局夠高，有田宅、兄弟沒有串連命福遷呈破者，可以從事生產相關事業的投資。
6. 田宅為居家環境，若要做生意，可以從事與田宅相關用品的行業，如家庭五金、裝潢、水電、家電、家具、家飾、日用品等。如果是偏財星之化，適合建築業，尤其是「破軍星」。

事業宮化祿入福德宮－照財帛

1. 福德，為靈性的我，主天性、本性，是性格表現位、情緒表現位、興趣嗜好享受位、果報位。
2. 事業化祿入福德，代表我在工作表現上如意順遂、心想事成，工作上只要是合理的目標，都容易達成。
3. 事業化祿入福德，表示工作會帶給我快樂，容易把工作當作享受，樂在工作。在工作上的表現上容易樂觀知足、安逸，也容易水到渠成、事半功倍。企圖心需參酌命宮或福德宮（同星曜化權）能否交會。

4. 我容易找到適合我的興趣嗜好享受上的工作，或工作或事業容易如願，心想事成，運氣好，或工作或事業很輕鬆。照財帛宮，收入容易好，適合分紅薪水的工作。

5. 工作是我的興趣嗜好享受，所以適合發展屬於我個人興趣嗜好享受上的工作行業，當然也適合娛樂、旅遊、咖啡、茶藝、餐飲、休閒、心靈、才華、藝品、流行時尚事業。

6. 沒營三方（命宮、財帛、事業），化祿權入福德三方（福德、夫妻、遷移），適合精品、藝品、古董及貴重物品的銷售，最好有串連偏財祿「破軍、貪狼、廉貞」呈旺，尤其是化貪狼祿。

事業宮化祿入父母宮—祿出

對人而言：

1. 我在工作表現上讓父母寬心，或父母不操心，或父母不擔心我的工作發展。

2. 父母是我的父母、長輩、上司、老闆、上游廠商。事業化祿入父母，表示我在工作表現上讓父母宮相關的人放心滿意，不必為我擔心，當然也就容易受到賞識提拔，是一個好的幕僚。

3. 父母也是交友三方之一，若是做生意，適合往人堆裡面鑽，因為我的事業人氣旺，所以適合夜市、市場、百貨公司、人潮多的地方。

4. 我在工作表現上人緣好，尤其是長輩緣，得人和，適合以口碑取勝，直接接觸人群的服務業，加強文宣或廣告會更好。

5. 我在工作表現上會帶給長輩快樂，所以我適合從事與銀髮族相關，或是以銀髮族為客戶導向的工作發展，例如現代的長照工作者。

對事而言：

1. 父母為讀書位（後天學習位）、借貸位（交友的財帛）、公家機關（凡庇蔭我者為父母，引申為公門），形於外的宮位（疾厄的遷移）。
2. 事業祿出（形於外）：一定要建立口碑，信譽佳，適合廣告、文宣、業務等工作或事業，或用此方式行銷我的產品。
3. 事業祿出（形於外）：祿出有變動快速之意，適合推陳出新、創新、時尚、領導潮流的產品，或是貿易、買賣業，比較不適合單一產品的生產行業。
4. 事業祿出（形於外）：我的工作或事業在人際間是亮麗的、順遂的、有名的、外緣好的（適合接觸陌生人），所以適合公關、業務、行銷相關的工作，也適合運輸業，旅遊（太陰祿）、休閒產業、貿易（太陽祿）往來。
5. 有利於公務機關的交涉，可以從事與公務機關相關的行業。

6. 父母宮是文書宮，適合從事文教業。

7. 事業化祿入父母，適合學有專精的工作事業發展。

8. 父母是後天學習位，在讀書求學的過程中，適合在職進修「邊做邊學」，或是接受技職教育（以將來「要執業的項目」為目標的讀書方式）。利於考取證照，或考取公職，或學以致用。

9. 事業化祿入父母，以工作目標為導向的讀書方式，比方說職業學校，先設定好我將來想做什麼工作，就進相關的科系或是學校就讀，或者職業訓練班。

10. 我在工作領域或工作表現上，喜歡說好聽話，做好事（父母宮是道德規範位）。

第二節 事業宮化權入十二宮

事業宮化權「化權象的推理解釋：壯盛（強大的力量）、掌控、成就於」，用一句簡單的話來形容，

對人而言：我在工作上拓展的能力，成就誰。

對事而言：我在工作上拓展的能力，展現在哪裡。

權出有三種：事業宮自化權出、事業宮化權入夫妻「對宮」、事業宮化權入父母或遷移。

事業權出的基本象義為：

1. 工作能力強的一面藏不住而呈現於外。
2. 工作能力展現應變快速的能力。
3. 拓展業務或市場的能力，擁有專業專技會更好。

事業化權入福德三方，適合精品、藝品、古董及貴重物品的銷售，高價位的商品銷售。

化權是一種力量、能力的表現，化祿是機會、機緣、舞臺、發揮空間，因此祿喜權拱，權喜祿會。用「行道樹」來比喻，「化祿」猶如行道樹的樹苗，「化權」就是其保護行道樹的木架，讓行道樹得以順利成長的保護措施。所以如果沒有行道樹的「化祿」，那木架的「化權」就沒有

存在的價值

化權，不能單獨轉忌，必須逢同星曜化祿來會，祿權交拱，才可以轉忌，或是逢忌，權忌爭戰，才可以轉忌。

事業宮化權入命宮

1. 我在工作上的拓展能力逐漸展現，使我的內心逐漸強大起來，因此逐漸建立起自己在工作方面的自信、主見、能力，進而在工作表現上容易較為主觀。
2. 這表示我的工作能力強，擁有專業專技則會更好。這種能力，具有開創性、拓展性、積極性。
3. 若與事業相關宮位化同星曜的祿來會，這種能力就得以發揮，容易開創有成，可以發揮於拓展市場。格局佳者，常職場得意，事業越做越大。
4. 若遷移、福德、兄弟化同星曜的祿來會時，使我在工作能力的展現上，具有前瞻性的見識和自信，積極開展。
5. 也容易受到長官或上司的拔擢，容易升遷或是創業。
6. 具有專業專技者，適合從事領導、開發等工作發展。
7. 逢工作或性格相關宮位，同星曜化科或生年科來會，則在工作上兼具了自信與細膩。

8. 若逢工作或性格相關宮位化忌或生年忌來會，則工作吃重、非常累人，要注意在工作的表現上，容易出現「剛愎自用」的危機。

事業宮化權入兄弟宮

1. 我在工作上的拓展能力逐漸展現，得以幫助或成就我的兄弟。
2. 我在工作上的拓展能力逐漸展現在我的事業成就上，表示我在事業發展上的能力強、積極開創，得以穩健拓展事業規模（兄弟宮為收藏三方之一），有助於升遷，收入好。
3. 我宮同星曜化祿來會，就會有機會創業，拓展市場，事業越做越大，經濟能力越來越強。
4. 事業化權，代表我在工作上的拓展能力，適合發展自己的專業技能，尤其逢我宮同星曜化祿來會時，更能夠讓我一展長才。

事業化權入夫妻－直接權出、回照事業

1. 事業宮化權入夫妻，為直接的權出，因此我容易將工作上的能力，直接展露出來，直接表現出來。
2. 我在工作上的拓展能力，或我的專業能力，會直接了當地展現出來，回照事業，讓事業更暢

旺，展現我的工作能力，或我的專業能力強。

3. 事業權出，串連呈旺者，最好是發展自己獨特的「專業專技」的工作，以利於將來嶄露頭角，當然也利於升遷、創業。

4. 要注重產品品質，建立好的信譽（權出），有利於市場的拓展。

5. 「出」，有變化快速的意思，以產品來說，適合推陳出新、創造創新，所以適合變動快速的行銷企劃，領先潮流的時尚行業，也適合過手的仲介業、買賣業。

6. 事業化祿化權入福德三方者，適合精品、藝品、古董及貴重物品的銷售，高價位的商品銷售。最好有串連偏財祿「破軍、貪狼、廉貞」呈旺，尤其是化貪狼祿。

事業宮化權入子女宮

1. 我在工作上的拓展能力，或我的專業能力，展現在子女宮，所以有助於栽培我的子女、部屬。

2. 適合工作上的經驗傳承，或從事教育訓練有關的行業，或者職訓有關的行業。

3. 由於我在工作上的拓展能力強，又具備了專業專技，對合夥事業很有助益，且容易在合夥事業上掌權。

4. 我在工作上的拓展能力，或我的專業能力，展現在子女宮，適合專業的小孩教養工作，比如

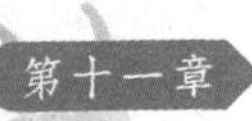

幼稚園、安親班、寵物、弱勢團體事業單位等相關行業。

5. 子女宮，也是下游包商，比如說工廠的外包商、比如說室內設計師的工班，比如說牙醫師的齒模師，比如說連鎖店的分店……，幾乎各行各業都有，因此對於下游廠商或包商或分店的能力栽培大有助益。

事業宮化權入財帛宮

1. 我在工作上的拓展能力，或我的專業能力，展現在財帛宮，所以在賺錢的領域容易展現我的「主見」、「積極」，拓展空間大，可以高單價、高利潤、高收入。

2. 事業化權入相關宮為者，如汲營三方（命、財、事）、兄弟宮等，適合以「專業專技」來開發市場、拓展市場的相關行業。

3. 事業化權入「人」的宮位：兄、夫、子、友、父、遷，逢「同星曜」交友、或子女、或遷移、或父母化祿來會，適合以「專業專技」來從事領導、開創或管理的工作。

4. 提升自己的專業技能，容易獲取高薪、高職位，或業績「分紅薪水」，也容易創業、升遷。

5. 事業化權入財帛，串連呈旺者，表示在工作上的「現金緣好」，適合以「專業專技」來從事公關、業務、行銷等方面的工作。

事業宮化權入疾厄宮

1. 我在工作上的拓展能力，或我的專業能力，展現在我自己的身上，所以我在工作上充滿活力、充滿幹勁。
2. 我在工作上的體力消耗比較大，活動量比較大。
3. 我在工作上的抗壓性比較強，比較耐勞、耐操。
4. 我在工作上的個性表現比較主動、乾脆、爽朗、粗線條。
5. 適合從事技術性粗活。

事業化權入遷移—權出（照命宮）

1. 我在工作上的拓展能力，或我的專業能力，展現在社會上，所以我的能力強，積極有活力，在社會活躍。
2. 最適合擁有專業、專技、專利，利於開創、領導。
3. 事業權出，格局佳，容易營造氣勢、可以建立品牌，所製作的產品品質好、信譽佳（權出），事業可以「拓展」版圖。

4. 事業權出，串連呈旺者，最好是發展自己獨特的「專業專技」的工作，以利於將來嶄露頭角，當然也利於升遷、創業。

5. 「出」，有變化快速的意思，以產品來說，適合推陳出新、創造創新，所以適合變動快速的行銷企劃、領先潮流的時尚行業，也適合過手的仲介業、買賣業。

6. 事業化祿化權入福德三方者，適合精品、藝品、古董及貴重物品的銷售，高價位的商品銷售。最好有串連偏財祿「破軍、貪狼、廉貞」呈旺。尤其是化貪狼祿。

事業宮化權入交友宮

1. 我在工作上的拓展能力，或我的專業能力，展現在人際關係上，所以我會主動幫助同事、成就老闆的事業（交友為父母的事業），串連呈旺者，是一個好的幕僚格。

2. 在工作領域上，於人際間比較活躍，會主動出手幫助或成就他人，要注意分寸，否則會給人「雞婆、愛現」的感覺。

3. 表示我在工作領域上，主動且擅長處理人際事務，適合以獨到的「專業專技」從事有關公關、業務、行銷方面的工作。例如科技業很多是有技術背景的業務人員或經理。

4. 交友為人際三方，以獨到的「專業專技」來經營商譽、品牌、口碑、信譽等的生意。

事業宮自化權出

1. 我在工作上的拓展能力，或我的專業能力，自化權出，表示我的工作表現在不知不覺中、不經意、漫不經心且不會看場合的表現出來，所以容易膨脹或浮誇自己的工作能力或專業能力。

2. 「自化」表示漫不經心、不夠用心、不夠專注，容易意志不堅鬆動，因此容易不得要領，掌握不住重點。「自化」為變化快速，因此不容易持久，也容易虎頭蛇尾。

3. 事業權出，串連呈旺者，最好是發展自己獨特的「專業專技」的工作，以利於將來嶄露頭角，當然也利於升遷、創業。

4. 格局高者，可以做生意，以自己獨特的「專業專技」追求時尚、領先潮流、創新產品的做法為佳。生意手法也應以「機動性」、「多元化」、「且戰且走」的時機財為佳。

5. 適合「專業專技」的工作，不適合投資大、回收慢的生產事業。

事業宮化權入田宅

1. 我在工作上的拓展能力，或我的專業能力，展現在田宅上，所以我容易積極有活力，充滿幹勁。權入收藏宮，事業多穩定、拓展。

2. 擁有「專業專技」利於升遷、創業。格局高串連偏財星呈旺者，且田宅宮、兄弟宮沒有破者，可以從事生產事業。

3. 適合與田宅「田地家宅」有關的行業，五金、裝潢、水電、家電、家具、家庭用品行業。

4. 如果串連偏財星呈旺者，適合從事「建築」相關行業。

5. 串連兄弟宮「事業成就位」呈旺者，可高薪、高職，或業績「分紅薪水」，或創業。

6. 汲營三方化祿權入田宅者，容易自宅增建，但現代人大多數住公寓，就算有這個條件，往往受限於法令，很難執行。

事業宮化權入福德宮－照財帛

1. 我在工作上的拓展能力，或是我的專業能力，展現在我的潛意識思維，使我積極有活力，充滿幹勁。在工作表現及領域上，「好勝、不認輸」，企圖心強烈。

2. 在工作表現或領域上，好勝、不認輸，容易在工作表現及領域上愛面子、講場面、多應酬，容易有大手筆的作為（權沖財帛，或財帛權出），尤其遷移、父母化同星曜的祿來會，更是虛華。

3. 格局好的人，權照財帛，很會賺錢，事業越做越大，容易有大筆收入。

4. 事業是汲營三方，事業化權入福德，一方面是福德坐權照財帛，有大筆收入，另一方面又是福德坐權沖財帛，或是稱財帛權出，也容易有大筆的支出，因此個性上有「敢賺敢花」的特質。

5. 擁有「專業專技」者，配合格局佳的條件，會有更好的發展。

6. 事業化祿化權入福德三方者，適合精品、藝品、古董及貴重物品的銷售，高價位的商品銷售。最好有串連偏財祿「破軍、貪狼、廉貞」呈旺，尤其是化貪狼祿。

事業宮化權入父母宮－權出

1. 事業權出，我在工作上的拓展能力，或我的專業能力，得以展現於外，所以我的能力強，積極有活力，在同業間的社群活躍。

2. 父母是交友三方，泛指有接觸的人際，遷移宮是廣大的社會因緣宮，廣大的社會際遇，所以兩者力量的差異是非常大的，遷移宮的力量遠勝於父母宮。

3. 父母是文書宮，也是國家，又是表象宮，因此事業化權入父母，串連我宮呈旺者，配合自己獨特的「專業專技」，適合發展自己所創新的產品或行業發展，同時也在創新的過程中，申

請「專利」。

4. 事業權出，串連呈旺者，最好是發展自己獨特的「專業專技」的工作，以利於將來嶄露頭角，當然也利於升遷、創業。

5. 事業化權入父母、遷移兩表象宮，「命、疾、福、遷、父」同星曜化祿來會串連呈旺者，可以成為「學有專精的專業講師」。

6. 事業化權入父母、遷移兩表象宮，「命、疾、福、遷、父」同星曜化祿來會串連呈旺者，權出表象宮，所以利於「商品或品牌」的廣告、宣傳、行銷。

7. 父母是後天學習位，事業是工作，化權是積極，「命、疾、福、遷、父」同星曜化祿來會串連呈旺者，在讀書求學的過程中，適合在職進修「邊做邊學」，或是接受技職教育「以將來（要執業的項目）為目標的讀書方式。」

第三節　事業宮化科入十二宮

事業宮化科「化科象的推理解釋：文質、理智、緩和」，用一句話來形容：

對人而言：我在工作上細膩的一面，幫助誰？

對事而言：我在工作上細膩的一面，展現在哪裡？

事業科出有三種：事業宮自化科出、事業宮化科入夫妻「對宮」、事業宮化科入父母或遷移。

事業科出的基本象義為：

1. 工作細膩的一面藏不住而呈現於外。
2. 工作細膩，展現在外。

化科是一種細膩、慢條斯理的表現，化祿是機會、機緣、舞臺、發揮空間，因此祿科交會，悠遠綿長，情也悠悠，事也悠悠。

化科，不能單獨轉忌，必須逢同星曜化祿來會，祿科交織，才可以轉忌，或是逢忌，科忌糾纏，才可以轉忌。

以下的象義，都必須逢相關宮位同星曜化祿來會，才得以發揮，否則作用有，但不大。

事業宮化科入命宮

1. 工作上細膩穩妥的表現，使我內心平和，工作表現平穩。
2. 在工作態度上是細膩的，工作上的思維是理智的，做事是不疾不徐的。

事業宮化科入兄弟宮

1. 工作上細膩穩妥，且安定的表現（兄弟為收藏宮，安定位），使我在事業發展上得以穩定成長。
2. 做事不疾不徐，穩定妥當。
3. 對工作收入上，細水長流或穩定的收入，不無小補。

事業宮化科入夫妻宮－直接科出（回照事業）

1. 事業科出，逢同星曜「命宮、疾厄、福德」化祿來會，表示我的工作表現科名在外，所以應該在工作性質上或產品上要包裝精緻，注重形象包裝、行銷。
2. 事業科出，逢同星曜「命宮、疾厄、福德」化祿來會，用工作態度中的細膩、慢條斯理、不疾不徐的模式來對待夫妻，因此對待配偶有按部就班、照章行事的一面，逢祿就會羅曼蒂克、溫柔。

3. 事業科出，逢同星曜「命宮、疾厄、福德」化祿來會，工作細緻表現於外，適合企劃工作。

事業宮化科入子女宮

1. 事業上容易理智的對待小輩，所以適合從事文教事業。

2. 以理智工作態度來培養小孩成為有書香氣息的人。

事業宮化科入財帛宮

1. 工作上的收入平穩。

2. 在做生意上，利潤不高，細水長流。

3. 以理智的工作態度來記日常花費的帳、理財，容易記流水帳。

事業宮化科入疾厄宮

1. 以理智的工作態度來對待身體，所以會養生，或練養生功。

2. 以穩定的工作態度讓情緒穩定，致工作平順。

3. 容易從事文職相關工作、少流汗的工作。

事業宮化科入遷移宮－科出（照命宮）

1. 事業科出，表示我的事業科名在外，所以應該在事業或產品上要包裝精緻，文宣或廣告有利於行銷。
2. 事業科名在社會上，要積極建立好口碑，加強文宣廣告。
3. 事業科出，除科名在外，也是工作細緻表現於外，適合從事企劃工作。

事業宮化科入交友宮

1. 事業科名在人際上，也適合多做文宣、廣告。
2. 產品包裝要精緻，建立好口碑。
3. 交友與遷移差異在「交友是有緣接觸的人際，遷移是廣泛的社會際遇，多陌生人」。

事業宮自化科出

1. 事業科出，表示我的事業科名在外，所以應該在事業或產品上要包裝精緻，文宣或廣告有利於行銷。

2. 事業科出，除科名在外，也是工作細緻表現於外，適合從事企劃工作。

事業宮化科入田宅宮

1. 事業科入田宅「收藏宮」，所以工作平順，平穩有福。
2. 以理智的工作態度來對待田宅，或工作細心表現在田宅，因此適合做裝潢或室內設計。

事業宮化科入福德宮－照財帛

1. 工作態度恬淡自適，適合精緻、美學、精神、宗教、文藝相關的工作。

事業宮化科入父母宮－科出

1. 事業科出，表示我的事業科名在外，所以應該在事業或產品上要包裝精緻，文宣或廣告有利於行銷。
2. 父母宮為文書宮、學習宮，適合從事文教工作。
3. 事業科出，除科名在外，也是工作細緻表現於外，適合從事企劃工作。

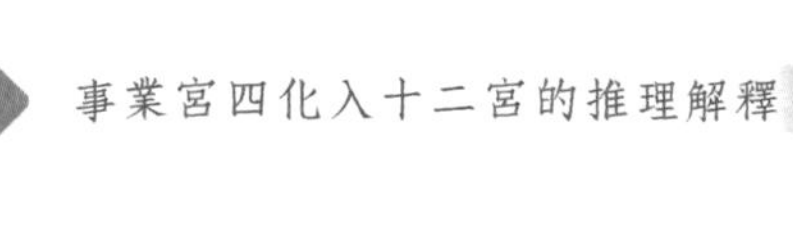

第四節 事業宮化忌入十二宮

事業宮，是我對工作價值觀，是專屬於對工作方面的性格表現位。講述的是工作的態度、能力、適合的行業等；事業宮也是運氣位、外遇位、執業位（把某項事情當工作模式來執行）。

事業宮化忌「化忌象的推理解釋：斂藏、執著、付出」，用一句簡單的話來形容：

1. 對「親人的宮位」而言：事業宮化忌入「六親宮」，表示我在工作表現上有力有未逮或不佳的一面，讓「親人」擔心了。

2. 對「人的宮位」而言：事業宮化忌入「人的宮位」，我在工作表現上拙於攀「某人」的緣。我的工作表現不佳，帶給「某人」的困擾。

3. 對「事的宮位」而言：事業宮化忌入「事的宮位」，我在工作表現不好的一面，造成「某事」的阻礙。

4. 對「我」而言：事業宮化忌入「命疾福」，表示我欠工作債，工作上忙不完，勞心、勞力、勞煩。

事業忌出有三：事業宮自化忌出、事業宮化忌入夫妻宮（事業的對宮）、事業化忌入父母或遷移。

忌出有三個共同的特色：1.藏不住。2.變化快速。3.消散。

自化忌出：具有船過水無痕、忘性、大而化之、漫不經心、變動快、不穩定等特質，所以我常常會說，在不經意中，或不知不覺中，又不分場合的表現出來。

事業宮化忌入夫妻宮的忌出，是直接了當的忌出。

事業宮化忌入父母或遷移，是宮位象義上的忌出，是我在處理工作相關的事務上，不得要領，拙象呈現於外，工作表現不好，或工作的模樣不好看，形於外（表現出來、呈現出來）。

坐忌的宮位，必然沖對宮。沖者離也，沖者動也。

論凶化時，一定要論兩項：論忌破、論忌沖。不管是吉化或凶化結構，都具有「回溯的力量」，因此論忌沖就格外重要了，這也是很多人對凶化事件低估的原因。

事業宮化忌入命宮—沖遷移

1.凡是忌入命宮、疾厄宮、福德宮皆為債。何為債，債就是一種責任、義務、不得不付出。忌入命為掛心、勞心。忌入疾厄為纏身、勞力。忌入福德為擔憂、緊張、憂慮、勞神、勞煩。

2.忌入命宮為勞心，表示我會為此宮位的事情操心、掛心，此宮的事情會主動來找我，所以我會不得不做，而產生苦悶；忌入疾厄為勞力，表示我會為此宮位的事情勞碌，此宮的事情會主動來找我，所以我會不得不身體力行的勞力勞碌忙碌；忌入福德為勞煩，我會為此宮位的事情操煩，此宮的事情會主動來找我，所以我會不得不做而心生煩惱或厭煩。

3. 事業化忌入命宮，我會為工作或事業上的事情操心掛心，事情做不完，想休息又來了，不得休息，事情來了就會想趕快把它做完，放在心裡會難過，因此會很勞累、或壓力大、或忙碌、或工作時間長，很容易忙碌到老。

4. 忌入命有不能如意順遂之意，所以工作或事業容易不順、或事倍功半、或容易遇到挑戰性高的工作（棘手的問題），辛苦啊！因此常常比較多苦勞而少功勞，或報酬率比較差，久而久之容易產生職業倦怠。

5. 命三方坐忌者，適合穩定的上班族，或小生意利潤比較微薄的辛苦之得。

6. 忌入命為債，因為是一種責任，所以常常需要親力親為，容易是老闆兼夥計。事情沒有完成放心不下，事情的過程都要親自檢視或親為。要多多學習如何充份授權。

事業宮化忌入兄弟宮—沖交友

對人而言：

1. 事業化忌入兄弟，對我兄弟而言，我在工作上表現不佳或力有未逮，對兄弟沒有什麼幫助，

加上兄弟串連家道呈破者，不適合兄弟間的合作或合夥

2. 在工作上的個性較守成內斂，對朋友不多情，少社交（沖交友）。

對事而言：

1. 命三方（汲營三方）忌入田宅三方（收藏三方），為安定守成，個性內斂，對朋友不多情，少社交活動（田宅三方坐忌，沖交友三方）。

2. 兄弟宮為收藏三方，為安定位、守成位，所以事業化忌入兄弟代表我工作或對事業上的態度是尋求安穩安定的、個性比較保守、守成持重。

3. 一忌入六，事業宮為一，兄弟宮為六，兄弟宮是事業的疾厄位，兄弟為事業的共宗六位，所以有辛苦累積打拼的個性，容易像公務員或大型企業的上班族，上班安定到退休。

4. 一忌入六，事業宮化忌入事業的疾厄宮（兄弟宮），所以容易事必躬親，親力親為，老闆兼夥計。

5. 也適合做現金生意，親力親為的辛苦之得。

事業宮化忌入夫妻—直接忌出（回沖事業）

對人而言：

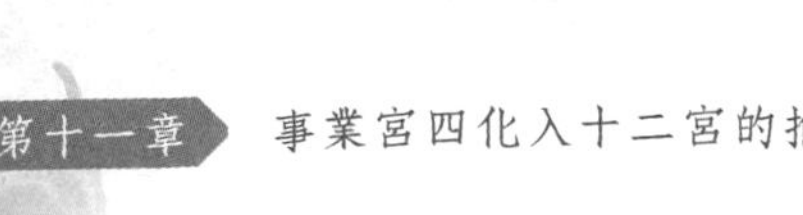

1. 事業化忌入夫妻，我在工作上表現不佳或是力有未逮，會讓配偶擔心、或需要配偶的幫忙、或成為配偶的負擔。
2. 如果我要創業時，可能需要配偶幫忙，一起打拼，胼手胝足。
3. 特殊情況：如果是廉貞或貪狼化忌，我可能沾染到爛桃花，會破壞婚姻。

對事而言

1. 我在工作上表現不佳或力有未逮，忌出了呈現於外。
2. 忌出有變動快速之意，表示我在工作的表現上耐性不足，容易衝動引發變動。運限不好時，盡量尋求上班安定。
3. 忌出也是出而不藏，表示工作表現不好的一面，容易呈現出來，或不順遂表現出來。所以工作很辛苦、或樣子不討喜、或際遇不好等現象。
4. 事業忌出，忌屬水，忌出流動快速，適合現金買賣、變化快速的行業，不適合大投資回收慢的行業，如不適合生產事業、囤積貨物的生意。
5. 如果能習得一技之長，適合提供技術服務、或顧問業、或仲介、或買賣、或代書等服務業，不需要囤貨、不壓本金的行業。忌出，因為是變動快速，所以適合不同的服務對象。

事業宮化忌入子女宮－沖田宅

對人而言：

1. 我在工作上表現不佳或力有未逮，需要小孩幫忙，或成為小孩的負擔，容易工作全家忙。
2. 特殊情況：如果是廉貞或貪狼化忌，我可能沾染到爛桃花。

對事而言：

1. 我在工作上表現不佳或力有未逮，造成合夥事業的阻礙或發展。
2. 事業化忌入交友三方，沖田宅三方（收藏、安定），表示我在工作上變動多，起伏比較大。
3. 事業化忌入交友，表示我是重義輕利的。命三方忌入交友三方，都有重義輕利之象。
4. 我在工作上表現不佳或力有未逮，工作容易不穩定、不順遂，人生多起伏，難守成。
5. 適合任公職、或在大企業上班，比較安穩。
6. 事業化忌入子女沖田宅，如果是做生意，不可以在家做生意，要店宅分離。如果是從事「直銷事業」，不可以在家開「家庭聚會」，成效不彰。

事業宮化忌入財帛宮－沖福德

1. 我在工作上表現不佳或是力有未逮，帶給我的收入不多，現金緣不佳。沖福德宮，辛苦。
2. 事業化忌入財帛，工作上造成我的現金縮水了，容易為了工作需要而花自己的錢。
3. 適合固定薪資的工作，公職或大企業上班較好。
4. 如果做生意，適合利潤薄的小生意。
5. 不可從事大投資回收慢的行業，不可囤貨、壓本。
6. 適合上班族的固定薪水。

事業宮化忌入疾厄宮－沖父母

1. 事業忌入疾厄，為欠工作債，表示工作會主動找我做，讓我忙得不可開交，讓我親力親為。
2. 事業忌入疾厄，工作時的動作速度快，手腳俐落，因此只要一開始上班，就容易忙得不可開交，有時連喝水、吃飯、上廁所的時間都沒有，簡單了事。
3. 因此工作讓我忙碌不得閒，所以我的工作容易是勞累辛苦的（如工作時間長、或工作量多、或是吃重、或耗體力）、忙碌、緊張、壓力大。

4. 也因此容易導致職業倦怠或過勞。

5. 容易工作到老，往往是需要親力親為，比較沒有幫手。容易事必躬親，老闆兼夥計。

6. 命三方忌入收藏三方，為安定守成，個性內斂，對朋友不多情，少社交活動。（沖交友三方）。

7. 容易是製造業、加工業、技術界、或現金小生意（點滴、辛苦累積）的工作。

事業宮化忌入遷移宮—忌出（沖命宮）

1. 遷移宮為福運位（福德的事業）、處世（事）應對宮，論智慧、社會對我的評價（形於外）、際遇位、廣大的社會人際因緣位、行動能力、敏銳度、觀察力、洞見觀瞻的視野能力、洞察力、決斷力、主被動、精明與拙劣……。

2. 我在工作上的表現，拙象呈現於外了。拙象有不得要領、樣子不好看、被動、手法拙劣、觀察力差、洞察力差，敏銳度不足、行動力不足。

3. 遷移宮是廣大的社會人際因緣，主陌生人，因此我在工作表現上不善攀緣，手腕較差，往往不得要領。

4. 遷移為處世應對宮，也是智慧宮位，事業化忌入遷移，智慧蹇滯，容易憨憨的做。工作上的個性拙樸憨直，不討好。在工作上只能按部就班、一步一步的跟著SOP來做，才可避免出錯。

5. 遷移為處世應對的能力位，在工作上的觀察力、敏銳度、決斷力、行動力不足，影響到工作表現，導致工作表現不佳，不得要領，績效不彰，成果欠佳。

6. 遷移宮為際遇宮，工作上的際遇不佳，不遇貴人相助。

7. 遷移為福德的事業，為福運位。工作上不可投機取巧，天不從人願，不能長袖善舞，不適合創業。做生意容易招不到生意，導致工作斷斷續續，嚴重會有長時間的接不到工作。

8. 適合任公職，或到大公司上班安穩。

9. 如果創業做生意，適合以「技術或服務」為主的創業，如仲介、顧問、專業、會計、代書等的自由專業工作者。不適合囤積貨物或生產事業。

10. 忌屬水，水為財，忌出為變現快速的現金生意，適合現金生意、薄利多銷的生意。不適合開支票的生意。

事業宮化忌入交友宮－沖兄弟

對人而言：

1. 重義輕利（命三方化忌入交友三方，都有重義的性格，因為沖財庫三方，為財庫忌出，所以輕利）。

2. 我在工作上表現不佳或力有未逮，帶給同事困擾，漸漸地沒有工作夥伴，需要獨立作業完成。

3. 我在工作上表現不佳或力有未逮，帶給朋友困擾，不利於合夥，我容易拖累朋友，因為我重義輕利（沖兄弟成就位、庫位），導致經營不善，損及營業利潤。

對事而言：

1. 重義輕利的個性，最好不要當老闆，容易經營不善，事倍功半（沖兄弟事業成就位、收藏安定位、財庫位），人生也會有比較多的起伏，守成不易。

2. 上班族比較好，或做小生意。

3. 事業化忌入交友三方，沖田宅三方（收藏、安定），主人生變動多，起伏比較大。工作上的性格表現為重義輕利。

事業宮自化忌出－沖夫妻（力量減半）

1. 自化忌出，除了沒有原則的（不知不覺中，不經意，且不分場合）出而不藏（形於外）、消散（過了就算了）之外，還有變動快速之意、不夠用心、忘性。

2. 適合任公職或在大企業上班，比較安穩。

3. 做生意適合速戰速決，適合賺時機財，無囤貨、不壓本，通路快的做法。

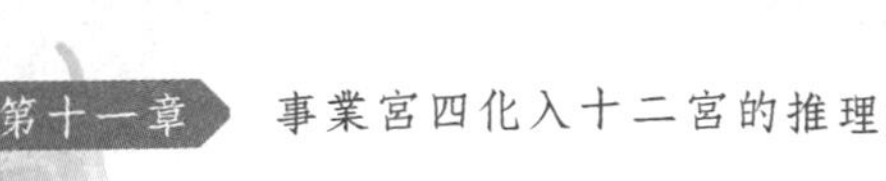

4. 適合以「技術或服務」為主的行業，如小本生意、仲介、技術、顧問、會計、代書等，或生活雜貨、日用品、消耗品等生活所需用品（忌出為消散，反覆購買）。

5. 非常不適合「生產事業」。汲營三方自化者，生意很難做到產品一成不變而能永續經營的，所以比較不適合（生產行業）。

6. 事業、財帛宮的「四化」多入交友三方者，屬為人作嫁格—尤以「忌」為甚，多屬適合上班的「幕僚格」，較不適合創業的「重看不重用」。

事業宮化忌入田宅宮—沖子女

對人而言：

1. 我在工作上表現不佳或力有未逮，成為家人的負擔，或需要家人的幫忙，如果我做生意，家人需要幫忙（忌，辛苦累積）。

2. 我的工作容易讓全家人忙。

對事而言：

3. 命三方（汲營三方）忌入田宅三方（收藏三方），為安定守成，個性內斂，對朋友不多情，少社交活動（沖交友三方）。

4. 我的工作態度、性格表現上是守成、安定、盡責，往往適任公職、或在大企業上班，安定到退休。

5. 如果做店面生意，可以店宅合一。

事業宮化忌入福德宮－沖財帛

1. 欠工作債。我在工作表現不佳或力有未逮，帶給我壓力、煩躁、痛苦、或是天不從人願、或是總是不能得償所願。

2. 需要做與興趣嗜好有關的工作，否則容易引發職業倦怠，覺得工作很煩。

3. 福德為果報位，化忌入福德沖財帛，容易工作不順遂，或運氣不好，沖財帛，工作上競爭不利，需要薄利多銷，容易經營不善導致虧損。

4. 福德為果報位，化忌入福德沖財帛，不能冒風險。舉凡風險大、回收慢，壓本、囤貨的事業都不適合。

5. 適合以「技術或服務」為主的行業，如小本生意、仲介、技術、顧問、會計、代書等。

6. 福德為果報位。要注意職業意外、災傷。

7. 適合任公職、或在大企業上班，比較安穩。

事業宮化忌入父母宮—忌出，沖疾厄

對人而言：

1. 我在工作上表現不佳或力有未逮，讓父母擔心、操心。
2. 我在工作上表現不佳或力有未逮，父母可能會幫忙。
3. 我在工作上表現不佳或力有未逮，帶給老闆、上司、長官困擾。

對事而言：

1. 我在工作上不善於表達，有功無賞打破要賠，工作上吃力不討好，工作不得要領，事倍功半。
2. 事業化忌入父母，沖疾厄，情緒起伏很大，容易工作不安定，人生多起伏變動、難守成。
3. 適合任公職，或在大企業上班，比較安定。
4. 容易打工、做做停停、遊牧式的工作環境（沖疾厄，疾厄為事業的田宅，論工作場域）。

第十二章

田宅宮四化入十二宮的推理解釋

第十二章 田宅宮四化入十二宮的推理解釋

第一節 田宅宮化祿入十二宮

田宅化祿入命三方：家世好、家庭環境好、物質生活優渥，不動產生財。

田宅化祿入田宅三方：物質生活優渥、經濟好。適合開店做生意，且可店宅合一。

田宅化祿入交友三方：住家在人氣熱絡的地方、鄰里和睦。

田宅化祿入福德三方：果報興家、照命三方，等同命三方坐祿。

田宅宮象義：

1. 田者，田地；宅者，家宅：主不動產緣。
2. 宗親、宗族、門風。家庭、家人、出身背景。
3. 財產（財富的總和，最大的財庫位）。含動產、不動產、有價證券、珠寶鑽石、珍貴藝品、銀行存款、現金等一切的有價的物品。

4. 物質生活位。
5. 居家生活環境。
6. 人生最後的果實位。
7. 居家環境的相關產業，例如蓋房子、家具家飾業、燈飾業、窗簾業、房屋修繕工程……。

田宅宮化祿入命宮

1. 祿坐命宮，表示我心中快樂。祿來自何宮，我心中的快樂來自何方。命宮的祿來自田宅，所以我的快樂來自田宅。
2. 田宅是我福。田宅帶給我快樂、如意。金窩銀窩不如自己的狗窩，代表我會有我的快樂，生發在命宮，我會滿足自己的窩，因此比較容易知足。
3. 物質生活不缺，所以知足常樂，容易安逸過日子。
4. 以下的敘述，必須「田宅、命宮、福德、遷移」呈旺者（三祿以上者為旺），為家道興隆。家道吉化串連呈旺者為家道興隆，家道沒大破沒忌出，或是家道雖大破，但都有家道興隆來救應，為格局好：

A. 容易是家世好、得祖蔭、承祖業、獲家庭福。

B. 再串連「疾厄」呈旺者，為家道興隆，且家庭和諧，享天倫樂，家庭和諧、少災禍。安居樂業。

C. 家族容易人丁旺盛，子孫賢孝。

D. 不動產直接帶給我快樂如意，容易早得不動產，或得助置產、遺產、贈與。或者容易增值上漲，容易上漲，就容易是地段好、地價高的地方。尤其是有偏財星之化祿權。

E. 不動產生財，適合出租、自家開店營利。也可以經營旅館、飯店、咖啡、餐飲、休閒事業（容易營造賓至如歸的溫馨感）。

F. 祖地可發跡。資金足而生意越做越大。適合經營「家庭（族）事業」。

G. 居家環境帶給我快樂如意，所以居家環境好、舒適、寬大。格局高，容易有前庭後院，明堂開闊。

H. 家宅旺，「有子息」、少出「不肖子」。

結論：非長子格、享家庭福、有祖蔭、得助置產、物質生活豐足。

田宅宮化祿入兄弟宮

1. 田宅庇蔭我兄弟。兄弟間比較不會爭吵，因此家庭和睦。

2. 家族或家庭幫助或資助我事業發展。

3. 兄弟為田宅的財帛宮，為家庭經濟收入位。家庭經濟寬裕，財庫盈溢，支出方便，理財不嚴謹，花用自然比較多。

4. 家庭（族）生財，適合自家開店營利，或經營家族事業。可以店宅合一。家庭容易自給自足。

5. 田宅三方為物質生活位，表示生活優渥，物質生活好。

6. 不動產生財可獲利，適合經營休閒產業、飯店、旅館、出租業。串連「破軍、貪狼、廉貞」呈旺者，也利於房地產投資。

田宅宮化祿入夫妻宮－照事業

1. 田宅福蔭夫妻，表示我的家人會主動帶給我婚姻和配偶快樂，或是財產上帶給我夫妻快樂。

A. 容易為了結婚而置產，也容易將不動產登記在配偶名下。

B. 少婆媳問題，婚後適合與父母同住。

C. 婚後財產更穩當，或者再發財。

D. 家人（或鄰居）關心（促成）的婚姻。

2. 田宅化祿入夫妻照事業，家庭庇蔭我工作順遂，或不動產生財。

3. 夫妻為福德的財帛論福份財，若逢偏財星，可投資不動產獲利。

田宅宮化祿入子女宮－直接祿出

1. 田宅庇蔭我的子女：

A. 財產庇蔭子孫，子孫不愁吃穿，物質生活優渥。

B. 格局佳者，祖業傳給子孫。

C. 家教不嚴，給小孩很大的「自由」空間。

D. 格局佳者，祖德流芳，子秀孫賢。

2. 田宅祿出：

A. 家庭和睦，含和於庭。

B. 居家環境的門面好看。

C. 居家環境的明堂開闊、明亮，容易有庭院。

D. 格局佳者，祿出，有快速變動之意，所以容易不動產買賣。

E. 祿出，有快速變動之意，所以容易外宿或搬新家。

3. 田宅化祿入交友三方者，住在人氣熱絡地段好的地方。

4. 格局佳者，田宅庇蔭子女，適合從事坐月子中心、托嬰、幼稚園等事業發展或寵物旅館。

田宅宮化祿入財帛宮

1. 田宅庇蔭財帛，田宅是最大的庫位，財帛是現金位，顯象財產挹注現金財帛得盈溢，表示家庭財產給我用錢的方便，手頭寬鬆有餘，要五毛給一塊。生活優渥、經濟活絡。
2. 家道興隆者，得家庭福、家世好。經濟好、金錢進出多、現金方便而多花用，防少「理財計畫」。如果我善理財，得以錢滾錢。
3. 田宅庇蔭財帛，適合不動產生財：
   A. 適合不動產「出租」。
   B. 自家「開店營利」。
   C. 格局佳者，適合經營飯店、旅館、休閒餐飲業。
   D. 家道興隆者，可以投資不動產行業。

田宅宮化祿入疾厄宮

1. 田宅庇蔭我，疾厄是身體的我，顯象我享受家庭福，容易茶來伸手、飯來張口，過著安逸富足的生活。

A. 家庭和睦、家運興旺（疾厄是田宅的事業宮），為家運位。

B. 物質生活「優渥」、衣食豐足。防安逸而少積極。

2. 家人常親近我，對我很熱情。

3. 田宅是居家生活環境，帶給我身體輕鬆愉快，表示生活悠閒，或住所寬敞舒適。

4. 田宅是居家生活環境，疾厄是工作場域也是身體，表示居家環境適合成為我的工作場域，適合在家工作、在家成立工作室、店家合一的營利模式。

田宅宮化祿入遷移宮－祿出（照命宮）

1. 田宅祿出於社會，同時也照命宮，帶給我快樂。

2. 田宅祿出於遷移：

A. 我的家庭或家族在社會有名望，社會關係好，格局佳者，家世好，家大業大。

B. 我的財產持續增長，表示家運好，財產持續增長，越來越富有。

C. 我家住在陌生人多的地區，表示人氣熱絡、地段好、生活機能好的區域、房產值錢。

D. 居家環境門面好、房子大又新又好、容易有前庭後院，明堂開闊明亮。

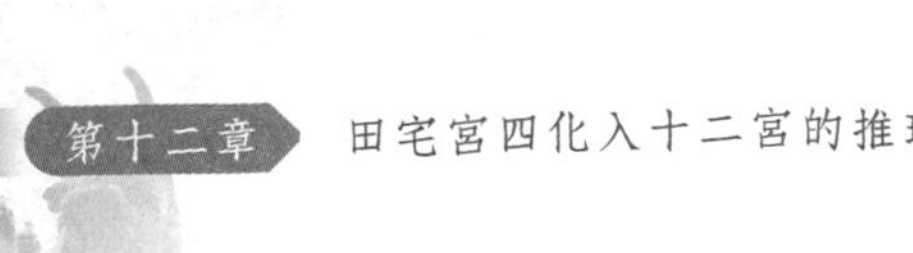

E. 家庭與鄰里和睦相處、親戚朋友往來熱絡。遷移是廣大的社會，廣泛的人際位。

F. 財產祿出，會增值，也常會有買賣，因此也會搬家、房子「越搬越好」。容易住上「新（好）的」房子。

G. 常有「外宿」的機會。

3. 格局佳者，串連「事業成就運」呈旺者，可以從事「生產事業」，或是囤貨等重資本生意，進而光宗耀祖。

4. 格局佳者，遷移或父母和田宅交祿者，容易「全額置產」（無房貸）。

5. 格局佳者，容易宗門出有「仕紳聞人」或「門第名聲」好。

6. 祖德流芳、發田發產、光耀門楣、家大業大、房子越換越漂亮。比田宅祿入命的力道大很多。

田宅宮化祿入交友宮

1. 田宅庇蔭交友：

A. 居家環境福蔭朋友，家人對朋友友善，也容易與朋友歡聚一堂，帶給朋友快樂，因此朋友喜歡來我家。

B. 居家環境福蔭朋友，家人對朋友友善，會帶給交友快樂，因此左右鄰居相處和睦。

C.居家環境會帶給交友快樂，表示適合從事咖啡、茶藝、餐飲、休閒產業。

2.家庭（族）人氣旺、人脈好，親朋多往來。貧居鬧市無人問，富在深山有遠親。

3.田宅祿入交友，居家環境，容易住在人氣熱絡、人潮多的地方。

4.居家環境會帶給交友快樂，如果經營直銷相關業務，適合辦家庭聚會。

5.兄弟宮祿出，稱為庫位祿出。家庭經濟「支出能力」好（庫位祿出）。

6.格局好，家業大，員工多。格局差，空虛的繁華。

田宅宮化祿入事業宮

1.田宅庇蔭事業：

A.家居用品為我的行業。

B.不動產相關行業生財。

C.適合投資或從事不動產行業、建築業，不動產可生財，可以房屋出租、營利，也可以從事飯店、旅館、休閒等產業。

D.格局佳者，容易出身家世好，得祖蔭繼承家業。

2.容易房子增建、裝潢、整修（會「權」尤顯）。

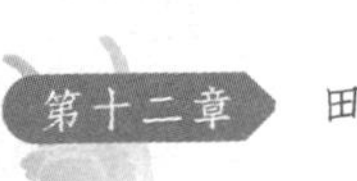

田宅宮自化祿出

1. 田宅自化祿出，為沒有原則的祿出，意為漫不經心地把好的一面表現出來，也就是在不知不覺中又不經意且不分場合，表現出好的一面。這樣呈現的好，具有浮誇自己的現象。
2. 浮誇田宅的好，或不用心經營田宅。
3. 不夠用心於經營家務與理財。家庭「責任心」不足。
4. 家庭成員不夠團結、積極及依賴性。「少了計畫」的持家。
5. 家庭容易「表象」好看而「裡子」不足，麵包一樣蓬鬆。
6. 田宅祿出，祿出，有變化快速之意，所以家庭適合經營「現金生意」，可日日見財，很容易「自給自足」。
7. 逢他宮「同星曜」化忌來會，則「我庫遭劫」，祿隨忌走，祿忌成雙，重複損失。

田宅宮化祿入福德宮－照財帛

1. 田宅庇蔭我（福德，為靈性的我）。
2. 得家庭福蔭，家庭經濟好，讓我生活免煩惱。

3. 家庭庇蔭我，不求自得，享受現成的，生活優渥、享受家庭福。
4. 家庭庇蔭我，不求自得，享受現成的，所以容易繼承家產或家業。
5. 宗親和睦，祖上有德，祖有餘蔭。
6. 福德為無形世界，居家環境有氣場好或磁場好的現象，家安宅吉，住宅舒適。
7. 易得不動產之福，且福德坐祿權照財帛，有不動產得來全不費工夫的現象。也容易不動產增值。

田宅宮化祿入父母宮—祿出

1. 田宅庇蔭父母、長輩。
2. 我家的興旺在爸爸手裡就已經開始了。父母宮，是少小限踏夫妻宮時的少小限田宅。
3. 我家適合孝養父母，使父母頤養天年。
4. 父母為長輩，代表我的居家環境適合長輩居住，所以適合從事老人「休閒」、「安養」的相關事業。
5. 田宅祿出於父母：
   A. 我家美好的一面呈現出來，在鄰里間頗受好評。父母宮為交友三方。

B. 我家門風和樂，含和於庭。

C. 宗親往來多「含和」有禮。

D. 居家環境，明堂寬廣或外觀好看。

6. 田宅祿入文書位、公門位：

A. 家庭或家族或宗親有讀書人，如果串連「命宮、福德、疾厄、遷移」呈旺者，宗族文風鼎盛，多讀書人。

B. 宗族中有任公職者，如果串連「命宮、福德、疾厄、遷移」呈旺者，宗族有當官者。

7. 田宅祿入借貸位：

A. 購屋容易全額置產。

B. 購屋貸款順利。

C. 還款能力佳，信用良好。

第二節 田宅宮化權入十二宮

1. 田宅化權，是家庭的活力展現在哪裡。
2. 田宅化權，是家庭幫助我或成就我的什麼事。
3. 田宅化權，是財產幫助我或成就我的什麼事。
4. 田宅化權，是居住環境的大器展現在哪裡。
5. 田宅化權，對自己經營房地產來說，或財產運勢。
6. 田宅化權，物質生活高檔，展現於何處。

田宅宮化權入命宮

A宮成就於我的B宮，而使我的B宮壯盛。

1. 家人對我的期望高，相對的對我的家教就會比較嚴格。也可以反過來說，家教嚴，是因為家人對我的期望高。
2. 家庭活力展現在自信上、精神上，因此可以說我的家庭很有活力。
3. 家庭幫助我建立自信和能力，或成就我的自信、能力，因此可以論述為家教比較嚴，或者家世比較好，或者栽培我，或者成就我。

4. 財產幫助我或成就我，所以我容易是繼承家業的人。

5. 居住環境的大器展現在自信上、精神上，因此住宅容易比較大、有氣派、地段好、價值高，如果是偏財星的權，加上果報宮化來的祿，就更為明顯與強勢了。

6. 經營房地產來說，或財產運勢，經營房地產容易獲利，尤其是偏財星，加上果報宮化祿來會，容易經營房地產相關事業產生高獲利，容易房地產多，房地產值錢，可以用房地產生財（比如出租房地產獲利，或者自己的房地產開店做生意），也可以從事生產事業。

7. 物質生活高檔，展現於自信及精神上，因此容易追求高檔的物質生活，防過於浪費。

田宅宮化權入兄弟宮

1. 家庭的活力展現在經濟實力上（兄弟為財帛的田宅，論經濟實力位），因此容易是家庭經濟好，串連「家道興隆」結構者，家世好。

2. 家庭幫助或成就我的兄弟。對我兄弟的教育比較嚴格，栽培我的兄弟。

3. 財產幫助或成就我兄弟的事，我的兄弟容易是繼承家業的人，或者來成就我的事業或經濟。

4. 居住環境的大器展現在兄弟宮，經濟上事業成就上，因此住宅容易地段好、價值高，串連「事業成就運」呈旺者，就更為明顯與強勢了。

5. 經營房地產來說，或財產運勢，經營房地產容易獲利，尤其是偏財星，加上果報宮化祿來會，容易經營房地產相關事業產生高獲利，容易房地產多，房地產值錢，可以用房地產生財（比如出租房地產獲利，或者自己的房地產開店做生意）。串連「事業成就運」呈旺者，也可以從事生產事業。

6. 防家門霸氣（權沖交友），容易物質生活高檔，過於奢華浪費。

田宅宮化權入夫妻宮—照事業

1. 家庭的活力展現在婚姻上，婚禮的場面會大。
2. 家庭幫助我或成就我的婚姻，所以也容易支配我的婚姻。
3. 財產幫助我或成就我的婚姻，因此容易因為要結婚而置產。
4. 居住環境的大器展現在婚姻，容易婚後換更大的房子。
5. 經營房地產來說，或財產運勢，夫妻為福份財，容易婚後財產增值或多。串連「事業成就運」呈旺者，照事業，婚後事業發展更順遂。有利於不動產投資或經營。
6. 物質生活高檔，展現於婚姻上，婚禮高檔。

田宅宮化權入子女宮—直接權出

1. 家庭的活力展現在子女，我們稱為權出，所以家庭的活力展現在外。
2. 家人對子女的期望高，家教嚴。
3. 家庭幫助我或成就我的什麼事。對我的子女家教比較嚴，或我的家庭重視所有子女的教育，幫助或成就子女，栽培子女。
4. 財產幫助我或成就我的子女，家道興隆者，子女容易繼承家業。
5. 居住環境的大器展現在子女，子女容易住大房子。
6. 經營房地產來說，或財產運勢，成就小孩之外，也容易合夥有成，但須看「子女、交友」是否串連「命福遷兄」呈破，呈破者，則不可合夥。
7. 我的物質生活高檔，展現於子女。子女的物質生活高檔，田宅權出，大筆支出，容易奢華浪費。

田宅宮化權入財帛宮

1. 家庭的活力展現在財帛，為福德權出，因此家庭有活力。

2. 家庭幫助我或成就我的財帛，使我的經濟強旺，串連家道興隆者，容易家世比較好。

3. 財產幫助我或成就我的財帛，使我的收入好，用錢賺錢。也是福德權出，容易敢賺敢花。

4. 居住環境的大器展現在財帛上，為福德權出，居住空間會比較大。

5. 經營房地產來說，或財產運勢，經營房地產容易獲利，命福遷串連呈旺者，容易經營房地產相關事業產生高獲利，容易房地產多，房地產值錢，可以用房地產生財（比如出租房地產獲利，或者自己的房地產開店做生意），經營飯店、旅館。串連「事業成就運」呈旺者，也可以從事生產事業。

6. 物質生活高檔，展現於財帛，福德權出，用度會過於強旺，容易重物質生活，比較奢侈浪費。

7. 財帛，是花錢的宮位也是賺錢的宮位，當大庫化權入小庫，使得小庫盈溢，經濟活絡，且多為大筆的金錢進出。

田宅宮化權入疾厄宮

1. 家庭的活力展現在疾厄，家庭有活力，串連家道興隆者，家運、財產運興隆。

2. 家庭幫助我或成就我，家庭的興旺帶給我活力朝氣。

3. 財產幫助我或成就我，疾厄也是家運位，可以說我的家運強。

4. 居住環境的大器展現在疾厄，居住環境大。
5. 經營房地產來說，或財產運勢，家庭旺我工作場域，所以適合在自己家裡做生意或工作室。
6. 物質生活高檔，展現於疾厄，疾厄也是田宅三方，與物質生活有關，所以容易物質生活高檔。

田宅宮化權入遷移宮－權出（照命宮）

1. 家庭的活力展現在遷移，家庭在社會上很有活力，很活躍，容易政商關係良好，人脈強勢。串連家道興隆者，家世好，家大業大、宗門鼎盛。
2. 家庭幫助我或成就我的遷移，我家在社會上有份量，串連家道興隆者，家運興旺，有助於我的社會地位，或在社會上的表現。
3. 田宅權出於遷移：
   A. 串連「事業成就運」呈旺者，也可以從事生產事業。在我的努力之下會有高收入，財富蒸蒸日上。再串連家道興隆者，展現家庭或家族的活力和朝氣，家族勢力蓬勃發展，光宗耀祖。
   B. 串連家道興隆者，家族多公職人員或官員，或宗族在社會上的地位高。
   C. 門外「熱區、市集」或馬路大。

D. 容易家大業大展現在社會上，尤其是偏財星，容易住豪宅、大面積、大門面，地段好（人氣熱絡，生活機能好）。

E. 宗族容易有成就高、政商關係良好、社會地位高者。

4. 經營房地產來說，或財產運勢，經營房地產容易獲利，串連家道興隆者，容易經營房地產相關事業產生高獲利，容易房地產多，房地產值錢，可以用房地產生財（比如出租房地產獲利，或者自己的房地產開店做生意）。

5. 串連「事業成就運」呈旺者，也可以從事生產事業。

6. 權入遷移宮會加倍獲利，遷移坐祿權照命宮，順心如意，心想事成。

7. 物質生活高檔展現於遷移，物質生活高檔展現在社會上。

8. 田宅權出於遷移的缺點：家道串連呈破者，防財大氣粗，朱門酒肉臭。

田宅宮化權入交友宮

1. 家庭的活力展現在交友上，家庭活力展現在人際交往中，容易政商關係良好，人脈強。

2. 財產幫助我或成就我的交友，經濟上幫助我朋友，家道興隆者，家大業大員工多。

3. 居住環境的大器，展現在交友，容易居住在人氣熱絡的好地段。

4. 經營房地產來說，或財產運勢，可以經營房地產，獲利好收入高。尤其是偏財星，加上果報宮化祿來會，容易經營房地產相關事業產生高獲利，容易房地產多，房地產值錢，可以用房地產生財（比如出租房地產獲利，或者自己的房地產開店做生意）。

5. 串連「事業成就運」呈旺者，也可以從事生產事業。

6. 田宅是經濟位，化權入交友，為兄弟權出，表示我的收入、經濟狀況好，容易有大筆支出（兄弟庫位權出）。串連「事業成就運」呈旺者，可以從事批發、生產事業。

田宅宮化權入事業宮

1. 家庭的活力展現在事業宮，家庭興旺有活力，我容易繼承家業。

2. 家庭幫助或成就我的事業宮，在家庭或家族的幫助下，幫助我在工作上得以開展。

3. 財產幫助我或成就我的事業宮，家庭經濟幫助我在工作上得以開展。

4. 居住環境的大器展現在事業宮，可以在家中開店做生意。

5. 串連「家道興隆」者，很適合不動產行業，或不動產出租，或用不動產賺錢的行業，比如飯店、旅館。

6. 物質生活高檔，展現於事業宮，比較重視物質生活。

田宅宮自化權出

1. 家人容易各自為政，意見多。
2. 家人很容易強出頭，但卻是不團結的。
3. 由於是自化權出，是不分場合的表現家庭的活力與經濟上物質生活的強勢，而家人又不易團結，因此需要統籌規劃及強制性理財，方可讓家庭興旺。
4. 如果是遷移、福德化祿來會，則為善緣的家庭關係，當屬興旺之格局。

田宅宮化權入福德宮－照財帛

1. 家庭的活力展現在福德，在精神層面，所以家庭有活力。
2. 家庭幫助我或成就我的福德，家運變強，家世好，經濟好，收入高（照財帛，偏財星尤強）。
3. 財產幫助我或成就我的福德，經濟好，收入高（照財帛，偏財星尤強）。
4. 居住環境的大器展現在福德，容易住大房子，房地產價值高。
5. 串連「家道興隆」者，經營房地產容易獲利，容易經營房地產相關事業產生高獲利。
6. 串連「家道興隆」者，容易房地產多，房地產值錢，可以用房地產生財（比如出租房地產獲利，或者自己的房地產開店做生意）。

7. 串連「事業成就運」呈旺者，也可以從事生產事業（如果有偏財星與果報的組合，更為強勢）。福德坐祿權照財帛，心想事成，得償所願。

8. 物質生活高檔，展現於福德，物質生活高檔，收入高經濟好大筆開銷，容易過於浪費，會遷移或父母的祿，容易體面奢華，鋪張浪費。

田宅宮化權入父母宮—權出

1. 家庭的活力展現在父母，為田宅權出，家庭有活力展現在社會上。

2. 家庭幫助我父母，家庭成就或栽培我父母，使我父母容易在家族中德高望重。或家庭助我讀書，學習緣份長。或我的家人多善讀書者，或我家人多任公職者。

3. 財產幫助我或成就我的父母，家庭財產幫助我父母，或我的家庭興旺，在我爸爸手裡就開始了。

4. 居住環境的大器展現在父母，居家環境大，在人氣熱絡的地段，房地產價值高。

5. 串連「家道興隆」者，容易全額置產，父母為銀行位。適合房地產經營，尤其是偏財星，加上果報宮化祿來會，容易經營房地產相關事業產生高獲利，容易房地產多，房地產值錢。

6. 串連「事業成就運」呈旺者，可以用房地產生財（比如出租房地產獲利，或者自己的房地產開店做生意）。從事生產事業（必須有偏財星與果報的組合）。

7. 物質生活高檔，展現於父母，高檔的物質生活展現在社會上，容易氣勢凌人。

第三節　田宅宮化科入十二宮

抓住三個重點來描述田宅：

1. 家庭方面，化科，表現的是書香氣息，家人是客客氣氣、謙恭有禮的，不會吵吵鬧鬧的。
2. 財產方面，化科，是細水長流的，是量入為出的，是計畫性消費的。物質生活的表現是簡樸的、恬淡的，重視精神生活。
3. 居住環境，是舒適、雅緻、安靜、清幽的。

田宅宮化科入命宮

我的A宮理智緩行於B宮，而我的B宮獲得了細水長流的收穫。

1. 家庭方面，化科，表現的是書香氣息，家人是客客氣氣、謙恭有禮的，不會吵吵鬧鬧的，以這種方式來對待我，給我平順的感受。
2. 家人對我的期望是理智的，對我是民主式的家庭教育，不會有過高的期望。
3. 命宮是交友的疾厄，所以家人普遍對人的態度是理智的、客客氣氣的、謙恭有禮的。
4. 財產方面，化科，是細水長流的，是量入為出的，是計畫性消費的。物質生活的表現是簡樸的、恬淡的，重視精神生活。

5. 居住環境，是舒適、雅致、安靜、清幽的。

田宅宮化科入兄弟宮

1. 家人對兄弟的態度是理智的、客客氣氣的、謙恭有禮的。
2. 家人對我兄弟的期望是理智的，對兄弟是民主式的家庭教育，也不會有過高的期望。
3. 田宅為家庭，兄弟為田宅的財帛，是我的家庭收入或經濟，兩個都是財宮，而且是由大到小，表示花用的意思，而花用的程度是科，科為細水長流，是理智的，因此會記帳、理財。所以家庭的支出容易是計畫性消費，量入為出。
4. 物質生活簡樸，不會鋪張浪費。

田宅宮化科入夫妻宮—照事業

1. 家人對我的婚姻是民主式的，尊重我的選擇。婚禮簡約。
2. 家人對配偶都是客客氣氣的、有禮貌的。
3. 家庭書香人文的氣息，感染給配偶。

4. 物質生活，平穩的給予配偶。
5. 婚姻生活上比較清靜恬淡、重視精神生活。

田宅宮化科入子女宮－直接科出

1. 家庭書香、人文氣息感染到小孩身上，小孩比較容易溫文儒雅。
2. 家庭對小孩的教育方式採民主式的模式。
3. 家庭書香人文的氣息，顯露在人際間（田宅科出，科名在外）。
4. 物質生活平穩的給予子女。

田宅宮化科入財帛宮

1. 家人對日常的花用都很理智，會量入為出。
2. 家人對日常的用度是理智的，會記帳、理財、計畫性消費。

田宅宮化科入疾厄宮

1. 居家生活環境舒適、雅致、清靜。

2. 家人對我客客氣氣，以禮相待。

田宅宮化科入遷移宮－科出（照命宮）

1. 家庭書香人文的氣息，顯露在社會上，名聲好（科名在外）。
2. 家庭環境也必然是舒適、雅致、安靜、清幽的，容易是鬧中取靜的。

田宅宮化科入交友宮

1. 家庭書香人文的氣息，在人際間名聲好。
2. 家人與左鄰右舍禮貌性往來，鄰里和睦。
3. 家人對我的朋友客客氣氣，以禮相待。

田宅宮化科入事業宮

1. 家人對我的工作小有助益。
2. 家人在工作的表現上是慢條斯理的、細膩的、慢工出細活的。
3. 不動產緣，對我的工作小有助益，如果串連「事業成就運」呈旺者，適合從事與房地產有關

的「代書」、「會計」、「財務管理」工作。

田宅宮自化科出

1. 家庭有書香人文氣息、生活樸實、家庭科名在外。

田宅宮化科入福德宮－照財帛

1. 家庭重視精神生活，讓我有所寄託。
2. 家庭有濃濃的書香氣息，家庭環境雅致、整潔清靜。
3. 家人都比較謙恭有禮，不會吵吵鬧鬧的。

田宅宮化科入父母宮

1. 住家環境安靜優雅、書香氣息濃厚。
2. 家庭有書香人文氣息，在外名聲好。
3. 家人對爸爸或長輩都是客客氣氣、以禮相待的。

第四節　田宅宮化忌入十二宮

總論：

1. 田宅化忌入六親的宮位，表示是家庭責任由誰來扛：

A. 凡任何宮位化忌入命宮、疾厄、福德皆為債，何為債，「債」就是責任，就是義務，不得不付出，命主往往視為「應該的」。

B. 六親包括了兄弟、夫妻、子女、父母。

C. 命宮化忌入田宅，是我在乎我的家庭，而願意為家庭付出，因此不能論為債，但多忌呈破，這種付出將是不可承受之重，而變為債。這是我甘願付出之後，卻做得不好，導致發生破局的現象。

D. 或六親的命宮化忌入田宅，比如兄弟忌入田宅，是我的兄弟在乎家庭而願意為家庭付出，是我的兄弟有顧家的性格。

2. 田宅化忌入交友三方，都有退財的現象，代表著我不善理財，錢財不斷流失，多忌呈破嚴重者破產賣屋，甚至負債、跑路。居家環境人氣稀微。

3. 田宅化忌入兄弟、財帛，則為退財、多消耗、不善理財、不節儉。錢財漸漸流失。

4. 田宅忌出（自化忌出、化忌入子女、父母、遷移，皆為忌出）：

A. 田宅忌出，為家庭緣忌出消散。家庭「離心力」、「宗疏親離」。

B. 田宅忌出，家庭經濟窘困顯象於外，家庭名聲也較差。多忌有破產跑路的風險。

C. 田宅忌出，容易搬家、脫產、退財等，人生「多起伏」、「不能守成」。

D. 田宅忌出，不動產緣薄，不適合將財產登記在自己的名下。

E. 田宅忌出，門面不好看，宅前明堂窄或小，或居家環境容易比較舊、小、採光不佳、陰暗、潮濕、通風不佳、讓我覺得不舒服或難過，因此容易不想待在家裡。

F. 田宅忌出，容易住在無尾巷、巷中巷、陋巷、孤寮等人氣稀微的地方。

G. 田宅忌出，代表庫破不蓄，家庭變動大，居家環境人氣稀微，易居陋巷、無尾巷、巷中巷、孤寮。易搬家、脫產。

5. 田宅化忌入命三方，創業容易做「現金、成本不大」的「小生意」，格局受限故也。

6. 田宅化忌入命三方，我容易是長子格，我要扛責任，所以比較積極、有擔當。家庭環境通常比較差，責任重，負擔大。

田宅宮化忌入命宮－沖遷移

1. 欠家庭債，必須扛家庭責任，或分擔家計，為家庭勞心、操心，家庭帶來壓力。如果家道不興者，家運不濟、經濟衰退，往往扛得非常辛苦。
2. 居家環境容易比較舊、小、採光不佳、陰暗、潮濕、通風不佳，讓我覺得不舒服或難過，因此容易不想待在家裡。必須常常除舊佈新，讓居家環境來改善家運。
3. 白手成家格（命化忌入田宅、田宅坐生年忌、田宅忌入命），將來買房子要靠自己，因為要扛家庭責任，所以買第一間房子，最好買中古屋，然後再以小換大。
4. 經濟或生活給我壓力大，忌入命宮一定有壓力，越多忌壓力越大。
5. 如果「事業成就運、家道」不旺者，適合「上班安穩」或「小本現金生意的經營」。同時不能有任何的投機性投資或賭博，要「開源節流、精打細算」。也可能要時常兼職、加班。

田宅宮化忌入兄弟宮－沖交友

1. 我的兄弟要扛家庭責任，或分擔家計。
2. 退財，不善理財，不會儉約儲蓄，錢財會多消耗而逐漸流失。嚴重者，入不敷出，終致家庭窮困。必須加強理財。

3. 兄弟宮為田宅的財帛，為家庭收入，家境會有比較差的一面。
4. 沖交友，表示家庭人氣比較稀微。
5. 婚姻生活，容易聚少離多，或相處時間少（沖婚姻六位）。
6. 交友是田宅的福德，論祖墳；而兄弟是交友的遷移，所以當田宅化忌入兄弟，串連「命宮、福德、遷移」呈破者，表示祖墳的外在環境不佳，沖煞的祖墳。

田宅宮化忌入夫妻宮－沖事業

1. 配偶必須扛家庭責任，或分擔家計。
2. 家庭會帶給婚姻或配偶困擾，婚姻生活承受家庭經濟壓力，婚姻生活無趣，婚後最好是獨立的小家庭。
3. 夫妻胼手胝足的購屋置產。
4. 沖事業，事業比較無法長久，或不順遂。力求「安定」為上。
5. 梁師云：田宅「守成」三方不宜沖命三方，沖則動盪。

田宅宮化忌入子女宮－直接忌出，回沖田宅

1. 子女必須扛家庭責任，或分擔家計。如果我有債務，將來我的子女必須代償。
2. 田宅忌出（請參考總論的忌出）：此忌出為忌入對宮，為一瀉千里的忌出，擋都擋不住，雖然清清楚楚知道為何錢財流失，卻無可奈何，擋它不住。庫破不蓄，守不住錢，金錢流失不止，容易有經濟危機。
3. 田宅忌出，容易住在無尾巷、巷中巷、陋巷、孤寮。表示「明堂」容易閉塞、陰暗、狹窄、凌亂或髒亂。
4. 田宅忌出，表示家庭凝聚力渙散，宗疏親離，最終家族會消失在社會上。
5. 供給子女教養有限，或家教不得要領。
6. 晚年生活可能要多注意，退休規劃的保險在有經濟能力的時候先買，且不可買長期的，最好是買「躉繳」。因為人生多起伏，常常會繳不出錢來，反而損失了。切記！

田宅宮化忌入財帛宮：沖福德

1. 要扛家庭經濟責任。

2. 退財，不善理財，不會儉約儲蓄，錢財會多消耗而逐漸流失。嚴重者，入不敷出，終致家庭窮困。必須加強理財。

3. 格局不佳者，最好是上班族領固定薪水，或是以「技術或服務」為本的個人獨立自由工作的創業，學習專業技能最好，再配合個人獨特的人格魅力，適性發展。

4. 購屋置產，要量力而為，避免房貸負擔過重。因為要扛家庭經濟責任，所以買第一間房子，最好買中古屋，然後再以小換大。

5. 沖福德，家庭氣氛或壓力，容易在家待不住。

6. 經濟也容易多起伏，守成不易，要格外用心理財。

田宅宮化忌入疾厄宮－沖父母

1. 田宅忌入疾厄宮為債，我必須為家庭勞力、勞碌。

2. 居家環境容易比較陳舊、小、採光不佳、陰暗、潮濕、通風不佳、動線不佳，讓我覺得身體不舒服或難過，因此容易不想待在家裡。

3. 不適合「店宅合一」，或是在家開工作室（疾厄—事業的田宅）。

4. 疾厄是田宅的事業，為家運位財產運位，因此家運或是財產運較弱。

田宅化忌入遷移－田宅忌出，沖命

1. 田宅化忌入遷移為忌出，遷移是智慧宮位，代表「田宅的相關人事物」讓我智慧縮水了，處理不得要領。表示我拙於處理「田宅的相關人事物」，導致「田宅的相關人事物」呈現出不好的狀態。
2. 遷移與福德都與無形世界有關，因此居家環境的氣場與磁場容易出問題，會導致家庭或財產諸多不順。尤其是有「太陰或巨門」+「廉貞或貪狼」的組合更嚴重。
3. 田宅忌出，容易住在無尾巷、巷中巷、陋巷、孤寮。表示「明堂」容易閉塞、陰暗、狹窄、凌亂或髒亂。
4. 田宅忌出，家庭的凝聚力渙散、宗親疏離，最終家族會消失在社會上。
5. 田宅忌出者，人生起伏大，宗親疏離，為孤寡之格。最好的結局是「窮到只剩下錢」，務必要好好規劃晚年生活。
6. 梁師云：田宅三方逢「雙忌以上」之破者，不宜從事「生產行業」。同理，田宅三方沖破「命三方」成雙忌以上之破者，亦不宜從事「生產行業」。乃田宅三方為「財富的累積宮」，沖破則少能致富故也。

7. 凡觀所有事皆須綜觀全局而後下定論，譬如田宅與福德兩三方的「祿、權」雖美，苟若其「忌」重疊見破，人生亦虛花一場或只是曾經擁有。

8. 串連「命福遷」多忌呈破者，門風凋蔽、宗門不興、六親無力、財退丁頹。雙忌以上時「家道中落、遷徙流離」。

田宅宮化忌入交友宮－沖兄弟

1. 居家環境人氣稀微，容易住偏鄉，或是小巷弄內，親友往來互動少。住所偏僻人煙少。
2. 家庭造成朋友的困擾，我的家人容易和左右鄰居不和睦。
3. 沖兄弟庫位，大庫化忌沖中庫，造成中庫忌出，所以容易退財、破產，入不敷出、經濟危機。人生「多起伏、難守成」。
4. 田宅化忌入交友，串連「命宮、福德、遷移、兄弟」呈破者，容易財產易主，寄人籬下。
5. 交友，是婚姻的共宗六位，田宅化忌入交友，串連「夫妻宮」呈破者，婚後適合小家庭，
6. 交友是田宅的福德，論祖墳，串連「命宮、福德、遷移」呈破者，表示祖墳的選址或造葬或內部有問題。
7. 梁師云：「田宅」忌入「交友三方」：不善汲營及理財，常「大筆錢」的支出，或錯誤投資，

造成財庫空虛；呈現三忌以上，容易財產易主，家徒四壁。條件是要串連「命宮、福德、遷移、兄弟」呈破者。

田宅化忌入事業－沖夫妻

1. 我要扛家庭的責任。如果繼承家業，容易是爛攤子。
2. 田宅化忌入事業，是田宅讓我的事業斂藏縮水，所以我的家庭無法幫助我在工作上的發展，甚至成為阻礙。必須靠自己白手起家。
3. 田宅化忌入事業沖夫妻，沖我婚姻，故婚後適合獨立門戶的小家庭。夫妻在家相處時間少比較好，若嚴重的話，可能會分居。
4. 串連「事業成就運」呈破者，適合安定的上班族，或是擁有專業專技的獨立自由的工作者，以技術或服務創業，現金生意。
5. 田宅化忌入事業，是田宅讓我的事業斂藏縮水，所以不適合在家開工作室，不是在家工作的Soho族，做生意要「店宅分離」。
6. 如果要做生意，適合「小本經營、現金生意」，適合的產品如「日用品、消耗品、雜貨、五金」等家庭用品。

7. 串連「事業成就運」呈破者，表示容易「家運不濟或時不我與」等挫折。不可資本創業，不可以囤貨，不可從事生產事業。

田宅自化忌出－沖子女（力量減半）

1. 自化忌出，學理上是沒有原則的出而不藏，及沒有原則的消散，兩者同時存在著，白話解釋為漫不經心，表示不經意，又不自覺的不分場合表現出來及消散。
2. 還有就是對此宮的所有事情具有忘性的特質，事情過了就算了，船過水無痕。因此不會用心去經營它。
3. 對財產而言，是一種不知不覺的就讓錢財流失出去了。這就是我們常說的漏財，當然是一種不用心理財，也不知道錢花到哪裡去了，錢就慢慢地沒了、空了，錢存不住。
4. 對家庭、家人而言，代表家庭緣也是不知不覺中就越來越淡了。當然家庭就會比較沒有溫馨的感覺，自然而然的就慢慢地減少了天倫之樂了，來到晚年就容易孤家寡人一個。對家庭少了用心。
5. 自化忌出，也是忌出，請參考總論的忌出。
6. 適合上班族的收入安定，或是擁有專業專技的獨立自由工作者。

田宅化忌入福德—沖財帛

1. 我要扛家庭責任，為家庭勞煩勞神、操煩。
2. 居家環境容易比較舊、小、採光不佳、陰暗、潮濕、通風不佳，讓我覺得不舒服或難過，最重要還有容易氣場或磁場差，讓人不想待在家裡。
3. 由於居家環境氣場或磁場較差，因此容易家宅不寧、心生煩躁，容易引發疾病。福德為果報位，也容易引起家庭財務的諸多不順。
4. 田宅化忌入福德沖財帛，所以容易退財，錢守不住。沖者離也，漸行漸遠。
5. 福德為果報位，因此容易發生「家道中落」、「宗疏親離」的現象。這也是「祖德餘殃」，要多忌呈破。

田宅宮化忌入父母宮—田宅忌出，沖疾厄

1. 我的爸爸要扛家庭責任。
2. 我的家庭會令長輩操心。
3. 田宅忌入父母，我的家會帶給父母困擾，所以我的家不適合父母長久居住。

4. 田宅忌入父母為田宅忌出，田宅是物質生活位，也是財產位，表示我的經濟不穩定或不佳，物質生活不佳，因此無法長久供養父母。
5. 田宅化忌入父母，父母是文書宮，所以住所容易不是戶籍地址，尤其又有巨門星化忌。
6. 父母為交友財，為與朋友的金錢往來位，為銀行位，也是文書宮，因此容易被「倒債」，不可幫人「房貸作保」。
7. 凡所有的文書合約，都必須經過專業人士審核過才可以簽約，絕不能當下簽契約，確保安全。尤其是遷移、交友化忌串連此象。若串連「太陰或巨門＋廉貞」，三忌以上，保證有事。切記！
8. 婚後宜「小家庭」。
9. 田宅忌出於父母，容易出身比較差（父母為少小限的田宅）。
10. 容易拖欠銀行貸款，入不敷出。因此如果缺錢盡量不要借錢，要盡量縮衣節食，壓低物質慾望，度過難關，避免還不出銀行貸款。
11. 田宅忌出，容易住無尾巷、巷中巷、陋巷、孤寮。
12. 串連「命宮、福德、遷移」呈破者，家庭的名聲不佳，或是家庭的文化水平低，家庭的人氣差。
13. 適合上班族的收入安定，或是擁有專業專技的獨立自由工作者。

第十三章

福德宮四化入十二宮的推理解釋

第十三章 福德宮四化入十二宮的推理解釋

第一節 福德宮化祿入十二宮

命疾福份別代表我們的「身心靈」：命是心、疾厄是身、福德是靈。

福德宮主精神靈性層面的思維、興趣嗜好享受位、先天之福份與後天之德行，天性、秉性、天賦位，是一個人累世遺留下來的習氣位。

命宮和福德最大的不同，在於「思辨能力」，同樣都是思考宮位，但是命宮可以思考該不該做，可不可以做，要不要做，但是福德就像電腦程式的執行檔，一經啟動，是必須執行完才會停下來的，所以具有強烈的分別意識，但卻沒有是非黑白的判斷能力和思考能力。

福德化祿，老天爺會來滿足我對某宮的慾望，心想事成會展現某宮；我對某宮人事物上的好，是無來由，喜歡就是喜歡，不會有條件的，特別投緣，就是喜歡；對人容易處處為對方設想周到，心有靈犀。對事，容易心想事成，達成目標。

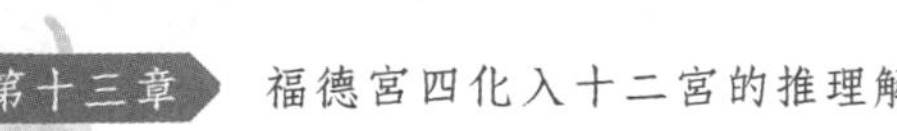

福德化權，就是「好勝不認輸」的表現在某宮的人事物上，只要被刺激到，就會展現其好強爭勝的一面。

福德化科，就是「恬淡平穩」的一面，只追求靈性的恬淡，不追求物慾、不爭名逐利的一面。

福德化忌，代表其「憂疑挑剔」的性格面，展現在某宮的人事物上。簡單講就是龜毛的一面。

福德宮化祿入命宮

1. 福德為果報宮，過去累世積厚福，果結今生，福蔭自身，成為福厚之人。
2. 心想事成，天從人願。只要設定合理的目標，幾乎都能如願以償，心想事成。這樣的特質，可以運用吸引力法則，用正面思考的力量，帶來幸福的人生。
3. 福厚之人，容易心想事成，自然而然地容易「樂觀知足，心情開朗」。福報好、樂天知命，樂觀少計較，個性上容易凡事往好處想、編織美夢。缺點是容易安逸。
4. 福厚之人，容易遇難呈祥，禍不臨身。
5. 福厚之人，安逸有福，也常不求自得，衣食豐足喜歡悠閒自在的生活，善於自我調適。
6. 安逸知足的性格，器量大，不喜歡與人計較。
7. 興趣廣泛，但容易多學不精。

8. 具有長壽的條件，晚年生活品質好。福德管的是晚年的福報。

9. 福厚之人，自然容易病得良醫或良藥，或是少病痛的折磨。

10. 福德是精神靈性層面，興趣嗜好享受位，命宮是汲營三方的主宮，所以最好寓興趣於工作。因此適合藝術、才華、心靈、文化等精神工作，也可從事休閒、旅遊、時尚等工作或事業。

福德宮化祿入兄弟宮

1. 福蔭兄弟和媽媽，是善緣的。我自然而然地處處為兄弟或媽媽設想周到，使其感到窩心。所謂的善緣，就是見到了會起歡喜心，不需言語也容易心領神會，相處容易水乳交融、心有靈犀。

2. 心想事成，天從人願，展現在事業成就上，容易事業有成，經濟活絡，往往設定目標就會達成。

3. 兄弟宮也是經濟實力位，所以代表經濟豐足，福厚居財。

4. 福厚少病、健康多壽，天生體質好。若是「貪狼或廉貞」桃花星化祿，則性功能好，及我有多情的一面。這種屬於福至天成的好體質，只要我們不揮霍、淫逸，我們容易有天生異稟的好體質，不容易生病，生病有良醫良藥救治，很快就會好。

福德宮化祿入夫妻宮－照事業

1. 福蔭配偶、婚姻。天賜良緣、情投意合、水乳交融、心有靈犀。是善緣的。我自然而然地處處為配偶設想周到，使其感到窩心。
2. 福蔭異性或異性客戶，串連「事業成就運」呈旺者，自然而然地處處為異性或異性客戶設想周到，使其感到窩心。所以不論工作或賺錢，應多找異性對象或客戶為佳。
3. 我對異性是多情的，且容易是善緣的。尤其是化「廉貞、貪狼」化祿，則容易浪漫多情桃花旺。
4. 串連「命疾福遷」多祿呈旺者，對異性多感性、柔情。但防多情怠志、容易沉醉溫柔鄉。
5. 遷移化「貪狼或廉貞」祿，串連「命疾福」多祿呈旺者，但防多情而容易沖昏理智的見異思遷，產生劈腿、婚外情。
6. 夫妻是福德的財帛宮，論福份財。福份財厚，祿入夫妻照事業，工作順遂，婚後更好。
7. 夫妻是田宅的疾厄，為家運位。串連家道興隆者，庇蔭婚姻、配偶，天賜良緣，家運興隆。

福德宮化祿入子女宮

1. 福蔭子女，對小孩慈愛，教育是寬容的。自然而然地處處為子孫設想周到，使其感到窩心。

2. 家道不興傷子女者，對小孩和悅放任，太寵小孩。

3. 家道興隆者，個性喜歡小孩、享受天倫快樂。慈心善真、福蔭子孫，得善緣的子孫，容易有好的子孫福。

4. 福蔭小輩，對小輩多情，容易有忘年之交的晚輩。

5. 福蔭子女，串連「事業成就運」呈旺者，合夥緣佳，容易合夥有成。

6. 福蔭子女，串連「事業成就運」呈旺者，自然而然地處處為年輕客群設想周到，使其感到窩心。所以不論工作或賺錢，應多找年輕客群為佳。

7. 福蔭子女，串連「健康運」呈旺者，身體健康，性功能良好，尤其是串連「廉貞或貪狼」化祿，則腎功能強，但防縱慾過度。

8. 子女是田宅的遷移，論屋外。串連「命疾福遷」呈旺者，喜歡往外跑，享受出外的自由奔放，享受外出的樂趣。

9. 子女為桃花宮，也是交友三方，所以福德化「廉貞或貪狼」化祿，串連「命疾福遷」呈旺者，桃花旺、多情浪漫（祿為喜歡，忌為沉迷）。

10. 子女是福德共宗六位，串連家道興隆者，個性善良，而且壽元長，為仁壽之人。晚年生活品質好。

11. 福德化「天梁或天機」化祿，天機、天梁為善蔭之星，主宗教玄學哲學。串連「命疾福子遷」呈旺者，慈悲喜捨、根器（宗教星）高。好器量。

福德宮化祿入財帛宮－直接祿出

1. 福蔭財帛，設定合理的收入目標，都容易心想事成。
2. 福厚財自來、福報好來財容易、常不求自得，不一定都是自己賺來的。
3. 福蔭財帛，財帛是手頭上可運用的資金，所以一生衣食豐足、金錢不虞匱乏。逢山窮水盡也都柳暗花明。
4. 對錢財方面，老天爺來滿足我賺錢的慾望，讓我在賺錢的領域上，心想事成。懶得算計，不強求，卻多順遂如願、享受。器量大。
5. 福德直接化祿祿出，表示性格上樂觀不計較，好商量。隨緣自在、不喜汲營，凡事多往好處想。
6. 老天爺會來滿足我賺錢的慾望，現金緣好，賺錢如意，容易收入好，適合現金生意或分紅收入的行業。
7. 福德是興趣嗜好，所以容易如願地找到工作，或賺錢的行業與我的興趣嗜好相符。

8. 串連「事業成就運」呈旺者，福德是「精神靈性才華根器、興趣嗜好享受」宮位，化祿入財帛，從事與「精神靈性才華根器、興趣嗜好享受」相關的行業，適才適所，適合發展才華、心靈、精神、文化、宗教等工作。也可從事休閒產業、流行時尚、娛樂事業。

福德宮化祿入疾厄宮

1. 福蔭疾厄，就是福蔭身體。身體有福，健康狀態良好，有病快好，病得良醫良藥。心寬體胖、享受悠閒。
2. 福蔭疾厄，福厚少病。
3. 福德疾厄都是性格宮，福德又兼根器位，化「貪狼、天梁、天機」化祿，串連「命疾福子遷」呈旺時，容易興趣廣泛的多學不精。
4. 性情上善於自我調適，也多感性、溫和，好相處。
5. 福蔭疾厄，身體有福，容易慵懶、悠閒懶散，身體有肉不會骨瘦如柴，但不喜歡勞累自己的身體，不愛運動、不愛流汗。
6. 串連「命疾福遷」呈旺者，易逍遙成性，懶散有福。慵懶成性、胸無大志。自誤前程。
7. 身心自在、隨遇而安。串連家道興隆者，家運好，懶人有懶福（天塌下來也有人頂）。

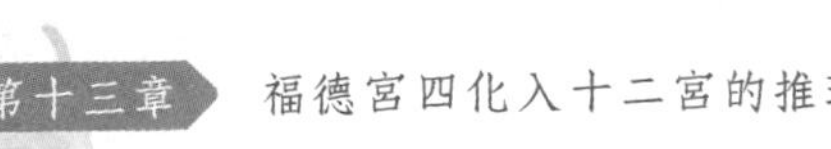

8. 疾厄是事業的田宅，論工作場。福蔭疾厄，喜歡工作場域寬大舒適。
9. 福蔭疾厄，疾厄是情緒反應位，所以常保情緒愉快，朋友與我接觸相處愉快（疾厄為交友的福德），從以上幾點可以觀察到，胖的人大都比較好相處。

福德宮化祿入遷移宮－祿出（照命宮）

1. 福德祿出於遷移宮，福德是天性秉性，祿出於遷移，遷移是社會，是陌生人多的地方，所以展現個性上活潑外向的一面在社會上。
2. 我喜歡把歡樂愉快的氣氛感染給周邊的人，帶給大家快樂，給人「歡樂、逍遙、開朗、溫和、好脾氣」的印象和感覺。
3. 對很多的人事物都無所謂、少計較、好商量，很容易隨遇而安。凡事往好處想。很容易自我調適。
4. 福德祿出，喜歡嚐鮮，對命主而言，外面的人事物，皆充滿驚奇。喜歡接觸新鮮的人事物，喜歡到外面蹓躂、喜歡熱鬧。怕寂寞。也隨緣好相處。
5. 串連「命疾福遷」多祿呈旺，入遷移者，容易太過感性的迷情惑境、移情忘志，少了積極心、責任心耽誤了前程。沒有憂患意識、容易忘記前車之鑑、重蹈覆轍。愛做夢、耽於逸樂。

6. 串連「命疾福子遷」多祿呈旺者，有福之人，容易遇難呈祥、大事化小。具壽相、老運好。

7. 遷移是社會際遇位、福運位。福蔭社會際遇，社會際遇好，出外得遇貴人。

8. 個性活潑外向，帶給陌生人快樂，為人親和，處世應對圓融，適合往公關業務行銷方面發展。

9. 外出遇貴人。驛馬緣好，與田宅、疾厄化祿、權串連，為長期或遠途驛馬緣。與子女、父母化祿、權串連，為短程驛馬或短期來回驛馬。

10. 福德化「天梁或天機」化祿，天機、天梁為善蔭之星，主宗教玄學哲學，串連「命疾福子遷」呈旺者，善根深厚，修行人的放下、自在，渾然天成。

11. 凡命宮、疾厄、福德三宮串連多祿入遷移者，皆主其歡樂、逍遙與不甘寂寞。

福德宮化祿入交友宮

1. 福蔭交友。串連「命疾福遷」呈旺者，自然而然地處處為朋友設想周到，使其感到窩心。喜歡把歡樂愉快的氣氛感染給周邊的人。對朋友常有樂同享。寬以待人、老少咸宜。

2. 主動帶給朋友快樂，喜歡熱鬧。樂善親和、歡喜待人。

3. 以興趣嗜好或樂趣會友。對待朋友，總是喜歡說好話。

4. 對朋友多情少計較，不計前嫌，好脾氣，人緣好，常得益友。

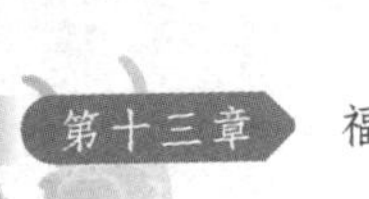

5. 福蔭競爭，容易競爭得力。
6. 交友是福德的田宅，是行善積德的累積位，故行功立德容易有所成。
7. 物以類聚，喜歡跟樂觀、快樂的人做朋友。在交朋友和與朋友相處上器量大。

福德宮化祿入事業宮

1. 福蔭事業，福蔭工作的能力、表現、企圖心、狀態。
2. 福厚如願，設定合理的工作目標，都容易心想事成。
3. 福蔭事業，在工作上常有「福至心靈」的解決了工作難題，讓工作進行順遂。容易隨緣自在，不會積極汲營，就會不夠敬業。
4. 福德是興趣嗜好，容易得到與興趣嗜好一致的工作。
5. 串連「命疾福子遷」呈旺者，器量大、興趣廣。
6. 福德是興趣嗜好享受位，也是天性秉性位，更是靈性宮位，化祿事業宮，表示將其本性化到工作的表現上，帶給工作順利的發展，渾然天成，寓興趣於工作。
7. 適合園藝、餐飲、休閒產業，也可以從事才華、精神、心靈、娛樂、旅遊、咖啡、茶藝、流行時尚等工作。

福德宮化祿入田宅宮

1. 福蔭田宅，興家旺宅。串連「家道興隆」呈旺者，自然而然地處處為家人設想周到，使其感到窩心。
2. 我喜歡把歡樂愉快氣氛感染給家人。對家人常有樂同享。寬以對待家人，對家人寬宏大量。
3. 福德庇蔭田宅，福德是祖父，代表祖父的年代就已經旺家了，表示祖德流芳，或祖上曾經發達。
4. 福德是果報宮，也是無形世界，代表著一種無形的能量，這也是祖上積德所帶來的，和氣入室、家安宅吉、歡喜天倫、享受生活、福蔭子孫、衣食豐足。少有認真理財，也不虞匱乏。
5. 串連「家道興隆」呈旺者，和睦宗親、親情濃厚。
6. 福蔭田宅，我的出生帶給我家庭漸漸興旺，家庭經濟活絡。生活環境好舒適。福德化「破軍、貪狼、廉貞」化祿，主強發橫發。

福德自化祿出－照財帛，力量減半

1. 自化祿出用一種方式來想，就是我坐在家裡，我很快樂，沒有注意到門有打開，讓外面路過

的人，都看到我的快樂。是一種不經意、不自覺的展現我這個宮位的祿，沒有原則的祿出（沒有限制的給人看到）。

2. 自化祿出，是沒有原則的祿出，表示在此宮位的化祿象，是漫不經心的呈現出來，又不分場合。是散漫、隨便的意思。對於一件事如果隨隨便便散漫以待，自然就絲毫不會留意，不會用心。

3. 福德宮自化祿出，表示我的天性秉性中好的一面，漫不經心地呈現出來，就是把樂觀隨緣的性格沒有原則的表現出來，且在任何人的面前都容易直接表現出來，不會遮掩。給人「樂天少覺，隨緣忘志、感性爛漫、漫不經心、快樂自足」的印象和感覺。

4. 總是愛做白日夢、凡事往好處想、什麼事都好商量。

5. 串連「命疾福遷」呈旺者，容易逍遙自在、沒有目標。缺乏憂患意識，沒有生涯規劃，沉醉在自己的夢幻世界裡。

6. 逢他宮「同星曜」化忌來劫，祿隨忌走，被人牽著鼻子走，倒貼於人，被人賣了，還在幫人數鈔票。

7. 福德化祿，逢他宮「同星曜」化忌來劫，幾乎沒有抵抗力，除非命權或遷移的權串連在結構式內，否則只能眼睜睜的看著被劫。

福德宮化祿入父母宮—祿出

1. 福蔭父母。串連「家道興隆」呈旺者，自然而然地處處為父母設想周到，使其感到窩心。
2. 福蔭父母，串連「事業成就運」呈旺者，自然而然地處處為公司或老闆或上司設想周到，使其感到窩心。
3. 喜歡把歡樂愉快的氣氛感染給周邊的人，尤其對長輩常有樂同享，容易有忘年之交的長輩，容易相談甚歡，我喜歡與長輩相處。
4. 福德祿出於父母，父母除了是表象宮外，也是臉色的宮位。給人「和顏悅色、歡喜溫和、幽默可人」的印象和感覺。總喜歡說好聽話、好脾氣器量。缺點是容易阿諛鄉愿、盡說好話。
5. 福蔭父母，串連「家道興隆」呈旺者，祖上有餘蔭，庇蔭父母。
6. 我有聰明的一面，會讀書，興趣多元不專一，總是不夠盡心盡力。興趣廣泛，但易多學不精。
7. 容易借貸方便，所以容易與人金錢往來，或週轉方便，信用好。
8. 有活潑外向、喜歡熱鬧的一面，樂善親和、歡喜待人。

第二節　福德宮化權入十二宮

福德化權入某宮位，表示「強大的精神意志力量」展現在某宮位，而我會非常積極的想要控制此宮位的人事物，對此宮位的控制慾很強，同時期望也很高。

福德化權，是我「好勝、不認輸」的一面，展現在何方？強出頭的一面，好強爭勝不認輸的心態，同時給人「佔有慾、支配慾、控制慾」的印象和感覺。

福德化權，大多是「父母宮（表象宮）」同星曜化祿來會，容易好大喜功、好高鶩遠、重視排場、虛華虛榮表面、愛面子。所以這也是人類的通病，當人富有後容易「得意忘形」。

以賺錢的角度來說，如果擁有專業技能，則容易有好收入。如果又是偏財星「破軍、貪狼、廉貞」之化，則容易在努力經營之下會有高收入。

福德宮是財帛的遷移宮，金錢、慾望的表現位，個人物質生活的偏好宮，也是興趣嗜好享受位，所以其化權的力量，會有「重視物質生活」的一面。

福德宮化權入命宮

1. 強大的精神意志力量展現在命宮，意志力、個性非常積極、好勝不認輸的一種自信、主見、主觀，給人有一種「傲氣、傲骨」的印象和感覺。

2. 串連「家道興隆」者，其積極略帶傲骨的性格，是很有福的，意志力強，生命力也強。

3. 串連「家運、事業成就運、運動家」呈旺者，行動力強，容易得償夙願。講求實務、企圖、鬥志與不服輸。擁專業、專技更佳，更具拓展空間。

4. 若逢「家道不興」的凶化結構，則容易過於傲氣，變成盛氣凌人、自大、傲慢。福德化權，大多是父母宮（表象宮）同星曜化祿來會，容易好大喜功、好高騖遠、重視排場、虛華虛榮表面、愛面子、得意忘形，反而壞事。

5. 凡是「過與不及」皆不美。中國文化提倡中庸之道，不無道理啊！

6. 福德宮是財帛的遷移宮，金錢、慾望的表現位，個人物質生活的偏好宮，也是興趣嗜好享受位，所以其化權的力量，會有「重視物質生活」的一面。

福德宮化權入兄弟宮

1. 我在兄弟間容易強出頭，表示佔有慾、支配慾、控制慾強。串連「家道不興」者，兄弟間容易多爭執不相讓，嚴重者，兄弟鬩牆。

2. 串連「事業成就運」呈旺者，對事業的發展極具野心，容易事業有成，容易創造高收入。多

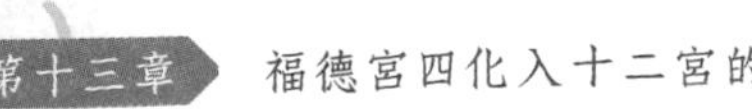

思進取，積極、充滿幹勁。

3. 最好擁有專技、專業，可以開發、創造、拓展。
4. 格局不佳者，福德化權，大多是父母宮（表象宮）同星曜化祿來會，容易好大喜功、好高騖遠、重視排場、虛華虛榮表面、愛面子、得意忘形。主觀過重，不納忠言（權沖交友）。
5. 體質強健，充滿健康和活力。

福德宮化權入夫妻宮

1. 在夫妻間容易強出頭，表示對婚姻或配偶佔有慾、支配慾、控制慾強。
2. 串連「事業成就運」呈旺者，權照事業，非常積極地工作或發展事業。
3. 格局不佳者，福德化權，大多是父母宮（表象宮）同星曜化祿來會，容易好大喜功、好高騖遠、重視排場、虛華虛榮表面、愛面子、得意忘形。

福德宮化權入子女宮

1. 對子女期望高，同時也要求或教育嚴格。望子成龍、欲鐵成鋼。
2. 我會採用強力手法教育小孩，如斯巴達式的教育模式、或者軍事化教育要求絕對的服從。

3. 會出口訓誡小孩。

4. 在小輩或下屬間強出頭，表示對晚輩或下屬具支配慾、控制慾強的一面。

5. 在小輩或下屬面前，說話給人「比較臭屁（喜歡誇大炫耀，自以為是的樣子）」的印象和感覺。

6. 若有合夥事業，會非常積極地介入掌控。

7. 性功能強，防縱慾過度。

福德宮化權入財帛宮－直接權出

1. 非常積極的想要賺錢，而且想要賺大錢、賺快錢，喜歡口袋裝飽飽的現金。

2. 錢是用來花的，且福德化權入財帛為權出，容易有一種敢賺敢花的性格，容易比較奢侈浪費。

3. 串連「事業成就運」呈旺者，充滿著積極活力、幹勁十足。

4. 格局不佳者，容易好大喜功、好高騖遠、重視排場、虛華虛榮表面、愛面子、得意忘形。

5. 建立或學習專業，或特殊技能。

6. 福德化權，父母同星曜化祿交拱於財帛，為福德權出加上表象宮化祿來會，父母宮也是後天學習位、表象宮，用知識賺錢且懂得包裝（遷移最強）；串連「事業成就運」呈旺者，容易「創造風潮」生財之道。

福德宮化權入疾厄宮

1. 強大的精神意志力量展現在疾厄宮，讓我充滿活力、好動、幹勁、抗壓性十足。
2. 很適合需要耐力、膽識的專業性工作，或具有挑戰性的工作。
3. 敢吃苦、敢享受。
4. 講究或重視「物質生活」。

福德宮化權入遷移宮—權出（照命宮）

1. 強大的精神意志力量展現在遷移宮，遷移就是大社會，表示膽識過人。
2. 好強、好勝、不認輸的性格展現出來，給人「好勝、愛面子、傲骨、自大、唱高調、臭屁（喜歡誇大炫耀，自以為是的樣子）」的印象和感覺。
3. 如果逢同星曜父母化祿來會，則容易愛慕虛榮、愛場面、重排場。
4. 如果逢忌，容易不平則鳴，或好勇鬥狠，盲目的正義感。個性激烈、壞脾氣。
5. 串連「家運、事業成就運、讀書運、運動家……」呈旺者，積極與進取。
6. 串連「家道不興」者，格局差，但防好高騖遠、眼高手低，常金玉其外，敗絮其中。

7. 福德化權，逢吉化串連呈旺者，代表學習上叫做精進、事業成就上非常積極、運動家上叫做心理素質強大。對抗壓力最強的四化象。

福德宮化權入交友宮

1. 在人際關係上強出頭、愛表現、好面子、愛出風頭、海派、豪氣，在說話間容易給人「臭屁」（喜歡誇大炫耀，自以為是的樣子）的印象和感覺。
2. 多交際、應酬。喜歡結交豪門貴族。防趨炎附勢、空泛虛榮。格局差，狗眼看人低、為虎作倀、傲慢失禮、死要面子。
3. 庫位權出（兄弟宮，是庫位，也是物質生活位），容易奢侈浪費。
4. 交友宮為競爭位，有利於各式各樣的競爭。格局高者，容易強龍壓地頭蛇。

福德宮化權入事業宮

1. 我非常積極於掌控工作上的相關事務，工作充滿幹勁，對工作有狂熱的態度。
2. 串連「事業成就運」呈旺者，容易創業。積極活力、幹勁十足，行動力強。
3. 父母同星曜化祿來會，防好大喜功、要面子、大手筆、炫耀、場面、重虛華排場。

4. 建立或學習專業、特殊技能、獨門生意。
5. 格局差，防好高騖遠、眼高手低。

福德宮化權入田宅宮

1. 容易在家強出頭，容易是長子格。
2. 對小孩是斯巴達式的教育。
3. 家庭充滿活力朝氣。容易事業開創興家旺宅、擴張產業。
4. 串連「家道興隆」呈旺者，祖上曾經有能者。祖父輩家宅興旺。對家（人、產）護持心強。
5. 講究物質生活、著重門面而開銷大。
6. 父母宮同星曜化祿來會，但防奢華太過。

福德宮自化權出－照財帛，力量減半

1. 福德自化權出是沒有原則的表現出我的精神意志的強大力量，因此容易不經意、不自覺、不看場面的表現出來，所以容易有自大、愛現、好面子，不自覺的自我膨脹、得意時的好大喜功，嚴重的話會有搞不清楚局面的情況。

2. 看似積極，容易五分鐘熱度、虎頭蛇尾、頭熱尾冷、堅持力續航力不足，或少了方向感。

福德宮化權入父母－權出

1. 福德權出於父母宮，精神意志展現強大力量在表達上，因此我容易展現活躍、傲骨、愛現、愛說「佔上風」的話、說大話的一面。

2. 逢同星曜化祿來會，愛慕虛榮。逢父母同星曜自化祿出，防好大喜功、要面子、大手筆、炫耀、場面、重虛華排場。

3. 逢忌，躁烈不遜、傲慢無禮、目無尊長。

4. 格局佳者，逢同星曜學習相關的宮位化祿來會，我會非常積極的學習、精進。

5. 格局佳者，擁有專業素養，則談吐有物，說話氣勢強，鏗鏘有力。

6. 格局佳者，求知慾望高；容易習得智慧、哲理。

7. 格局差者，容易貢高我慢、逞口舌快意、眼高手低、死要面子。

第三節 福德宮化科入十二宮

福德坐或化科，表示性格上的這一面向，呈現在生活上的是「恬淡安適、修心養性、平實無華、個性平和、不疾不徐」。比較注重生活上「內涵、品味、清靜」的面向。

化科，不能轉忌，必須「同星曜」逢祿或忌，才能隨著祿或忌來轉忌。表現好的一面，大多是逢「同星曜」化祿，串連呈旺，才能夠表現出下列所描述的特質。

逢「同星曜」化忌或坐忌者，為科忌糾纏，不破者，為執著又細膩。但如果是逢「同星曜」多忌呈破，則為牽扯不清、剪不斷理還亂、延宕壞事。

福德宮化科入命宮

1. 心性上比較會注重修心養性、個性平和、不疾不徐。
2. 生活上比較注重「內涵、品味」。
3. 物質上過得比較恬淡、平實無華。
4. 在工作或事業上追求平穩。
5. 在人際上，不喜喧囂，喜清靜。

福德宮化科入兄弟宮

1. 對人而言：我與兄弟相處重靈性層面和感覺，與兄弟有商有量。
2. 對錢的態度：理財是理智的，所以會量入為出，會記帳。經濟比較平穩。儲蓄、保險，備而少憂。
3. 物質生活比較平淡。
4. 對事業而言：工作平順。事業追求穩定。
5. 對體質而言：會養生、保健。

福德宮化科入夫妻宮—照事業

1. 就對感情的處理態度而言：對感情的追求是重氣氛和感覺的。
2. 以情緣的角度，容易情緣長久，緣斷情未了；逢相關宮位「同星曜」化忌來會，糾纏不清，舊情也綿綿；逢相關宮位「同星曜」化祿來會，羅曼蒂克。
3. 交往的過程，比較常去有文化氣息的地方約會。
4. 婚後當然比較會重視氣氛和感覺。
5. 福德是果報宮，科也主貴人，多得異性貴人，同時我也是異性朋友的貴人。

6. 與異性相處時，重視靈性層面的交集。

福德宮化科入子女宮

1. 對待小孩的態度：對子女講道理，重視靈性、文化教育。
2. 教育小孩的模式：民主式的教育。
3. 與小輩相處時，重視靈性層面的交集。

福德宮化科入財帛宮－直接科出

1. 對錢的態度：金錢慾望較平淡，生活上量入為出，也會記帳。
2. 對賺錢的態度：追求平穩，企圖心不大，容易是上班族的安穩。
3. 小額金錢週轉容易。

福德宮化科入疾厄宮

1. 對行為而言：身體的動作比較優雅、不疾不徐、慢條斯理。
2. 就健康而言：比較注重養生、生病時容易得良醫。

3. 性格表現：處事溫和、謹慎。

福德宮化科入遷移宮－科出（照命宮）

1. 就性格而言：靈性層面科出，修養、品味好的一面表現在外。
2. 處理事情的態度，比較容易心平氣和、涵養有比較好的一面，當然出外容易遇貴人。
3. 精神靈性層面，如果命盤組合宗教、玄學的緣好，可多接觸「宗教、哲學、心靈學」。
4. 遷移為福德的事業宮，我們稱為福運位。因此福德化科入遷移，為我有貴人相助，容易逢凶化吉。如果是「祿」，常禍不臨身。

福德宮化科入交友宮

1. 交友的態度：我與朋友往來重氣氛、感覺，是君子之交淡如水。
2. 就情緣來論：友情較為長遠，但沒有激情熱絡的現象，也不是手帕交（女）或換帖兄弟（男）。
3. 化科具有細水長流的特質，因此朋友容易失聯很久後，突然久別重逢。
4. 科主貴人：此貴人是發生事情時，有人幫忙。祿的貴人是我有福，常常是禍不臨身。得益友（朋友容易具溫良恭儉讓的特質）。

5. 與朋友相處時，重視靈性層面的交集。

福德宮化科入事業宮

1. 論做事的態度：慢工出細活，做事比較仔細、平穩。
2. 適合的工作方式：適合從事心靈、文化、哲學、休閒事業。
3. 「同星曜」化祿科交會，為精緻細膩；權科交會，工作上的應變開創加細膩；科忌糾纏，則敬業盡責又細膩（不破）；如果多忌串連呈破者，容易牽扯不清、剪不斷理還亂。

福德宮化科入田宅宮

1. 就居住環境而言：喜歡有書香氣息的居住環境，安靜優雅，不需要大，麻雀雖小五臟俱全即可。
2. 就對家人的態度而言：對家人相處平和，著重氣氛感覺。
3. 就理財而言：容易是計畫性的消費，量入為出。
4. 生活態度：不追求物質生活上的享受。家中常備不時之需（福德科入收藏宮，就會考慮得更多）。

5. 情感上：細水長流的情緣，與家人的情緣悠悠。

福德宮自化科出－照財帛，力量減半

1. 福德是靈性的宮位，主精神層面。因此心性常常表現出精神上的平淡、不伎不求、恬淡安逸、不喜歡虛華。
2. 心性平和、不疾不徐。
3. 福德為先天之福，後天之德，因此緊急時有貴人相助。
4. 福德也是性格宮位，自化科，有優柔寡斷的味道。

福德宮化科入父母宮－科出

1. 內在靈性特質表現於外，串連「性格宮、表象宮」多祿呈旺者，談吐優雅（父母為表達宮涵養宮），修養好、涵養好。
2. 性格有平和的一面。
3. 我對父母長輩恭恭敬敬，態度平和。
4. 串連「讀書運」呈旺者，我對讀書學習是有計畫性的讀書學習，按照計畫讀書學習。

第四節 福德宮化忌入十二宮

福德坐忌或化忌而出，都帶有〔憂疑、挑剔〕的思維、習氣、慣性，尤其是「太陰或巨門」忌，特別容易疑東疑西、疑神疑鬼，往壞處想，負面想法多。串連多忌忌出者，或是「遷移或父母」化忌來會，呈三忌以上者，口舌是非多，情緒EQ控管不佳。

化忌入福德者，容易帶給自己緊張焦慮的特質，尤其是「文昌或文曲」忌，特別容易神經緊張緊繃、焦慮不安、神經敏感。

忌的態度是專注的，福德所化的忌，必然引發「貪、瞋、癡、慢、疑」五毒，只是輕重有別而已。

如何減輕忌的力量：蟄伏、慈悲喜捨、佈施造福，上述方法就是在訓練自己慢慢的一點一滴放下執著。

福德化忌為我偏激的執著於何人事物，為此人事物產生非理性的付出，且具有強烈的分別心。我非常在乎A宮之人事物，容易不夠理性的對A宮之事付出。此種在乎與付出，往往具挑剔、憂疑的性格傾向。

多忌串連容易產生愛之欲其生，恨之欲其死的現象。尤其是串連「太陰或巨門」加「廉貞或貪狼」。

福德宮化忌入命宮－沖遷移

1. 憂疑挑剔自己的想法，所以個性難免早熟，孩提時常說大人話。個性往往憂疑太過而自尋煩惱，給人一種「龜毛」的印象和感覺。
2. 做任何事情難免過於龜毛、吹毛求疵。
3. 容易天不從人願、心想事不成、事與願違。
4. 容易心情不開朗，多憂愁煩惱，或有庸人自擾。縱使格局佳，也多竭盡智能、多苦勞少功勞。簡單講，就是想太多了。
5. 串連「家道不興」者，禁賭、投機，少妄想不勞而獲。
6. 串連「性格宮」加上「福德」化忌或化忌轉忌串連「武曲」正財星者，重視金錢，串連「性格宮」越多忌越嚴重。
7. 串連「性格宮」加上「福德」化忌或化忌轉忌串連「廉貞或貪狼」多忌呈破者，容易意亂情迷、貪花戀酒，或沉迷「賭、毒」。
8. 串連「健康宮位」多忌呈破者，容易引發宿疾，病痛折磨、業力糾纏。福德化「太陰或巨門」

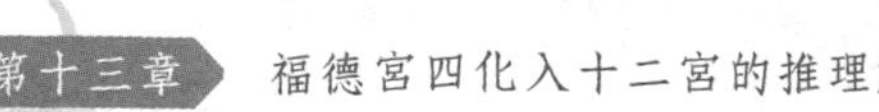

忌者，容易招陰。

9. 化「天機或貪狼」忌者，逢根器性格宮「福子遷夫命疾」化祿來會呈旺者，宗教上苦行修持、身心合一。

10. 梁師云：命三方，祿、權（陽化）喜照不喜坐。照（陽中之陽宮）則生發開展，可以起而行的發揚於外；坐（陽中之陰宮）則自負自得，容易坐而言的空談於內。反之，科、忌（陰化）當然喜坐不喜照。換句話說，祿、權喜其入福德三方，而科、忌則欲其坐於命三方。

福德宮化忌兄弟宮－沖交友

1. 論兄弟關係，我容易是長子格，我會非常主動照顧兄弟，屬於偏狹的疼愛照顧兄弟。串連多忌，是惡緣的兄弟關係，一種窒息的愛，讓兄弟承受極大壓力，讓人喘不過氣來。但一個忌，反而是一種執著，對兄弟而言是被照顧。

2. 憂心或操心兄弟，對兄弟的期望上，天不從人願，或事與願違。容易為兄弟煩惱、為兄弟傷神、為兄弟不如預期而難過，一籌莫展。

3. 我非常在乎我的事業成就，而願意為事業成就付出，所以我是一個非常敬業的人，我在工作上容易事必躬親，對工作上的是龜毛挑剔、多憂多腦，易不順心。我容易加班、兼職、兼差創業。

4. 憂心或操心事業成就，對事業成就的期望上，天不從人願，或事與願違。容易為事業成就或資金週轉而煩惱、為事業成就或資金周轉而傷神、為事業成就發展不如預期而難過，一籌莫展。簡單講，就是想太多了，尤其是為了兄弟或媽媽。

5. 忌入收藏三方，沖交友，會比較顧自己，比較安靜守份，少社交活動。福入收藏宮，捨不得將自己的福分享出去，容易私心比較重。

6. 我非常在乎我的體質健康，願意為其付出，不理智的愛身體。尤其是化忌入疾厄更明顯。

福德宮化忌入夫妻宮－沖事業

1. 非常在乎配偶，而願意為配偶付出。一個非常執著於感情的人，有配偶時會緊盯著配偶、照顧配偶、疼配偶，串連「性格宮」多忌呈破者，容易是一種窒息的愛；沒有配偶時會非常想要有，容易因感情而沖事業，容易先成家後立業。

2. 憂心或操心夫妻，在感情或婚姻上，天不從人願，或事與願違。容易為感情或婚姻煩惱、為感情或婚姻傷神、為感情或婚姻的不如預期而難過，一籌莫展。簡單講，就是想太多了，尤其是為了配偶或婚姻。

3. 容易家運不興，果報傷到家運位，冲事業運（忌為斂藏，家運縮水了，故曰家運不興，當然必須串連三忌以上）。

4. 我非常在乎配偶之人事物，容易不夠理性的對配偶之事付出。此種在乎與付出，往往具挑剔、憂疑的性格傾向。多忌串連容易產生愛之欲其生，恨之欲其死的現象。尤其是「太陰或巨門」串連「廉貞或貪狼」多忌呈破者，易形成恐怖情人的現象。逢「同星曜」的權，格外強烈。

5. 容易沉迷於某個特定對象的異性。串連「家道不興」者，加上福德化「廉貞或貪狼」忌，又串連「性格宮」多忌呈破者，容易執迷桃花而破婚姻，嚴重者拋夫（妻）棄子。

6. 梁師云：凡任何人事問題，化忌命宮、疾厄、福德三宮者，皆主其「債」，容易糾纏煩累不得休。

福德宮化忌入子女宮－冲田宅

1. 非常在乎子女，而願意為子女付出。過度疼愛小孩，家教失當，多偏頗執著的操心子女，容易變成寵溺小孩。串連「家道不興」者，容易是惡緣的，是一種窒息的愛，帶給孩子極大的壓力，使孩子容易出現緊張焦慮的現象。

2. 憂心或操心孩子，對孩子的期望上，天不從人願，或事與願違。容易為小孩煩惱、為孩子傷神、為孩子的不如預期而難過，一籌莫展。簡單講，就是想太多了，尤其是為了孩子。

3. 非常在乎、用心在合夥事業上，但通常是天不從人願，事與願違的不成功。沖田宅，容易合夥破財。

4. 沖田宅，在家待不住。

5. 健康較差，性生活公式化，品質不佳，沒有縱慾的本錢。若是串連「廉貞或貪狼」忌，容易太過執著情慾。

6. 化「廉貞或貪狼」忌，串連「性格宮」多忌呈破者，再串連「父母或遷移」化「太陰或巨門」忌者，容易染上特殊性癖好性嗜好，或沉迷色慾而無法自拔。

7. 化「天機或貪狼」忌者，逢根器性格宮「福子遷夫命疾」化祿來會呈旺者，宗教上的慈悲喜捨，大慈大悲。

8. 福德化忌入交友三方者，很願意將自身的福份享出去。尤其是化「天機星」忌，逢根器性格宮「福子遷夫命疾」化祿來會呈旺者。

福德宮化忌入財帛宮－直接忌出（回沖福德）

1. 非常在乎錢，而極願意為錢付出。我非常愛錢，我會非常努力賺錢，辛苦賺錢，容易像守財

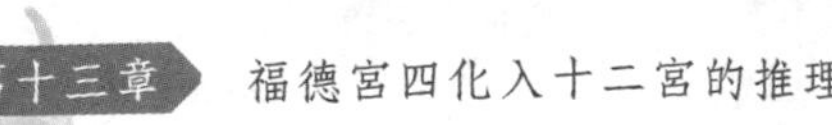

奴式的斤斤計較。尤其是化「武曲」忌。武曲是正財星。偏執小器量。

2. 憂心或操心錢財，對錢財的期望上，天不從人願，或事與願違。容易為錢煩惱、為錢傷神、為錢難過，一籌莫展。

3. 賺錢的領域上，天不從人願，或事與願違、不如預期。

4. 福德化忌入命三方者，如果所從事的行業不是自己的興趣，很容易產生職業倦怠。

5. 為了興趣嗜好花錢。執一而棄萬的興趣變化、不合喜好則少耐性。串連「家道不興」者，容易性格狹隘、偏執算計，而親疏朋離。如果投機好賭、嗜財算計，易招惹孽禍。

6. 福德忌出，脾氣不好，沒耐性，情緒起伏大。被踩到紅線時，易怒。尤其忌出逢權，串連「性格宮」多忌呈破者，容易暴怒，翻臉比翻書還快。

7. 福德忌出，串連「家道不興」又串連「健康相關宮位」大破者，薄福、損福。慎防災厄、殘傷、損壽。

8. 梁師云：財帛忌入福德是偏慾的重享受，財帛祿入福德是有福而很享受。財帛祿入福德，雖可以很享受而吉，但仍然不如福德祿入財帛的——上帝會滿足你的金錢需求。

福德宮化入疾厄宮

1. 非常在乎身體，而願意為身體付出。會非常在意我的身體健康，願意為其付出。

2. 個性龜毛。化「太陰」忌，愛乾淨有潔癖、愛美整形。沖父母，父母為交友三方，所以難免有孤獨癖性。

3. 不容易相處，只喜歡找臭氣相投的朋友（疾厄－交友的福德）。

4. 福德化「貪狼」忌，逢「命宮或疾厄」化祿來會，容易有蒐集某種物件的癖好，享受其中的樂趣，或沉迷或沉醉於其中。如果串連「家道不興＋性格宮」多忌呈破者，容易玩物喪志。

5. 格局差，玩物喪志、焦慮自殘、偏執孤僻、沉迷嗜好等，或有荒功廢業、自陷孽禍、自閉、過動而不好相處。

6. 我的身體得到性格的忌，肉體就會斂藏起來（縮水了），所以必須勞碌肉體才會縮水，所以容易格外勞碌，類似生年忌為債，所以是事來找我做，或者我會糾結在某些事上面，搞得自己忙碌不堪，是一種忙碌不得閒的現象，閒下來就像生病。

7. 容易有業力病纏身，有病會折磨較久才能痊癒。

8. 工作場域比較窄小，環境較差。容易退而不休，主動找事做。

9. 化「天機或貪狼」忌者，逢根器性格宮「福子遷夫命疾」化祿來會呈旺者，宗教上苦行修持、身心合一。

福德宮化忌入遷移宮－忌出（沖命宮）

1. 福德宮化忌入某宮為我執著的點，忌出反而不主執著，而是棄守執著。因此反而是不在乎世俗的眼光。所以脾氣快直不討好、衝動。或者執一棄萬的偏狹個性。耐性非常差。
2. 福德化忌入遷移逢權，且串連「性格宮」多忌呈破者，容易偏激躁烈，個性愛恨激烈、衝動、暴戾、殘忍。串連「太陰或巨門」忌者，容易招惹是非、遭災引禍。加上串連「廉貞」忌，容易有官非訴訟，若再串連「家道不興」，甚至牢獄之災。
3. 個性浮躁、怨天尤人，少深謀遠慮，容易壞大事。少思維、憑感覺、直接了當。
4. 遷移為社會際遇、資源，化忌主收斂，因此社會際遇差，出外無貴人，出外常有阻礙，容易天不從人願。
5. 處世應對能力差，脾氣快直不討好。
6. 福德化忌入遷移，驛馬無貴人。驛馬緣動（屬於奔波勞碌驛馬），轉忌與「田宅或疾厄」交忌串連，為長期或遠途的奔波勞碌驛馬，往往白忙一場。轉忌入「子女或父母」，為短程驛馬或短期來回驛馬，空勞驛馬。
7. 福德忌出，福薄、折福。串連「家道不興」大破者，容易有災厄、業力病、損壽、孤寡、怨尤、不如人意。最好簡約惜福、修心養性。

8. 果報宮「遷移、福德、夫妻」，串連「家道不興」呈破者，勿賭、投機，沒有撿便宜的，沒有天上掉下來的，如果有，就是災難了。

9. 化「天機或貪狼」忌者，逢根器性格宮「福子遷夫命疾」化祿來會呈旺者，修行者的無緣大慈、同體大悲。小器量，最宜修持德行。此即福德的「忌出」，不能忍。非善即惡。

福德宮化忌入交友宮－沖兄弟

1. 非常在乎交友，而極願意為交友付出。因此我是一個極重情重義的人，容易為朋友捨得花錢「沖兄弟庫位」。

2. 福德化忌入交友，是一種偏激的執著，往往為朋友兩肋插刀死而後已。超乎常人的重情重義，常常因此而受害，因為容易交到損友。

3. 怕孤獨、寂寞。命疾福化忌入交友三方者，都有類似的象義。因為都會主動關心、照顧朋友，為朋友勞心勞力。但或帶偏執、或憑感覺的人際對待。偏執的用情。偏執小器量。

4. 為什麼會說「偏執小器量」呢？因為福德所化的忌或坐忌，都有一種狹隘的偏執，屬於自己專屬的興趣嗜好，就像要打開一扇鎖著的門，只有找到鑰匙才能開得了門，而福德化忌或坐

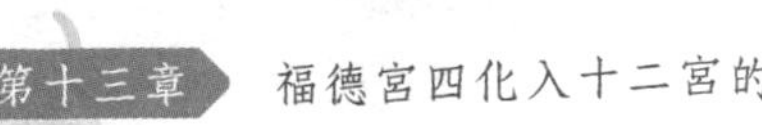

忌，就是這個鑰匙孔，只有某個執此鑰匙的人才可以打開他的心扉，其他人一概拒於門外。

5. 喜歡結交癖好相同的朋友。串連「家道不興+性格宮」呈破者，容易交往的朋友是癖好以聚，垃圾成堆、物以類聚。多偏執性的人際交往。

6. 非常不利競爭考試。例如憂心考試，對考試有過多的期望，天不從人願，或事與願違。容易為考試煩惱、為考試傷神、為考試的不如預期而難過，一籌莫展。簡單講，就是想太多了，尤其是為了考試。

7. 化「天機或貪狼」忌者，逢根器性格宮「福子遷夫命疾」化祿來會呈旺者，修行者的無緣大慈、同體大悲、無畏佈施。

福德宮化忌入事業宮－沖夫妻

1. 非常在乎事業，而極願意為事業付出。所以是非常敬業的人，事必躬親。容易專注事業而忽略感情的經營，冲夫妻。

2. 對工作非常龜毛，尤其是化「太陰」忌者。性格狹隘、偏執的處事態度，工作表現叫好不叫座。小器量。龜毛自擾。

3. 福德化忌入賺錢的相關宮位，如果做自己不感興趣的行業，很容易產生職業倦怠。逢祿，很適合專注、研發的工作。

4. 串連「事業成就運」多忌呈破者，容易入錯行、用錯心，失望、挫折、天不從人願等諸多困擾或事倍功半。

5. 憂心工作相關事務，對工作有過多的期望，天不從人願，或事與願違。容易為工作煩惱、為工作傷神、為工作的不如預期而難過，一籌莫展。簡單講，就是想太多了，尤其是為了工作。

6. 串連「事業成就運＋父母」大破者，最好成為一名「獨立自由工作者」，建立自己的專業技能，配合個人的獨特魅力，做自己有興趣的工作，會順心如意。

7. 化「天機或貪狼」忌者，逢根器性格宮「福子遷夫命疾」化祿來會呈旺者，可以從事藝術、美學、才華、心靈、宗教、精神、文化事業。

8. 福德是精神宮，沖夫妻宮，沖婚姻，容易婚姻貌合神離，或是太過專注在工作上，而疏忽了婚姻的經營，導致夫妻間的感情變淡了。

9. 梁師云：命三方「祿、權」入福德三方雖言其吉，但仍不若福德三方「祿、權」入命三方之「福至天成」。

10. 反之福德三方「忌」入命三方的耿懷計較，還不如命三方「忌」入福德三方的「執一專精」。

福德宮化忌入田宅宮－沖子女

1. 非常在乎田宅，而極願意為田宅付出。表示我是一個極為顧家的人。
2. 容易是長子格，我為家庭多憂惱。容易偏狹的袒護自家人。
3. 容易有偏執的叮嚀、嘮叨，與家人不好相處，化「文曲」忌，特別嘮叨。化「太陰或巨門」忌，潔癖難相處，負面想法太多，引發口舌是非。
4. 田宅為收藏宮，「性格宮」化忌入收藏宮，都有沉穩內斂的性格特質，福德化忌最為明顯，所以城府會很深，難免的私心就會比較重。若是化「武曲」忌，容易是鐵公雞。
5. 防親疏朋離、為富不仁。格局差，防老運孤獨或長久疾病。
6. 梁師云：最宜修習仁慈、智慧、哲理（福固不可入收藏宮，福藏則無德可言）。
7. 個性自私自利、狹隘偏執、思慮過度或工於心計的老狐狸（沖交友三方）。
8. 串連「性格宮」多忌呈破者，尤其串連「太陰或巨門＋廉貞或貪狼」者，容易有長久難戒的不良嗜好、玩物喪志的惡習、特殊癖性（入收藏宮）。
9. 福德為先天之福，容易家庭緣較差。家庭經濟不寬裕。祖蔭不佳的一面。
10. 生活環境不佳，磁場不佳，需改善光線與通風。祖德無芳、家宅欠寧。
11. 梁師云：凡福德忌入田宅三方者，防放不下心或思慮過度，乃偏執之礙、狹隘有餘。

福德宮自化忌出－沖財帛（力量減半）

1. 福德化忌為我偏激的執著於何人事物，為此人事物產生非理性的付出。
2. 福德坐忌常操煩、自尋煩惱。我愛憂疑、挑剔，所以不能隨緣自在、隨遇而安。
3. 福德自化忌出，可以莫名地把（福德坐忌）的現象表現出來，或者是漫不經心、不經意又不自覺的、不會看場面的把（福德坐忌）的現象表現出來。所以就有莫名的煩惱在心頭，給人「多愁善感」的印象和感覺。
4. 對興趣嗜好享受的事，執著沒兩下，又沒興趣了。自化忌出有反覆無常，或反反覆覆，或快速之意。
5. 總是耐性不足，或不夠堅持。逢他宮「同星曜」化祿來會，祿隨忌走，祿忌成雙，得了便宜還賣乖，容易結怨生仇。
6. 串連「意外格」呈破者，福不足，易有災厄。
7. 學習佈施造福，隨順因緣。

福德宮化忌入父母宮－忌出（沖疾厄）

1. 福德宮化忌入父母，為我非常在乎父母，而極願意為父母付出。我是極孝順的人或愚孝之人。

2. 我是非常愛讀書的，會非常認真讀書，但必須一步一腳印。容易天不從人願地讀不好書，或是書呆子，如果是天機化忌，容易鑽牛角尖。

3. 福德忌出沒耐性，串連「家道不興、性格宮」大破者，很沒有耐性，容易頂撞長上。

4. 串連「家道不興、性格宮」大破者，忌出逢權，格外激烈，個性偏激躁烈、出言不遜、不學無術。愛恨激烈。不愛念書、不受教。斯文掃地。偏執小器量。

5. 沒有相關宮位化祿來解，容易厭惡繁文縟節、不愛禮教束縛。潔癖、愛美、癖性等空勞忙。

6. 衝動，情緒不穩定，串連「（太陰或巨門）＋（廉貞或貪狼）」忌，容易衝動下做出違背社會道德與離經叛道的思想、行為。

7. 如果是與人金錢往來，容易吃虧。我宮忌入他宮必為失。要謹慎處理文書契約等事（文書宮）。容易週轉失靈而失去信用。

8. 福德忌出，容易憂愁寫在臉上。

9. 沖疾厄，運限差時，病痛傷身。

10. 化「天機或貪狼」忌者，逢根器性格宮「福子遷夫命疾」化祿來會呈旺者，慈悲喜捨。

第十四章

父母宮四化入十二宮的推理解釋

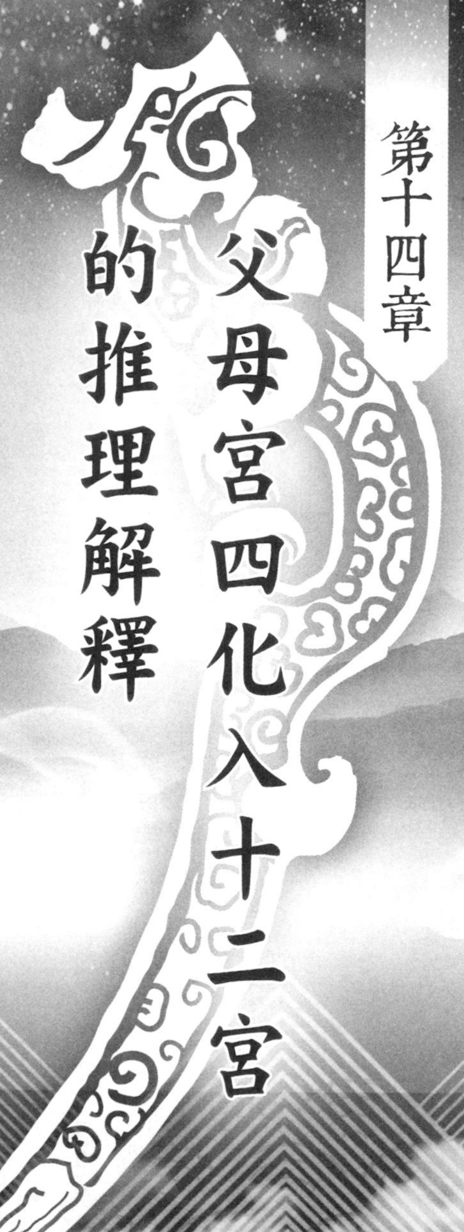

第十四章 父母宮四化入十二宮的推理解釋

第一節 父母宮化祿入十二宮

父母宮，是遷移的共宗六位，因為遷移宮的強大，往往被忽略了。是被低估的宮位，也會在未來的世界扮演著越來越吃重的角色，請務必好好研究它。

父母宮的宮位象義很多元，包羅萬象，但我們所知與運用極少。對演藝人員來說，它是表達、表演的技巧能力宮位；對作家而言，它是讀書、寫作的文書宮；對某些專業人士來說，它是學習、專業的知識宮位；對從事居家護理的人或從事銀髮族相關業的企業家而言，它是銀髮族客戶及相關產業。

未來世界的最大族是銀髮族，有人就有市場，所以未來銀髮族的相關產業會越來越蓬勃。

金融產業，隨著社會越來越資本化，金融產業舉足輕重，父母宮是銀行位、金融相關產業。

文化相關產業、銀髮族相關產業、金融相關產業、租賃錢莊當鋪相關產業、國營企業、政府相關產業、專利申請等。

父母遷移都是表象宮，所以發展事業或生意時，可以做廣告行銷，有利於業績的提升。父母屬於交友三方，要以在地客為主要訴求。遷移宮是廣大的社會因緣，以陌生人、外地客為主要訴求。

父母宮化祿入命宮

1. 父母為化出宮，表示主動宮位。命宮為化入宮，為被動接收宮位。表示父母是我福，父母庇蔭或福蔭我的意思。對我而言，父母開明。
2. 化祿的推理象義：生發、有緣、喜悅。化祿的態度是寬容的、不計較的、多元的、活躍的、互惠的。
3. 父母化祿而出，表示父母的人事物主動帶著生發有緣喜悅，福澤於化入宮。
4. 父母宮的人事物帶給我（命主）快樂：
   - A. 人：我得到父母、或長輩、或師長、或上司老闆、或政府機關的庇蔭幫助。
   - B. 事：學習帶給我快樂，所以在學習上容易領悟如意，我有聰明的一面，容易多學習，所以容易見多識廣。

C. 物：文書。代表我在文書上如意順遂。

5. 老闆或上司的緣好，有利於受提拔而升遷。

6. 讀書學習是一件快樂的事。聰明容易領悟，心想事成。

7. 政府機關的緣好。利於公職，利於與公家機關打交道。

8. 父母是交友財，所以容易週轉方便。貸款容易。

9. 父母是修養宮、涵養宮，祿入命宮，修養、涵養會漸進式如意順遂，心境上容易樂觀，自我調適。

10. 串連「事業成就運」呈旺者，利於升遷。遇到好長官、上司。容易長輩（長官）提攜。

11. 串連「事業宮」串連呈旺者，學習、念書、考證照等考試。與公職較有緣。專業涵養可生財。

12. 串連「事業成就運」呈旺者，適合以銀髮族為業務對象的生意，適合經營發展「銀髮族相關產業」的事業。

13. 串連「事業成就運」呈旺者，適合經營發展「文化相關產業」的事業。

14. 年輕時容易有忘年之交的年長朋友。

15. 串連「命疾福遷」呈旺者，配偶的家人跟我的關係很好。

父母宮化祿入兄弟宮

1. 父母比較親近我的兄弟，與我兄弟的感情比較好。
2. 兄弟為收藏三方，是我生活周遭的環境，所以我與叔叔、伯伯往來較頻繁。
3. 我與朋友或銀行常有金錢往來，信用好，金錢調度方便。
4. 兄弟為事業成就位，所以有利於廣告行銷，可以加強廣告行銷，有利於銷售業績的提升。
5. 串連「命疾福遷」呈旺者，配偶的家人對我的事業成就或經濟很有幫助。

父母宮化祿入夫妻宮—照事業

1. 父母庇蔭我婚姻，祝福我的婚姻，或促成我的婚姻。
2. 父母對婚姻、感情的看法很開明。父母對我的配偶很好，與我的配偶投緣，所以婚後可與父母同住。但要記住〝忌先行〞，要先規避風險，所以如果有離婚格者，最好不要與父母同住，反而感情會好。
3. 串連「命疾福遷」呈旺者，親家呵護婚姻。
4. 父母是文書宮，表示我的婚姻是明媒正娶的，名正言順。

5. 照事業，表示利於升遷。

父母宮化祿入子女宮

1. 我的父母寵愛我的子女，表示祖孫關係好，含飴弄孫。父母對小孩的教育教養、看法態度開明。
2. 父母為表達宮，表示我在教育小孩時，用字遣詞得體，給小孩的觀感好、形象好，謙恭有禮。
3. 父母是表達宮，化祿是親和的表達模式。化權是訓誡。化科是溫和的表達，言教重於身教，民主式的，講道理的。化忌是拙於表達，容易不得要領，疾言厲色，形象較差。
4. 我的子女容易遇到好的師長。
5. 串連「命疾福遷」呈旺者，配偶的家人跟我的關係很好，與孩子們關係互動很好，主動疼愛、關心照顧我的小孩。

父母宮化祿入財帛宮

1. 我的父母給我用錢方便，所以我小時候零用錢多。
2. 父母為交友財，我與朋友或銀行常有金錢往來，信用良好，金錢調度方便。

3. 父母資助我錢財。
4. 我適合以銀髮族為客戶對象的行業。
5. 適合從事現金生意、四方來財。
6. 串連「命疾福遷」呈旺者，配偶的家人跟我的關係很好，常有金錢往來。

父母宮化祿入疾厄宮－直接祿出

1. 父母常親近我，讓我感受到親情的溫暖，帶給我快樂。
   A. 人：我得到父母、或長輩、或師長、或上司老闆、或政府機關的庇蔭幫助，這些長者通常是常親近我的人。
   B. 事：學習帶給我快樂，輕鬆如意，容易多學習。
   C. 物：文書。代表我在文書上輕鬆如意順遂。
2. 我的長輩緣很好，長輩喜歡親近我，容易與長輩相處在一起。
3. 若有串連田宅，表示父母旺家運。
4. 常親近我的老闆或上司的緣好，與老闆或上司相處融洽，老闆或上司主動親近我，所以我容易受老闆或上司提拔而升遷。

5. 讀書學習是一件快樂的事，輕鬆寫意。

6. 政府機關的緣好，從事與政府機關有關的事務，最好親自去辦理，容易輕鬆如意順利。

7. 父母是交友財，所以容易週轉方便。

8. 父母是修養宮、涵養宮，祿入疾厄，修養、涵養會漸入佳境，心境上容易放下或輕鬆。

9. 串連「命疾福遷」呈旺者，配偶的家人跟我的關係很好，常親近往來。

父母宮化祿入遷移宮－祿出（照命宮）

1. 父母外緣好，開明識大體，容易在社會上有身分有地位，社會資源好庇蔭我。

2. 我的老闆或上司外緣好，開明識大體，容易在社會上有身分有地位，提拔我。

3. 我容易結交到的長輩，容易是外緣好、開明識大體，容易在社會上有身分有地位，或德高望重者。忘年之交。

4. 我的修養涵養好、為人有禮貌、在社會上形象好、親和力強、表達得體。也善於自我調適。

5. 讀書學習領悟力高，容易學歷好、世故練達，能創造立足社會的好條件；容易高職、高薪。

6. 利於念書、升學、證照等考試。利於公職、升遷。也適合文化工作者、慈善事業。

7. 記性特佳，可以見多識廣。

8. 串連「命疾福遷」呈旺者，配偶的家人容易是當地有名望的家族，對我的幫助很大，跟我的關係很好，容易是我的貴人。

父母宮化祿入交友宮

1. 父母開明，與我的朋友可以打成一片。
2. 我有年長的朋友。
3. 交友為考試競爭位，父母化祿入交友，有利於考試競爭。
4. 我的修養、涵養、形象、表達帶給朋友快樂，所以我容易喜歡說圓融好話。外表、形象在人際間蠻好的。
5. 串連「命疾福遷」呈旺者，配偶的家人跟我像朋友一樣，跟我的關係很好。

父母宮化祿入事業宮

1. 父母庇蔭幫助我在工作的推展順遂。
2. 容易獲得長官、老闆、上司的關心和提攜，或父母、長輩的幫忙。有利於升遷。
3. 事業宮為我工作的能力、表現、狀態，父母是政府機關，所以有利於考取證照、或公家機關任職、或有利於從事與公家機關相關業務。

4. 父母是讀書學習位，在讀書的過程是按部就班地像工作一樣，或者容易學以致用，或以未來執業的方向為讀書目標。

5. 串連「廉貞、貪狼」才華星呈旺者，父母為文書宮，也適合文化工作者，或者文創業者。

6. 串連「命疾福遷」呈旺者，配偶的家人跟我的關係很好，對我的工作很有幫助。

父母宮化祿入田宅宮

1. 父母庇蔭我幫助我的家庭、財產。幫助我置產，或者幫助我生活上之所需。

2. 父母帶給我的家庭快樂，或親近我的家庭。父母如果住在我家，父母開明，和樂同堂，家教明理。

3. 父母親近家族的人，父母比較熱衷於家族間的往來，或宗族的長輩多往來。

4. 父母為交友財，我容易貸款置產。田宅化祿入父母，容易全額置產，不用貸款。

5. 父母為文書宮，化祿入田宅，表示家庭文風鼎盛，家族容易出有學問者。

6. 父母為夫妻的田宅，表示親家、姻親多往來。

7. 串連「命疾福遷」呈旺者，配偶的家人跟我的關係很好，對我在經濟上很有幫助。

父母宮化祿入福德宮－照財帛

9. 父母與我是善緣的，相處融洽，與長輩投緣，長輩看到我就歡喜。容易有忘年之交。

A. 人：我得到父母、或長輩、或師長、或上司老闆、或政府機關的主動庇蔭幫助，不求自得。

B. 事：學習帶給我快樂，輕鬆如意，心想事成，如願以償，容易多學習。

C. 物：文書。代表我在文書上輕鬆如意順遂。

10. 父母宮相關的人事物、相關的產業，主動來庇蔭我、幫助我，帶給我如意順遂，是善緣的、不求自得的。

11. 老闆或上司與我投緣，喜歡我、庇蔭我、幫助我，有利於受提拔而升遷，往往不求自得，最佳辦法是，不爭是爭，水到渠成。老子：不自見，故明；不自是，故彰；不自伐，故有功；不自矜，故長；夫唯不爭，故天下莫能與之爭。

12. 讀書學習是一件快樂的事，學習無礙順暢如意。聰明容易領悟，心想事成，思想成熟。多讀聖賢書，樂智利慧，善於運用知識自我調適。

13. 父母是修養宮、涵養宮，祿入福德，修養、涵養會水到渠成，心境上容易隨緣自在，自我調適。

14. 公家機關的緣好。利於公職，利於與公家機關打交道。

15. 父母是交友財，所以容易週轉方便。貸款容易。

16. 串連「事業宮」呈旺者，有利於考取證照、學以致用、公職。

17. 串連「事業宮＋事業成就運」呈旺者，有利於接政府機關的生意、金融相關產業、銀髮族相關產業、租賃業、錢莊當鋪、國營企業、專利申請。

18. 交友三方化祿入命疾福，都有喜歡聽好聽的話，尤其是祿入福德。福德是享受位。

19. 串連「命疾福遷」呈旺者，配偶的家人跟我的關係很好，很投緣。

父母宮自化祿出

1. 自化祿出，為沒有原則，表示漫不經心，在不知不覺中、不經意且不分場合的表現出好的一面，有浮誇之意。且有變動快速之意。因此對父母好的態度容易流於表面功夫，緣份虛浮，中看不中用，父母在生活上自給自足。

2. 有善於表達、溫和、親和的一面，容易流於表面功夫，皮笑肉不笑，有口無心。

3. 容易讀書、學習聰明有餘而用心不足，未盡全力、不求甚解。

4. 串連「命疾福遷」呈旺者，配偶的家人跟我的關係很好，但容易流於表面。

第二節　父母宮化權入十二宮

父母宮化權入命宮

1. 父母對我的管教甚嚴。或師長對我要求較高。
2. 父母、長輩、老闆、上司成就我，提攜我，有利於我的升遷。
3. 父母為學術上的學習，化權入命，學術成就我，所以在專業涵養上有利於立足社會，所以最好學有專精，建立自己的專業。
4. 有利於讀書、學歷、考證照、公職。有利於與公家機關生意往來。
5. 父母為夫妻的田宅，容易得到配偶的家人的助力成就我。

父母宮化權入兄弟宮

1. 父母對我的兄弟管教甚嚴。
2. 父母成就我的兄弟。
3. 長輩、老闆、上司成就我的事業，提攜我，在事業發展上容易獲得提拔。
4. 父母為交友財，所以我容易獲得大額的銀行貸款，或者長輩對我經濟上很有幫助。

5. 父母為夫妻的田宅，配偶的家人庇蔭我的事業或經濟。

父母宮化權入夫妻宮－照事業

1. 父母干涉、促成、左右、主導我的婚姻。
2. 串連「事業成就運」呈旺者，父母化權入夫妻照事業，我容易獲得父母、長輩、老闆、上司幫助我在工作或事業上的發展。
3. 串連「命疾福遷」呈旺者，我容易獲得配偶的家人幫助我在工作上的發展。
4. 因為父母化權干涉我婚姻，所以容易公證結婚，尤其是會忌。會忌，容易有阻礙。

父母宮化權入子女宮

1. 父母對孩子管教甚嚴。
2. 容易訓誡小孩。
3. 父母是表達宮，化祿是親和的表達模式。化權是訓誡。化科是溫和的表達，言教重於身教，民主式的，講道理的。化忌是拙於表達，容易不得要領，疾言厲色，形象較差。
4. 孩子容易遇到嚴格的師長。

5. 串連「命疾福遷」呈旺者，配偶的家人跟我的關係很好，幫助栽培孩子。

父母宮化權入財帛宮

1. 我小時候，父母給我的零用錢很多。
2. 容易遇到的老闆或上司成就我的收入好，幫我加薪。
3. 我容易與朋友有大筆金錢往來，或銀行貸款，信用良好。
4. 我可從事銀髮族的相關事業。
5. 父母為交友財，我可以從事受委託金融理財的相關業務。
6. 親家蔭我收入好。
7. 父母為學術上的學習，化權入命三方，學術成就我的收入，所以在專業涵養上有利於立足社會收入好，所以最好學有專精，建立自己的專業。
8. 交友三方化權入財帛，均有利於高價位的產品銷售。父母、遷移為形於表的宮位，化祿權入命三方者，可以從事高格調的產品銷售。
9. 串連「命疾福遷」呈旺者，配偶的家人跟我的關係很好，對我的財務很有幫助。

父母宮化權入疾厄宮－直接權出

1. 疾厄是身體的我，父母會管我，或干涉我的行動，或緊迫盯人。
2. 以讀書立場想，我會較拼，比較有活力，所以抗壓性比較強。
3. 以面子立場想，我會不低頭，意志力比較強。
4. 父母為讀書宮、涵養宮，讀聖賢書，容易守為分明（權出）。
5. 串連「命疾福遷」呈旺者，配偶的家人跟我的關係很好，幫助我。

父母宮化權入遷移宮－權出（照命宮）

1. 串連「家道興隆」，父母的成就好、地位高、社會資源豐厚，庇蔭我、成就我、幫助我。
2. 串連「讀書運」呈旺者，有利於念書、考試，公職、升遷、證照取得。以其權出，格局好，容易表現出色。
3. 串連「讀書運」呈旺者，父母權出，容易擁有高學經歷、學有專精，容易受老闆或上司的提拔升遷，當然就容易高職、高薪。
4. 串連「讀書運或事業成就運」呈旺者，則術德兼修，遷移坐祿（生年祿或命祿），為人處世圓融，親和大方，說話鏗鏘有力。

5. 會忌：則說話臭屁老是喜歡佔上風，或出言傲慢、說大話、修養差。遷移有忌，耿直，拙於處世。逢權則衝動粗枝大葉。

6. 串連「命疾福遷」呈旺者，配偶的家人在社會上的成就好、地位高、社會資源豐厚，庇蔭我、成就我。

父母宮化權入交友宮

1. 父母干涉、約束我的人際交往。
2. 串連「家道興隆」者，父母於人際間德高望重，或父母交往的人際素質頗高。
3. 串連「命疾福遷」呈旺者，則我在人際間術德兼修，交友坐祿（生年祿或命祿），得人氣。
4. 串連「命疾福遷」呈旺者，容易有術德皆好的忘年之交，或術德誨人。
5. 會忌：則我在人際間說話臭屁老是喜歡佔上風，或出言傲慢、說大話、修養差。遷移有忌，耿直，拙於處世。逢權則衝動粗枝大葉。
6. 串連「命疾福遷」呈旺者，父母也是處世應對宮，還蠻能掌握人心的，父母化權，有觀察力敏銳的一面。但沒有遷移化權來得渾然天成。

父母宮化權入事業宮

1. 我容易獲得父母、長輩、老闆、上司庇蔭，助我在工作上的發展。利於升遷。
2. 父母為學術上的學習，化權入命三方，學術成就我，因此在專業涵養上有利於立足社會，所以最好學有專精，建立自己的專業。
3. 有利於讀書、學歷、考證照、公職。有利於與公家機關生意往來。
4. 父母為夫妻的田宅，串連「命疾福遷」呈旺者，容易得到親家的助力成就我在工作上的發展。
5. 容易學以致用、學有專精，高學（經）歷，可以高職位。

父母宮化權入田宅宮

1. 父母對我家教甚嚴。
2. 宗族間長輩家教甚嚴，長輩比較活躍，父母在家族中份量重。
3. 父母、長輩、老闆、上司成就我財富。或父母、長輩幫助我置產。
4. 串連「命疾福遷」呈旺者，配偶的家人助我置產，或蔭我財富。
5. 購買不動產，容易有高額貸款。
6. 串連「家道興隆」，家族中容易有公門為官者。

父母宮化權入福德宮－照財帛

1. 父母對我要求多、或管束我、或對我期望高。
2. 對讀書好勝不認輸，求知慾強。有聰明的一面，利於讀書、學習。
3. 我容易獲得老闆、上司成就我收入好。利於升遷。
4. 父母為學術上的學習，化權入福德三方照命三方，學術成就我，因此在專業涵養上有利於立足社會，所以最好學有專精，建立自己的專業。
5. 有利於讀書、學歷、考證照、公職。有利於與公家機關生意往來。
6. 父母為夫妻的田宅，串連「命疾福遷」呈旺者，容易得到配偶家人的助力成就我。
7. 父母是表象宮，缺點是容易空談大話、好高騖遠的自我期許。喜歡別人的奉承。

父母宮自化權出

1. 不知不覺中，不經意且不分場合的在表達上，容易比較浮誇或強勢，給人「表達上裝腔作勢、傲慢，甚至尖銳」的印象和感覺。尤其逢忌時，容易講話粗魯，脫口而出，招惹是非。
2. 父母自化權出，學習上快速，但粗枝大葉，不求甚解。

第三節　父母宮化科入十二宮

父母化科入「人」的宮位：表示父母對此人客客氣氣，會給予應有的禮貌和尊重。我在表達方式上也會是平和的。

父母化科入「事」的宮位：處理事情的手法是溫和的、理智的、細膩的。在錢方面，父母對我的幫助是杯水車薪的，對我在財務上的言教多。我處理財務是謹慎的。

父母宮是交友財，在金錢上與朋友間的往來，往往是整筆借出，分期攤還的。

父母宮化科入命宮

1. 父母對我是客客氣氣的，和顏悅色，比較多的言教，民主式的教育，尊重我的想法。
2. 學習的態度上比較細膩，有條不紊，按部就班。
3. 串連「性格表現」呈旺者，我在表達方式上平和，修養越來越好。

父母宮化科入兄弟宮

1. 父母對我的兄弟是客客氣氣的，和顏悅色，比較多的言教，民主式的教育，尊重兄弟的想法。

2. 父母對我的事業經濟沒有多少幫助，縱使是有也只是杯水車薪的幫助而已。
3. 我與朋友間的金錢往來不多。如果借人錢財，常常是整筆借出，分期攤還。

父母宮化科入夫妻宮—照事業

1. 父母對我的配偶是客客氣氣的，和顏悅色，尊重我的配偶。
2. 父母對我的婚姻很開明，由我自己決定，很民主。
3. 如果婚姻出現危機，縱使分居，依然保有名份。

父母宮化科入子女宮

1. 父母對我的子女是客客氣氣的，和顏悅色，比較多的言教。
2. 我對子女是講道理的，民主式的教育，多言教。
3. 我給子女的形象是有修養的。

父母宮化科入財帛宮

1. 小時候父母給我的零用錢量入為出，剛好夠用而已。

2. 我會學習計畫性理財，凡事量力而為。

父母宮化科入疾厄宮—直接科出

1. 父母對我管教開明民主。
2. 長相清秀有氣質。
3. 我的修養好，心情常保平穩。
4. 讀書學習的態度上比較細膩，有條不紊，按部就班，穩定。

父母宮化科入遷移宮—科出

1. 父母形象好，對我小有助益。
2. 長相清秀有氣質。
3. 我的表達方式平和，修養越來越好，在社會上形象越來越好，名聲越來越好。

父母宮化科入交友宮

1. 父母對我的人際交往開明，由我自己決定，但教我如何選擇朋友。

2. 父母對我所交的朋友客客氣氣的，和顏悅色，禮貌性的互動。
3. 我在朋友交往的過程中表達方式平和，給朋友的印象是文質彬彬、謙恭有禮、修養好，在人際間形象越來越好，名聲越來越好。
4. 讀書考試競爭有平穩的一面。

父母宮化科入事業宮

1. 父母對我的工作或事業小有助益。
2. 父母對我工作或事業的態度，讓我自由發揮。
3. 父母為行於表的宮位，所以適合將事業曝光，適度的作文宣、廣告。
4. 可以在職進修。

父母宮化科入田宅宮

1. 父母對家人是客客氣氣的，和顏悅色，比較多的言教，講道理，民主式的教育。
2. 父母對我的經濟小有助益。
3. 父母為文書宮，家中書香文化氣息濃厚。家中容易佈置書畫。

4. 我對家人的表達方式是平和的，是客客氣氣的，和顏悅色，比較多的言教，講道理，在家人面前形象好。

父母宮化科入福德宮—照財帛

1. 父母對我的態度平和，重視靈性教育。
2. 適合學習靈性層面的智慧之學。
3. 表達方式平和，修養與日俱增，越來越好。

父母宮自化科出

1. 表達方式是慢條斯理的，慢慢說，細細說，有條不紊，談吐斯文、平和。
2. 長相清秀有氣質。
3. 與父母的關係尚好。

第四節 父母宮化忌入十二宮

梁師云：凡命三方忌入交友三方，皆主惜情重義象，容易吃虧。而交友三方忌入命三方者為小人糾纏，亦主吃虧。因此須：（a）小心與人金錢往來。（b）少合夥共事。（c）少幫人作保。（d）少跟互助會。（e）不要太雞婆。（f）交友適可而止，須知君子之交淡若水，放清楚腦袋而知所進退。

父母化忌，是我讀書學習表現不佳的一面，串連「命福遷」呈三忌之破者，損格局，容易有挫折。串連四忌之破者，大損格局，必然有挫折或中斷。忌入命三方且多忌呈破者，容易半工半讀。

父母是文書宮，化忌主文書容易出問題，串連「命福遷」呈破者，容易遇到文書上的困擾，輕者損財，重者破事業成就或是財產。

父母是政府機關，化「廉貞」忌，串連「命福遷」呈破者，恐有罰單、契約、支票、證件、保證、背書等文書困擾，嚴重者有官非。

政府的政令，帶來的負面的影響，尤其串連「遷移宮」呈破者，遷移是時空環境、際遇位，影響巨大。父母化忌入兄弟，破事業成就；化忌入田宅，破財產；忌入命三方，影響營生；忌入交友三方，沖收藏三方；忌入福德三方，沖命三方。尤其父母化「廉貞」忌者，更為嚴重。父母化忌串連「事業成就運」呈破者，不適合經營與政府機關相關的事業。串連「命福遷」呈破者，配偶的家人也會帶給我相關的困擾。忌入命疾福是糾纏，忌入財宮是破財，忌入交友三方沖破我庫位。

父母宮化忌入命宮－沖遷移

1. 欠父母債，為父母操心，父母的事總是掛心。凡事忌入命宮、疾厄宮、福德宮皆為債。債就是一種責任、義務、不得不付出，命主往往視為應該的，是應盡的義務。將來必須扛父母的責任，盡孝養之責。
2. 父母疼我。命宮就是我，父母忌入我命，表示在乎我、關心我、照顧我、為我操心的意思。
3. 父母為借貸位，如果有貸款或負債，則容易有長期的負債壓力。
4. 父母為交友的財帛，若與人有金錢往來，則往往不能如意順遂，所以容易被倒帳。
5. 父母為文書宮，若與人有文書上的簽定如契約，則往往不能如意順遂，因此千萬不能為人作保、背書、或與人支票往來、或者參與民間的互助會，都容易出問題，帶給自己無盡的困擾。與人簽訂合約時，不要當場簽約，請說：我必須回去看看，過幾天我再回覆您。回去後請找信任的專家研究過後，確認無誤，才可簽約。

6. 讀書學習往往死腦筋，不容易轉得過來，讀書有辛苦的一面，或者讀書引以為苦，或者必須半工半讀。忌入命者，往往不能如願。

7. 父母的命宮忌入命宮，等同父母的命宮坐生年忌，所以老爸固執。命宮坐忌者，業力較重，容易有挫折、災病。

8. 父子間容易有代溝。

9. 父母忌入命宮，也是小人糾纏，是非多。父母屬於交友三方，又是形於表的宮位。

父母宮化忌入兄弟宮－沖交友

1. 父母疼兄弟。父母忌入我的兄弟，表示在乎我的兄弟、關心我的兄弟、照顧我的兄弟、為我的兄弟操心的意思。

2. 父母，也是我的長官或老闆或上司，如果串連「事業成就運」呈破者，升遷無望，不適合有老闆，適合成為獨立自由工作者，學習並建立屬於自己獨特的專業能力，配合個人專屬的魅力，立足於社會上，快樂做自己。

3. 我容易有借貸的問題，容易被倒帳，文書作保會賠錢。

4. 如果串連「廉貞忌」呈破者，容易罰單、契約、支票、證件、保證、背書等，輕者帶來破財，重者影響事業發展。

5. 我父母的命宮化忌入兄弟宮，父母工作認真敬業，個性沉穩內斂少社交活動。

父母宮化忌入夫妻宮－沖事業

1. 父母關心、操心、煩惱我的婚姻，或擔心我的婚姻。

2. 父母干涉我的婚姻。

3. 父母反對或不祝福我的婚姻。

4. 配偶的家庭拖累或反對我的婚姻。

5. 父母為形於表的宮位，也是社會道德規範位，「命疾福」化「廉貞或貪狼」忌，串連父母化「太陰或巨門」呈破者，我容易有引人非議的感情觀。

6. 父母化「太陰或巨門」串連「婚姻結構」呈破者，我的婚姻容易引人非議。

7. 父母對配偶有意見，帶給配偶壓力、不愉快，婚後最好是獨立的小家庭。

8. 父母的命宮化忌入夫妻，父母對婚姻或感情有成見。

9. 沖事業，老闆或長官忙於感情，影響我的工作。或是老闆對我的工作表現有意見。串連「事業成就運」呈破者，影響升遷。

父母宮化忌入子女宮－沖田宅（庫位）

1. 父母疼我的小孩，就是阿公阿嬤疼愛孫子。
2. 我不擅長教育小孩，往往對小孩疾言厲色（情急之下，往往拙於應對，因此疾言厲色）。我的形象在小孩面前是不好的。
3. 沖田宅，父親在家待不住，喜歡在外遛躂。
4. 串連家道不興者，父親與家沒緣，容易父母離異、或父母早亡、或父母長年在外，聚少離多。

父母宮化忌入財帛宮－沖福德

1. 我為父母花錢。
2. 父母擔心、操心我的收入。
3. 父母為交友財，朋友借錢不還，或借大還小，或拖拖拉拉有是非。
4. 為人作保賠錢。跟互助會容易被倒。容易被倒帳。
5. 沖福德，念書很辛苦，或者要自己籌措學費。

6. 沖福德，文書合約、支票、背書要特別注意，吃虧、傷財。

7. 沖福德，父母又是夫妻的田宅，所以婚後最好是獨立的小家庭。

8. 若有負債，壓力比較大。容易有罰單，尤其是「廉貞」化忌的串連。

9. 父母的命宮化忌入財帛宮，父母在乎錢，認真賺錢，計較錢，看錢比較重。或是收入固定。串連家道不興者，父母容易缺錢。

10. 梁師云：財帛宮得祿來入或財帛祿飛他宮，僅指現金方便或財源活絡，與整體財富並無直接關聯。譬如財帛坐忌的手頭不綽，但田宅宮漂亮者常見田僑仔（臺灣）或土豪（大陸）－沒有現金的富人。

父母宮化忌入疾厄宮－直接忌出（回沖父母）

1. 欠父母債。為父母勞碌，必須親力親為。

2. 疾厄是情緒反應位，跟脾氣有關，因此父母忌入疾厄，會對讀書產生不耐煩的情緒反應，容易不愛念書。討厭繁文縟節，不喜歡中規中矩、被束縛。父母也是道德規範位。

3. 父母忌入我的疾厄，有一段時間，父母會對我緊迫盯人，或嘮叨、溝通不良。而我也會很煩躁、不喜歡。

4. 文書問題纏身。
5. 父母的命宮化忌入疾厄，父母個性勞碌。

父母宮化忌入遷移宮－忌出

1. 父母憨厚耿直善良、社會地位資源不高對我沒有幫助。
2. 父母忌出，對讀書而言，為我讀書讀得不好而窘困顯象於外，所以我的學歷不高，或者我的學問不好，孤陋寡聞，或者我的成績不好，屬於末段班的——讀書不開竅的一面。
3. 父母也是表達宮，代表我的表達窘困顯象於外，所以我的表達能力不好。比較木訥寡言或者比較嚴肅。沖命無奈啊！
4. 如果串連「性格宮命疾福」化「太陰或巨門」會「廉貞或貪狼」忌呈破者，容易有出口成髒、言詞慳吝、不學無術、形象不佳、是非多。
5. 忌入遷移宮，為運途不佳，往往考運不好，不利於念書、考試，尤其是關鍵性大考常出狀況。也拙於學習，無法觀察入微，不求甚解。
6. 當然上述的借貸、與人金錢往來、文書一定都要謹慎再謹慎，忌入遷移沖命，稍一不慎保證讓你天不從人願，事與願違。

7. 沖命宮，父母憨厚耿直的個性，說話太直接，容易刺傷我，帶給我困擾；串連家道不興者，父母在社會上汲營不力，或是名聲掃地拖累我。

8. 沖命宮，長官或上司或老闆，個性直來直往，容易刺傷我，帶給我困擾；串連「事業成就運」呈破者，阻礙我升遷，或是公司營運不佳，拖累我。

9. 梁師云：遷移化祿、權入父母，為「理解性」佳，反應快。反之，父母祿、權入遷移，則為「記性」佳，也非常利於學習。

父母宮化忌入交友宮—沖兄弟（庫位）

1. 父母干涉我的人際交往。
2. 父母關心、操心、擔心我的人際交往。
3. 父母能夠幫助我的人脈資源很有限。
4. 我的表達造成朋友的困擾，容易措辭不當。
5. 我有不擅長人際攀緣的一面。也有可能交錯朋友，引發眾人議論。
6. 沖庫位，可能是朋友愛亂花錢，或者我不善理財，交朋友期間花費很大。
7. 交友是競爭位，讀書表現不佳，或無法掌握考試的要領、重點，不利於考試競爭。

8. 父母化忌入交友，容易有人際是非。修養不好、措辭不當、形象不佳、表達不夠婉轉，造成人際間困擾。
9. 借貸、與人金錢往來、文書一定都要謹慎再謹慎，忌入交友沖兄弟庫位，稍一不慎保證讓你賠大錢（庫位忌出，表示大筆支出）。
10. 父母的命宮化忌入交友，父母重情義，對朋友很好，很照顧朋友，為朋友花錢不手軟。

父母宮化忌入事業宮—沖夫妻

1. 父母操心、關心、擔心我的工作或事業。
2. 父母帶給我工作或事業的壓力大（通常是上司、老闆）。
3. 文書合約牽絆我的工作或事業發展，比如說競業條款或旋轉門條款。
4. 須幫父母分憂解勞。也須盡孝養之責。父母忌入命，為父母勞心。父母忌入財帛，要為父母花錢。父母忌入事業，孝養父母是我的工作。
5. 讀書學習比較辛苦，容易半工半讀，邊工作邊讀書。把讀書當成工作一樣每天做。
6. 沖夫妻，婚後最好是獨立的小家庭。
7. 父母的命宮化忌入事業，父母敬業，認真工作。

父母宮化忌入田宅宮－沖子女

1. 父母關心、操心、擔心我的家庭或經濟。
2. 父母忌入田宅，就是父母在我家，我必須盡孝養之責。
3. 田宅為收藏宮，若有貸款或負債，容易是長期的。
4. 借貸、與人金錢往來、文書、作保、背書一定都要謹慎再謹慎，忌入田宅容易破我庫位，稍一不慎保證讓你賠大錢（庫位若破，嚴重者要賠財產）。
5. 沖子女，父母是文書宮，表示家族的書香氣息比較差，影響子孫。
6. 沖子女，父母化「廉貞或貪狼＋太陰或巨門」忌，且連家道不興呈大破者，可能門風敗壞，禍延子孫。
7. 父母的命宮化忌入田宅，父母顧家節儉。但串連家道不興呈破者，父母私心重；大破者，會造成家庭嚴重傷害。

父母宮化忌入福德宮－沖財帛

1. 欠父母債。為父母操煩，父母讓我憂心。

2. 福德是專屬個人的興趣嗜好位，也是情緒反應位，父母忌入福德，讀書當然也會覺得很煩躁，還會東挑西檢的，只挑自己喜歡的書來讀，也容易把讀書當成苦差事，進而不愛讀書。
3. 福德是果報位也是情緒反應位，臨大考時容易緊張焦慮，考運不能如願以償，或考試時運氣不好。
4. 我與父母容易有代溝，家道不興四忌以上或是忌出者，容易是惡緣的。
5. 與人金錢往來要格外小心，被倒帳風險極高。容易負債。
6. 文書往來也是，比化忌入命宮還嚴重。
7. 父母的命宮化忌入福德，父母個性多煩憂，自尋煩惱，憂疑挑剔龜毛，或執著所好。
8. 如果串連「廉貞忌」呈破者，容易罰單、契約、支票、證件、保證、背書等文書困擾。

父母宮自化忌出－沖疾厄（力量減半）

1. 自化忌出，是忘性的一種表現，船過水無痕。
2. 父母自化忌出，我對父母的態度而言，緣份淺薄，容易各過各的。
3. 串連「讀書運」呈破者，對讀書不用心，讀過就忘了，記性不好。也可能是不愛讀書、不虛心、不受教。如果「讀書運」呈旺者，父母宮單獨的自化忌出，沒有多大影響。

4. 串連「性格宮命疾福」呈破者，對社會道德規範而言，討厭繁文縟節、不喜歡繁文縟節。不重形象外表、快意偏辭。或生性靦腆、不善表達、實話直說。少了氣質、差了形象。

5. 個性率直不拘小節、不喜文飾，終究是容易失禮、不討好。

6. 父母是個大而化之的人，耿直沒有心機，個性比較反覆無常，過了就算了。

書目

梁若瑜老師的著作：

飛星紫微斗數之「專論四化」

飛星紫微斗數之「十二宮六七二象」

飛星紫微斗數之「道藏飛祕」

飛星紫微斗數之「周師手法生命解碼」

飛星紫微斗數之「說命」

國家圖書館出版品預行編目資料

快速學會飛星紫微斗數 / 張世賢著.
－－第一版－－臺北市：知青頻道出版有限公司出版；
紅螞蟻圖書有限公司發行，2022.06
面　公分－－(Easy Quick；185)
ISBN 978-986-488-227-4（平裝）

1.紫微斗數

293.11　　　111006846

Easy Quick 185

快速學會飛星紫微斗數

作　　者／張世賢
發 行 人／賴秀珍
總 編 輯／何南輝
校　　對／周英嬌、張世賢
美術構成／沙海潛行
封面設計／引子設計
出　　版／知青頻道出版有限公司
發　　行／紅螞蟻圖書有限公司
地　　址／台北市內湖區舊宗路二段121巷19號（紅螞蟻資訊大樓）
網　　站／www.e-redant.com
郵撥帳號／1604621-1　紅螞蟻圖書有限公司
電　　話／(02)2795-3656（代表號）
傳　　真／(02)2795-4100
登 記 證／局版北市業字第796號
法律顧問／許晏賓律師
印 刷 廠／卡樂彩色製版印刷有限公司
出版日期／2022年 6 月　第一版第一刷

定價 500 元　港幣 167 元

ISBN 978-986-488-227-4　　Printed in Taiwan